职业教育旅游服务与管理专业教学用书

景区服务与管理
（第 2 版）

主　编　陈　波　龚　波
副主编　王　辉　马　聘
主　审　王守军

电子工业出版社
Publishing House of Electronics Industry
北京·BEIJING

内 容 简 介

本书以培养学生职业技能、职业道德、职业意识和职业转换能力为目标，通过对景区的基本概念、基本理论、经典案例的解读，全面、系统地阐述了景区服务与管理的相关知识。

本书按照景区服务工作流程，将全书分为 11 个项目，涵盖了从景区的创建、开业到日常运营的各个工作环节，每一个任务以景区工作过程中的独立的典型工作任务为支撑，力求使学生能做到在理实一体化的氛围中掌握并运用知识。

本书主要为职业教育旅游类专业学生所使用，也可作为企业营销人员的培训教材和参考读物。

本书配有电子教学参考资料包，包括教学指南、电子教案及习题答案。

未经许可，不得以任何方式复制或抄袭本书之部分或全部内容。
版权所有，侵权必究。

图书在版编目（CIP）数据

景区服务与管理 / 陈波，龚波主编. —2 版. —北京：电子工业出版社，2018.8
ISBN 978-7-121-34155-7

Ⅰ. ①景… Ⅱ. ①陈… ②龚… Ⅲ. ①风景区－商业服务－职业教育－教材②风景区－经营管理－职业教育－教材 Ⅳ. ①F590.6

中国版本图书馆 CIP 数据核字（2018）第 088221 号

策划编辑：徐　玲
责任编辑：王凌燕
印　　刷：北京虎彩文化传播有限公司
装　　订：北京虎彩文化传播有限公司
出版发行：电子工业出版社
　　　　　北京市海淀区万寿路 173 信箱　邮编 100036
开　　本：787×1 092　1/16　印张：12.75　字数：326.4 千字
版　　次：2010 年 7 月第 1 版
　　　　　2018 年 8 月第 2 版
印　　次：2025 年 2 月第 7 次印刷
定　　价：29.80 元

凡所购买电子工业出版社图书有缺损问题，请向购买书店调换。若书店售缺，请与本社发行部联系，联系及邮购电话：(010) 88254888，88258888。

质量投诉请发邮件至 zlts@phei.com.cn，盗版侵权举报请发邮件至 dbqq@phei.com.cn。

本书咨询联系方式：xuling@phei.com.cn。

前言

景区服务与管理是中等职业教育景区服务专业的核心课程，它是景区服务专业的前导课程。本书集知识性与实用性为一体，遵循岗位引领、实践导向的编写原则，按照景区服务工作流程，将全书分为 11 个项目，每个项目又分为若干个任务，涵盖了从景区的创建、开业到日常运营的各个工作环节，每一个任务以景区工作过程中的独立的典型工作任务为支撑，力求使学生能做到在理实一体化的氛围中掌握并运用知识。突出了教材的实用性和可操作性。

本书注重案例教学和课堂实践，突出学生的主体性，通过项目教学法来加深学生对专业知识的理解和应用。因此，本书既是一本为景区服务专业师生设计的应用性教材，也可以作为旅行社业务部门的培训手册。

本书建议教学学时为 36 学时，具体分配见下表（供参考）。

教 学 内 容	建 议 学 时
项目一　认知景区	2
项目二　景区设施设备配置	3
项目三　景区人力资源配置	3
项目四　智慧景区构建	3
项目五　景区接待服务	4
项目六　景区解说服务	4
项目七　景区交通服务	3
项目八　景区商业服务	4
项目九　景区环境服务	3
项目十　景区安全管理	4
项目十一　景区价值提升	3

本书由武汉市旅游学校陈波、遵义市旅游学校龚波任主编，武汉市教育科学研究院职成教研室王辉、陕西工商职业技术学院马聘任副主编，国家级风景名胜区、国家 5A 景区武汉东湖风景区王守军任主审。具体编写分工如下：项目一、项目二由陈波、龚波编写，项目三由陈波、王辉编写，项目四由秭归职教中心钟林编写，项目五、项目六由海口第一职业学校符智编写，项目七由秭归职教中心谭家红编写，项目八由武汉市财贸学校徐智慧编写，项目九由云南省景东县安定镇中学郭香编写，项目十由马聘编写，项目十一由陈波、马聘编写。本书由陈波统稿。

由于编者水平和时间有限，书中难免存在诸多不足之处，望广大专家和读者批评指正。

编　者

项目一 认知景区 1

任务一 了解景区 2
导引案例 2
知识准备 2
一、景区的概念 2
二、景区的构成要素 3
三、景区的特点 4
四、景区的类型 4
任务执行 5

任务二 了解景区的构建过程 6
导引案例 6
知识准备 8
一、景区的构建过程 8
二、景区开发建设各阶段的工作内容 8
任务执行 9

项目小结 9
同步练习 10

项目二 景区设施设备配置 14

任务一 景区设施设备认知 15
导引案例 15
知识准备 15
一、景区设施设备的概念 15
二、景区设施设备的分类 15
三、景区设施设备配置的要求 16
四、景区设施设备配置要考虑的因素 16
任务执行 16

任务二 景区基础设施配置 17
导引案例 17
知识准备 18
一、景区基础设施的功能 18

二、景区基础设施配置的原则 18
　　三、道路交通设施 19
　　四、电力设施 19
　　五、给排水设施 19
　　六、通信设施 19
　　七、环境卫生设施 20
　　八、安全设施 20
　　任务执行 20
　任务三　景区接待服务设施配置 21
　　导引案例 21
　　知识准备 22
　　一、景区接待服务设施配置的原则 22
　　二、导示设施 22
　　三、住宿设施 23
　　四、餐饮设施 23
　　五、休憩设施 24
　　六、康乐设施 24
　　任务执行 25
　项目小结 26
　同步练习 26

项目三　景区人力资源配置 30
　任务一　景区管理机构认知 31
　　导引案例 31
　　知识准备 32
　　一、人力资源的含义 32
　　二、景区人力资源的特点 32
　　三、景区人力资源管理体系 33
　　四、景区员工管理指标 33
　　任务执行 34
　任务二　招聘与培训员工 35
　　导引案例 35
　　知识准备 35
　　一、景区员工招聘 35
　　二、景区员工培训 37
　　任务执行 39
　任务三　激励与员工绩效管理 39
　　导引案例 39
　　知识准备 40

  一、激励的内涵 40
  二、激励的作用 41
  三、激励过程 41
  四、激励的基本原则 41
  五、景区员工绩效考核的内涵 42
  六、绩效的特点 43
  七、绩效考核的内容 43
  八、绩效考核的作用 44
  九、绩效考核的访求 44
  十、绩效考核结果的运用 45
  任务执行 45
项目小结 46
同步练习 46

项目四　智慧景区构建 50

任务一　认知智慧景区 51
  导引案例 51
  知识准备 51
  一、智慧景区的概念 51
  二、智慧景区的主要内容 51
  三、智慧景区建设的具体思路 52
  四、构建智慧景区的意义 53
  任务执行 53

任务二　定位景区消费者 54
  导引案例 54
  知识准备 54
  一、影响景区消费者行为的因素 54
  二、景区消费者类型 55
  任务执行 56

任务三　景区产品销售 57
  导引案例 57
  知识准备 57
  一、景区产品认知 57
  二、景区产品销售 59
  任务执行 61
项目小结 62
同步练习 62

项目五 景区接待服务 66

任务一 售票检票服务 67
导引案例 67
知识准备 67
一、售票服务 67
二、验票服务 71
任务执行 72

任务二 咨询服务 73
导引案例 73
知识准备 73
一、咨询服务人员的职业要求 73
二、咨询服务的内容 74
三、咨询服务的形式 74
任务执行 76

任务三 投诉服务 77
导引案例 77
知识准备 77
一、游客投诉的原因分析 77
二、游客投诉的心理分析 78
三、游客投诉处理的程序 79
四、正确处理游客投诉的意义 81
任务执行 81

项目小结 82
同步练习 82

项目六 景区解说服务 85

任务一 认知景区解说服务 86
导引案例 86
知识准备 86
一、景区解说服务的概念 86
二、景区解说服务的类型 86
三、景区解说服务的功能 87
任务执行 88

任务二 景区导游解说服务 88
导引案例 88
知识准备 89
一、景区导游解说服务流程 89
二、景区导游语言的运用 95

  三、景区导游讲解技能 98
  任务执行 102

任务三 自助式解说服务 102
  导引案例 102
  知识准备 103
  一、自助式解说服务的定义 103
  二、自助式解说服务的类型 104
  任务执行 107
项目小结 108
同步练习 108

项目七 景区交通服务 110

任务一 认知景区交通服务 111
  导引案例 111
  知识准备 111
  一、景区交通服务的概念 111
  二、景区交通服务设施的构成 111
  三、景区交通服务的作用 112
  四、景区交通服务的要求 112
  任务执行 113

任务二 设计开发景区游览路线书 114
  导引案例 114
  知识准备 114
  一、景区游览路线的功能 114
  二、景区游览路线规划设计的原则 115
  三、景区交通线路规划的层次 115
  四、景区游览路线规划设计 116
  任务执行 116

任务三 景区交通运转 117
  导引案例 117
  知识准备 117
  一、景区交通运转计划 118
  二、景区交通运转意义 118
  三、景区交通运转服务管理 119
  任务执行 119
项目小结 120
同步练习 120

项目八 景区商业服务 123

任务一 景区娱乐服务 124
　　导引案例 124
　　知识准备 124
　　　一、景区娱乐服务概述 124
　　　二、景区娱乐服务的基本要求 125
　　　三、景区娱乐服务的原则 125
　　　四、景区娱乐服务的注意事项 126
　　任务执行 126

任务二 景区购物服务 127
　　导引案例 127
　　知识准备 127
　　　一、景区购物服务概述 127
　　　二、景区购物服务与管理 127
　　任务执行 129

任务三 景区食宿服务 130
　　导引案例 130
　　知识准备 130
　　　一、景区餐饮服务概述 130
　　　二、景区客房服务概述 132
　　任务执行 133

项目小结 133
同步练习 134

项目九 景区环境服务 136

任务一 创设景区的卫生环境 137
　　导引案例 137
　　知识准备 137
　　　一、景区的卫生管理内容 137
　　　二、环境与游客量的定性关系 138
　　　三、景区卫生管理特点 138
　　　四、景区卫生管理基本要求 139
　　　五、风景名胜区环境卫生管理标准 139
　　　六、旅游者行为卫生 141
　　任务执行 141

任务二 营造良好的旅游接待环境 142
　　导引案例 142
　　知识准备 143

一、旅游环境容量和旅游社会容量 143
　　二、顾客满意度 143
　　三、营造良好的接待氛围 143
　　四、围绕"六个"核心，营造良好旅游环境 144
　　任务执行 144
任务三　保持独有的自然与人文环境 145
　导引案例 145
　知识准备 145
　　一、景区自然生态环境管理 145
　　二、景区社会人文环境管理措施 146
　　三、生态旅游资源开发的原则 146
　　任务执行 147
项目小结 147
同步练习 148

项目十　景区安全管理 150

任务一　景区安全管理认知 151
　导引案例 151
　知识准备 151
　　一、景区安全问题的表现形态 151
　　二、景区安全事故的类型 153
　　三、景区安全事故发生的原因 153
　　任务执行 154
任务二　景区安全事故的防治与管理 155
　导引案例 155
　知识准备 156
　　一、景区安全管理的内容 156
　　二、景区安全管理体系 156
　　三、景区突发事件应急准备与应急响应 160
　　任务执行 164
任务三　景区常见安全事故的处理 164
　导引案例 164
　知识准备 165
　　一、景区一般、较大安全事故处理基本程序 165
　　二、景区重大安全事故处理基本程序 165
　　三、景区特别重大安全事故处理基本程序 166
　　四、景区常见安全事故处理 166
　　任务执行 168
项目小结 168

・XI・

同步练习 169

项目十一　景区价值提升 171

任务一　景区财务管理 172
　　导引案例 172
　　知识准备 172
　　　一、景区财务管理的内涵 172
　　　二、景区财务管理的原则 173
　　　三、景区财务管理的方法 174
　　　四、景区财务管理的内容 175
　　任务执行 179

任务二　景区品牌形象提升 180
　　导引案例 180
　　知识准备 181
　　　一、景区品牌形象的内涵 181
　　　二、景区品牌的类型 181
　　　三、景区品牌形象定位 182
　　　四、景区品牌形象塑造 184
　　　五、景区品牌形象传播 185
　　任务执行 186

项目小结 187
同步练习 187

项目一 认知景区

知识目标
1. 掌握景区的概念。
2. 掌握景区的特征。
3. 了解景区建设、运营的工作过程。

能力目标
1. 能绘制景区工作流程示意图。
2. 能按标准判断景区的类型，分析不同景区的特点。

任务一 了解景区

 **导引案例**

武汉园博园景区一日游

期待已久的武汉园博园终于开园了，小林和同学约好星期天好好去逛一逛，领略下武汉园博园的风采。与历届园博会选址市郊不同，武汉园博园选址中心城区，交通非常方便。他们乘坐地铁6号线来到园博园，持事先在网上订购的门票从北门进入武汉园博园景区。在景区内他们从志愿者手中拿到了一份免费导游图，进行自助游览，从上午9点入园，他们在景区内玩了整整12个小时，直到晚上9点才出园。在这一天中，他们租借了园区免费自行车，排队参观了国际园林艺术中心、长江文明馆、飞翔的花园、创意生活馆，分别欣赏了经典园林艺术、长江流域文明成就、武汉三镇特色园林艺术及大武汉现代城市文化等；在东部服务区他们参观了清末民初汉口城的特色建筑艺术，并在园区内吃了中餐和晚餐，特别是晚餐在具有浓郁汉口特色的"汉口里"特色街区就餐，感觉非常棒。在西部服务区他们欣赏了湖北民居特色建筑。

在园中，随处可见供人休息的长椅，同时园区中还有不少休息区，休息区有小商亭出售各类纪念品和饮用水，可供游客选择。小林和同学买了一些小纪念品，准备带回去作为礼物送给亲朋好友。虽然白天在排队上洗手间时碰到了几名游客插队而引起的小纠纷，但在景区工作人员的及时疏导下，问题得到了解决。小林和同学都觉得这一天的游览非常值得回味。

思考：武汉园博园景区为小林和同学一行提供了哪些服务？

 知识准备

一、景区的概念

景区是游客产生旅游动机的直接因素之一，是旅游活动的核心和空间载体，是游客吃、住、行、游、购、娱等旅游活动的主要发生地。旅游业和旅游服务都是依赖于景区的存在而存在的。

中华人民共和国国家质量监督检验检疫总局 2004 年发布的国家标准《旅游景区质量等级的划分与评定》（GB/T 17775—2003）中的定义：旅游景区是以旅游及其相关活动为主要功能或主要功能之一的空间或地域。本标准中旅游景区是指具有参观游览、休闲度假、康乐健身等功能，具备相应旅游服务设施并提供相应旅游服务的独立管理区。该管理区应有统一的经营管理机构和明确的地域范围，包括风景区、文博院馆、寺庙观堂、旅游度假区、自然保护区、主题公园、森林公园、地质公园、游乐园、动物园、植物园及工业、农业、经贸、科教、军事、体育、文化艺术等各类景区。

依据这个定义，本书给出一个较为通俗的定义：景区是指具有吸引游客前往游览的明确

区域场所，能够满足游客观光体验、度假休闲、康体娱乐、求知等旅游需要，有统一的管理机构，并可提供必要的服务设施的地域空间。

二、景区的构成要素

从导引案例中，分析小林和同学在武汉园博园的游览过程可知，景区至少由以下几个要素构成。

1. 特定的旅游吸引物

旅游吸引物是指能对游客产生吸引力，能够满足游客旅游体验所需要的各种事物和因素，是吸引游客前往景区的根本因素。

旅游吸引物可以是物质的，也可以是非物质的。物质的吸引物可以是建筑、田园风光、生物、水体、山丘等一切的自然和人文旅游景观。非物质的吸引物是指将要或正在进行的活动或事件，如博览会、运动会、美食节等。

2. 旅游服务设施

旅游服务设施是游客能够在景区顺利开展游览活动的保障，通常包括基础设施和接待服务设施。基础设施包括门禁设施、交通设施、水电设施、环卫设施等；接待服务设施包括餐饮设施、购物设施、康乐设施、导引设施、休息设施等。在导引案例中，园区内的厕所属于基础设施，餐厅属于服务接待设施。

任何一个景区，没有完善的旅游服务设施是无法给游客提供安全有序的旅游体验的。在实际经营中，在某些特定条件下，旅游服务设施也是旅游吸引物。例如，导引案例中，武汉园博园的特色街区"汉口里"除了提供餐饮服务外，还具有浓郁的汉口特色，这样"汉口里"既具有设施功能，又具有吸引功能。

3. 管理和服务人员

景区必须配备能够让组织正常运转的管理和服务人员，包括高层管理人员、中层管理人员、基层管理人员和一线员工。在导引案例中，售票员、咨询人员就直接为游客提供服务。景区的管理和服务人员凭借旅游吸引物和旅游服务设施为游客提供景区服务，优质的服务和优秀的服务人员也可以成为景区的旅游吸引物。

为什么说优质的服务和优秀的服务人员也可以成为景区的旅游吸引物？

三、景区的特点

1. 地域性

景区是一个特殊形态的地域单元，是以一定的地域空间为载体，这一地域无论其规模大小，都有一个相对明确的空间范围和边界，都有一个明确的管辖空间范围，景区的经营管理者和游客必须在规定的范围内从事经营活动和旅游活动。同时，这种地域性还表现在景区的地域差异性上，即由于受自然、历史、社会、文化环境等因素的影响，景区呈现按地域分布的差异性。

2. 功能性

游客进行旅游活动的动机主要来自对外界的好奇心和对放松身心的需要等，旅游功能是景区吸引力的主要体现，是景区价值的基础。不同类型的景区具有不同的旅游功能，包括观光游览、娱乐休闲、康体、教育等，但不管哪类景区，让游客从中获取愉悦、快乐感受的体验的基本功能是一致的。

3. 管理性

任何一个景区要想延长生命周期，保持其可持续发展，就必须有科学规范的管理，因此景区必须设有专门的机构实施经营管理，对产品进行及时更新换代，对资源进行开发保护，对游客进行有效控制。这也是景区与未经旅游开发的天然景观的最大区别。

四、景区的类型

不同的景区模样各异，个性鲜明，有的柔美，有的雄伟，有的娇小，有的壮观，为了区分它们，人们按不同的标准对它们进行分类、分级，以方便对景区进行有效管理。

1. 按景区资源类型划分

按资源类型划分，景区可分为自然类景区和人文类景区。

自然类景区是指以自然景观为主，在一定地域环境中形成的山、海、湖、河等自然风景区、自然保护区、地质公园等，是景区中最常见、最受欢迎和比重最大的类型。著名的自然类景区如广西桂林山水、湖南张家界、新疆喀纳斯。

人文类景区是指以人文景观为主的景区，它是在人类生产、生活中形成的艺术和文化，是能够激发游客进行旅游活动的物质和精神财富的总和。著名的人文类景区如丽江古城、北京故宫、长城。

2. 按景区的现实意义划分

根据景区的现实意义不同，可以将景区分为文化古迹类、风景名胜类、红色旅游类。

文化古迹类景区主要是指古代就已经存在，至今仍然存在的典型遗迹，是具有一定的文化价值或历史价值的文物古迹为主的景区，如承德避暑山庄、龙门石窟、苏州园林等。

风景名胜类景区是指具有独特的风光、景物，同时也包括独特的人文习俗的景区，如东岳泰山、安徽黄山、九寨沟等。

红色旅游类景区是把革命教育和促进旅游业发展结合起来的一种主题旅游形式，既可观光游览，也可了解革命历史，如武汉辛亥革命纪念馆、南京中山陵、天安门广场、韶山毛泽东故居。

3. 按国家质量等级划分

依据国家标准《旅游景区质量等级的划分与评定》（GB/T 17775—2003），将景区（点）质量等级划分为五级，从高到低依次为 AAAAA、AAAA、AAA、AA、A 级景区。截止到 2017 年 2 月，我国共有 249 家 AAAAA 级景区（含被撤销的山海关景区、湖南省长沙市橘子洲、重庆市神龙峡三个）。

旅游区（点）质量等级的确定，依据"服务质量与环境质量评分细则""景观质量评分细则"的评价得分，并结合"游客意见评分细则"的得分综合进行评价。

对景区的等级评定不是一选定终身，当景区内发生重大事故或极其恶劣的情况，旅游行政管理部门将分别给予警告、通报批评、降低或撤销等级的处理。例如，国家旅游局在 2015 年严重警告沈阳植物园景区、丽江古城、佛山西樵山景区、南通濠河景区、杭州西溪湿地、东方明珠广播电视塔、明十三陵 7 个景区，撤销山海关景区 AAAAA 称号；2016 年严重警告安徽省天柱山、福建省武夷山、福建永定-南靖土楼 3 个景区，撤销湖南省长沙市橘子洲、重庆市神龙峡两个景区 AAAAA 称号。

4. 按评选单位级别来分

按评选单位级别的高低，将景区划分为世界级、国家级、省级和市（县）级。

世界级景区是指具有全球性的艺术观赏、历史文化及科学研究价值，是世界上知名度最高的旅游资源。其主要包括经联合国教科文组织批准分别列入《世界遗产名录》的名胜古迹，列入联合国"人与生物圈"保护区网络的自然保护区，列入联合国教科文组织批准的世界地质公园。截止到 2016 年 7 月，我国共有 50 项名胜古迹列入《世界遗产名录》，26 个自然保护区被列入联合国"人与生物圈"保护区网络，33 家地质公园被评为世界地质公园。

国家级景区主要包括国务院审定公布的国家重点风景名胜区、国家历史文化名城和国家重点文物保护单位，加上原林业部批准建议的国家级自然保护区和国家森林公园，以及国家旅游局评选的"中国十大风景名胜""中国旅游胜地 40 佳""中国旅游王牌景点""中国优秀旅游城市"等。

拓展作业：我国哪 33 家地质公园被评为世界地质公园？

 任务执行

1. 任务发布

总结景区的概念、特点及种类。

景区服务与管理（第2版）

2．任务分析

通过分析武汉园博园的构成要素和特点，再调查周边不同类型的景区，总结出景区的概念及内涵，并举例说明景区的构成要素。

3．任务实施

（1）调查景区的特点及形成条件。

（2）归纳景区的概念，并形成任务成果书（见表1-1）。

表1-1　景区的概念研究任务成果书

任务	归纳总结景区的概念
任务性质	小组任务
成果名称	景区的概念研究
成果要求	（1）阶段成果：调查周边一个景区的特点及形成条件 （2）最终成果：景区的概念和特点的归纳总结
成果形式	调查小结（格式规范，不少于1000字）

任务二　了解景区的构建过程

 导引案例

浏阳河景区项目策划书

一、背景分析

1．概况

浏阳河又名浏渭河，原名浏水。因县邑位其北，山之南，水之北，谓之阳，故称浏阳。浏水又因浏阳城而名浏阳河。全长234.8公里，流域面积4665平方公里。

2．旅游资源

（1）自然资源。

浏阳河：十曲九弯，两岸青山翠枝，紫霞丹花。

浏阳河漂流：浏阳河第一湾（浏阳市高坪乡境内）。

特产：浏阳花炮闻名中外，还有菊花石、夏布、湘绣、豆豉、茴饼、纸伞、竹编。

（2）人文资源。开福寺、马王堆汉墓、陶公庙、许光达故居、黄兴故居、徐特立故居、谭嗣同故居、浏阳文庙、浏阳算学馆、孙隐山等文物。

（3）红色旅游。走出了一大批党和国家的卓越领导人：胡耀邦、王震、彭珮云、王首道等。走出了中国第一个为戊戌变法而流血牺牲的志士谭嗣同，走出了民国先驱唐才常、焦达峰。还走出了数十位挽民族之危亡、救生灵于水火的铁血将军和数万名革命烈士，可见，浏阳的红色旅游氛围浓厚，发展潜力不言而喻。

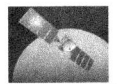

二、区域优势/劣势

1. 优势

（1）浏阳市社会经济基础雄厚，城市经济实力不断增强。

（2）浏阳市的道路状况良好，区位条件比较好，可进入性较强。

（3）浏阳河旅游资源丰富，发展潜力强劲。

（4）优美动听的《浏阳河》，掠云越波，传遍了五湖四海，浏阳河的知名度较高。

（5）旅游产业蓬勃发展，国家将红色旅游提上日程，可以使浏阳河的红色旅游资源得到充分利用。

2. 劣势

（1）浏阳市整体形象缺乏明确定位，对外宣传不够。

（2）浏阳河景区的服务人员的服务意识比较薄弱，服务水平较低。

（3）浏阳河的旅游资源缺乏有效的保护，开发不足。

三、策划目的

（1）市场分析：一句"浏阳河……"，伴随着中国的一代伟人响遍了祖国的每一个角落，传遍了世界各地，在我们每一个人的心中，对浏阳河都有一份额外的亲切和敬仰。因此，浏阳河的目标消费者群非常庞大。

无论男女老少，都是浏阳河的目标消费者。港澳台喜欢文化交流的年轻人及老一辈革命老人，亚洲甚至全世界热爱中国文化、喜欢到中国旅游的外国游客都有可能成为目标消费者。

（2）最终目的：提高浏阳河的知名度，使浏阳河走出湖南省，唱响中国，走向世界。

四、策划原则

1. 目的性原则

（1）把浏阳河打造成国内著名的休闲旅游景点。

（2）将浏阳红色旅游资源和其他红色旅游资源整合为经典红色旅游线路。

2. 可行性原则

（1）浏阳市的道路状况比较好，交通便利，旅游者可进入性比较好。

（2）浏阳河经过多年发展，有良好的口碑，现在正在不断完善之中，其发展潜力较大。

（3）浏阳市政府有足够的资金和信心把浏阳河推出去，走出省门。

3. 特色化原则

《浏阳河》唱响了全中国，它特有的诗歌情怀是其他旅游资源缺乏的。因此，加强《浏阳河》的宣传和推广，让人们产生去浏阳河旅游的动机。

4. 政府主导和市场结合的原则

（1）政府主导，依靠浏阳市政府甚至湖南省政府的强烈支持和推广。

（2）提高浏阳河的市场竞争力和综合实力。

资料来源：http://www.gkstk.com/（有删减）。

思考：景区制作项目策划书的目的是什么？

景区服务与管理（第 2 版）

 知识准备

一、景区的构建过程

景区是一个提供旅游体验活动场所和相应服务的有确定范围的独立管理区，通过投资决策、立项审批、规划建设、人力资源配置、服务管理、营销推广，景区实现一个从无到有、再到发展壮大的经营过程。

根据旅游行业的特点和项目客观实际情况，景区开发建设大致可分为：前期开工准备、中期工程建设、后期开业运营三个阶段。其中，前期开工准备的工作有资源调查、合同签订、组建团队、项目策划、规划设计、立项审批等；中期工程建设包括筹措奖金、工程施工等；后期开业运营包括开业准备、开张运营等。三个阶段的工作期各自独立，却又相互起承，形成一个完整的构建过程。

二、景区开发建设各阶段的工作内容

1. 前期开工准备阶段

（1）资源调查。资源调查通常以《旅游景区项目投资可行性报告》等形式呈现，作为投资者决策的依据。资源调查主要包括当地资源、市场、交通、环境、政策等，对旅游资源进行评价，对景区项目开发价值进行评价。

（2）取得特许经营许可证。景区经营要获得特许经营许可证。这是因为景区开发涉及风景名胜区、自然保护区、重点文物保护单位、森林公园、地质公园甚至是世界遗产等，涉及的法律、法规多，对景区的经营有各种限制，因此要先取得特许经营许可证才能进行下一步的操作。

（3）组建开发管理团队。组建开发管理团队就是建立景区筹建处，并建立相应的管理制度，筹建处一直工作到景区正式开张营业为止。

（4）项目策划。项目策划主要解决景区主题定位、市场定位、游憩方式设计、收入模式、营销模式、运作模式、赢利估算、投资分期等问题，通常以《旅游项目建设可行性研究报告》呈现。

（5）规划设计。项目策划完成后，筹建处就要取证专业机构，编制旅游规划。景区旅游规划包括总体发展规划、控制性详细规划、修建性详细规划等。主要内容是资源调查与评价、功能分区、空间布局、投资计划、社会效益、环境效益等。

（6）立项审批。在工程开工前，筹建处必须取得政府的各项批文，包括项目立项、可行性研究报告审批、规划评审、土地规划审批等，十分繁杂。

2. 中期工程建设阶段

（1）筹措资金。为了降低投资风险，减轻资金压力，加快工程建设进度，投资商通常会进行融资和招商引资，筹资的方式有政府出资、银行借贷、项目融资、吸引战略合伙人等。

（2）工程施工。在工程施工期间，筹建处要委派项目经理负责协调各方，监督、控制工程进度与质量，保证工程按设计要求和合同要求完成。项目工程结束后，要组织验收工作，竣工

项目一 认知景区

验收标志着旅游工程建设阶段结束，是全面考核建设成果、检验设计施工质量的重要步骤。

3. 后期开业运营阶段

（1）开业准备。景区工程建设完成后，并不等于就可以开业运营，接下来筹建处要做的工作包括招聘、培训员工；采购生产物资，建立供货渠道；制订营销计划；健全规章制度，等等。为了使景区能够有序运转，各种工作流程、工作规范、规章制度必须建立完善。同时，还要到旅游行政管理部门、工商、税务部门办理各种开业手续等。

（2）开张运营。景点在开业试运营 1～3 个月之后进入正式运营阶段，工作重心转向日常经营管理，各部门、各岗位按照职责进行日常旅游接待管理，为游客提供旅游服务，持续开展市场营销工作，进行品牌推广，扩大景区的经济效益和社会效益。

 任务执行

1. 任务发布

总结景区的构建过程。

2. 任务分析

通过分析导引案例，再调查周边不同类型的景区，总结出景区的构建过程。

3. 任务实施

（1）调查周边一个景区的形成条件。

（2）归纳景区的构建过程，并形成任务成果书（见表 1-2）。

表 1-2　景区的构建过程研究任务成果书

任务	归纳总结景区的构建过程
任务性质	小组任务
成果名称	景区的构建过程研究
成果要求	（1）阶段成果：调查周边一个景区的形成条件 （2）最终成果：景区的构建过程归纳总结
成果形式	调查小结（格式规范，不少于 1000 字）

项目小结

景区是指具有吸引游客前往游览的明确区域场所，能够满足游客观光体验、度假休闲、康体娱乐、求知等旅游需要，有统一的管理机构，并可提供必要的服务设施的地域空间。

景区的构成要素包括：特定的旅游吸引物、旅游服务设施管理和服务人员。景区的特点：地域性、功能性、管理性。景区的类型：按资源类型划分，分为自然类景区和人文类景区；根据景区的现实意义不同划分，分为文化古迹类、风景名胜类、红色旅游类；按国家质量等级划分，从高到低依次为 AAAAA、AAAA、AAA、AA、A 级景区；按评选单位级别的高低

划分，分为世界级、国家级、省级和市（县）级。

景区开发建设大致可分为：前期开工准备、中期工程建设、后期开业运营三个阶段。其中，前期开工准备的工作有资源调查、合同签订、组建团队、项目策划、规划设计、立项审批等；中期工程建设包括筹措奖金、工程施工等；后期开业运营包括开业准备、开张运营等。

同步练习

一、名词解释

景区

二、填空题

1. 景区与未经旅游开发的天然景观的最大区别在于景区提供了_____。
2. 在某些特定的条件下旅游服务设施也是_____。
3. 对景区的等级评定不是一选定终身，当景区内发生重大事故或极其恶劣的情况，旅游行政管理部门将分别_____、_____、_____的处理。
4. 世界级景区是指具有全球性的_____、_____及_____价值，是世界上知名度最高的旅游资源。
5. 景区开发建设大致可分为_____、_____、_____三个阶段。

三、选择题

1. 景区的构成要素有（   ）。
   A．特定的旅游吸引物   B．旅游服务设施
   C．管理和服务人员   D．解说系统
2. 景区具有（   ）特征。
   A．地域性   B．功能性   C．管理性   D．享受性
3. 截止 2016 年 7 月，我国共有（   ）项名胜古迹列入《世界遗产名录》。
   A．50   B．48   C．88   D．100
4. 通过（   ）、立项审批、（   ）、（   ）、服务管理、（   ），景区实现一个从无到有、再到发展壮大的经营过程。
   A．投资决策   B．规划建设   C．人力资源配置   D．营销推广
5. 资源调查主要包括（   ）、（   ）、（   ）、（   ）、政策等，对旅游资源进行评价，对景区项目开发价值进行评价。
   A．当地资源   B．市场   C．交通   D．环境

四、判断题（正确的打"√"，错误的打"×"）

1. 景区就是有旅游吸引物的风景优美的区域。（   ）
2. 旅游吸引物是指能对游客产生吸引力，能够满足游客旅游体验需要的各种事物和因素，是吸引游客

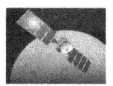

前往景区的根本因素。（　　）

3. 景区内的厕所属于服务接待设施，餐厅属于基础设施。（　　）
4. 优质的服务和优秀的服务人员也可以成为景区的旅游吸引物。（　　）
5. 旅游功能是景区吸引力的主要体现，是景区价值的基础。（　　）

五、简答题

1. 景区有哪些类型？
2. 景区的构建过程主要包括哪几个步骤？

 阅读材料

中国的世界遗产

世界遗产是指被联合国教科文组织和世界遗产委员会列入《世界遗产名录》的遗产，是全人类公认的具有突出意义和普遍价值的文物古迹及自然景观。世界文化遗产和自然遗产是人类祖先和大自然的杰作，有效保护世界文化遗产和自然遗产，就是保护人类文明和人类赖以生存的环境。

据新华社快讯，正在土耳其伊斯坦布尔举行的第 40 届世界遗产大会于 17 日把中国湖北神农架列入世界遗产名录，中国世遗项目由此达到 50 个。遗产总数名列世界第 2 位，仅次于意大利的 51 项。

中国于 1985 年 12 月 12 日成为联合国教科文组织世界遗产委员会成员国。截至 2016 年 7 月 17 日，中国共计拥有 50 项世界遗产。其中世界文化遗产 35 项，世界自然遗产 11 项，文化和自然双重遗产 4 项。

世界文化遗产（35 项）

1. 明清皇宫（北京故宫（北京），1987.12；沈阳故宫（辽宁），2004.7）
2. 秦始皇陵（陕西，1987.12）

3. 敦煌莫高窟（甘肃，1987.12）
4. 周口店北京人遗址（北京，1987.12）
5. 长城（北京，1987.12；辽宁九门口长城（水上长城）2002.11）
6. 武当山古建筑群（湖北，1994.12）
7. 拉萨布达拉宫历史建筑群（西藏，1994.12；大昭寺，2000.11；罗布林卡，2001.12）
8. 承德避暑山庄及其周围寺庙（河北，1994.12）
9. 曲阜孔府、孔庙、孔林（山东，1994.12）
10. 庐山国家公园（江西，1996.12）
11. 平遥古城（山西，1997.12）
12. 苏州古典园林（江苏，拙政园、网师园、留园和环秀山庄，1997.12；艺圃、藕园、沧浪亭、狮子林和退思园，2000.11）
13. 丽江古城（云南，1997.12）
14. 北京皇家园林——颐和园（北京，1998.11）
15. 北京皇家祭坛——天坛（北京，1998.11）
16. 大足石刻（重庆，1999.12）
17. 皖南古村落——西递、宏村（安徽，2000.11）
18. 明清皇家陵寝（明显陵（湖北）、清东陵（河北）、清西陵（河北），2000.11；明孝陵（江苏）、十三陵（北京），2003.7；盛京三陵（辽宁），2004.7）
19. 龙门石窟（河南，2000.11）
20. 青城山和都江堰（四川，2000.11）
21. 云冈石窟（山西，2001.12）
22. 高句丽王城、王陵和贵族墓葬（吉林，辽宁；2004.7.1）
23. 澳门历史城区（澳门，2005）
24. 殷墟（河南，2006.7.13）
25. 开平碉楼与村落（广东，2007.6.28）
26. 福建土楼（福建，2008.7.7）
27. 五台山（山西，2009.6.26）
28. 登封"天地中心"历史建筑群（河南，2010.8.2）
29. 杭州西湖文化景观（浙江，2011.6.29）
30. 元上都遗址（内蒙古，2012.7.6）
31. 红河哈尼梯田文化景观（云南，2013.6.22）
32. 丝绸之路：长安-天山廊道的路网（陕西、河南、甘肃、新疆，2014.6.22）
33. 大运河（北京、天津、河北、山东、河南、安徽、江苏、浙江，2014.6.22）
34. 土司遗址（湖北、湖南、贵州，2015.7.4）
35. 左江花山岩（广西，2016.7.15）

世界自然遗产（11项）
1. 黄龙风景名胜区（四川，1992.12）
2. 九寨沟风景名胜区（四川，1992.12）

3. 武陵源风景名胜区（湖南，1992.12）

4. 云南三江并流保护区（云南，2003.7）

5. 四川大熊猫栖息地——卧龙、四姑娘山和夹金山（四川，2006.7）

6. 中国南方喀斯特（云南石林、贵州荔波、重庆武隆，2007.6.29；广西环江与桂林、重庆南川、贵州施秉，2012.6.22）

7. 三清山国家公园（江西，2008.7.7）

8. 中国丹霞（贵州赤水、福建泰宁、湖南崀山、广东丹霞山、江西龙虎山、浙江江郎山，2 010.8）

9. 澄江化石遗址（云南，2012.7.6）

10. 新疆天山（新疆，2013.6.21）

11. 湖北神农架（湖北，2016.7.17）

世界文化和自然双重遗产（4项）

1. 泰山（山东，1987.12）

2. 黄山（安徽，1990.12）

3. 峨眉山风景区及乐山大佛风景区（四川，1996.12）

4. 武夷山（福建，1999.12）

资料来源：http://news.cnhubei.com/xw/gn/201607/t3663322.shtml。

项目二
景区设施设备配置

知识目标

1. 理解景区基础设施、服务设施的概念。
2. 了解景区设施的构成与分类。
3. 掌握不同景区设施的配置要求。

能力目标

1. 能对景区内部分基础设施进行操作。
2. 能对景区内部分接待服务设施进行操作。

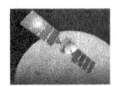  

项目二　景区设施设备配置

任务一　景区设施设备认知

 导引案例

西安加快推进"厕所革命"5A 景区须设第三卫生间

2017 年 3 月 22 日，西安市政府发布《2017 旅游服务环境提升年行动方案》，提到创建 5A 级景区厕所须设置第三卫生间。

方案提出，今年争取西安城墙·碑林历史文化景区通过国家 5A 级评定验收，西安大明宫景区通过 5A 级国家景观质量评估，西安秦岭朱雀太平景区通过 5A 级省级景观质量评估，新增 6 家 3A 级景区。加快推进"厕所革命"，在 A 级景区推广第三卫生间（家庭卫生间），5A 级景区和计划创建 5A 级景区厕所必须设置第三卫生间。加强联合检查，规范"一日游"合同的签订，重点打击私自增加自费景点和购物点等乱象。开展整治"不合理低价游"专项行动。

2017 年，力争接待国内外游客 1.62 亿人次，实现旅游业总收入 1380 亿元以上，同比增长 14%。今年将加快临潼兵马俑大景区等 49 个重点在建旅游项目，总投资 658 亿元。将在秦岭北麓长安、蓝田段和未央区，启动建设 3 处自驾车露营地。重点推进蓝田白鹿原民俗文化村、高陵场畔、长安上王村、周至沙沙河水街、临潼溪源山庄、灞桥白鹿原民俗文化街区建设。记者　雷婧　田蕾　黄涛

资料来源：陕西传媒网，http://jiangsu.china.com.cn/html/2017/sxnews_0323/9873241.html。

思考：5A 级景区的厕所为什么必须设置第三卫生间？

 知识准备

一、景区设施设备的概念

景区设施设备是构成景区固定交道的各种物质设施，是提供景区服务的生产资料，是景区开展经营活动的物质载体。

设施设备质量的优劣、运行的好坏直接关系到游客的游兴和满意度，体现了景区的产品质量和服务水平。

景区设施设备除了要求具备最基础的使用功能外，还必须具备特定的旅游功能，有时某一种旅游功能还承担着吸引游客的特定任务。

二、景区设施设备的分类

景区设施设备类型多种多样，一般按其使用功能，可以将其分为景区基础设施设备、景区接待服务设施设备两大类。

1. 景区基础设施设备

景区基础设施设备是保障景区各项接待、经营活动正常开展的基础，是在景区建设中需

15

要提前安排的、发挥基础作用的设施，通常包括道路交通设施、电力设施、给排水设施、通信设施、安全设施、环境卫生设施等。

2. 景区接待服务设施设备

景区接待服务设施设备是指景区为了帮助游客顺利完成旅游行程，在吃、住、行、游、购、娱各方面为游客提供服务的有形设施载体，通常包括环境景区设施、导示设施、住宿设施、餐饮设施、休憩设施、康乐设施和购物设施等。

三、景区设施设备配置的要求

景区设施设备配置在旅游规划中属于工程技术性设计和施工的范畴，是对景区规划建设内容的设计和安排。一般由具有建筑专业背景的人员来做设计图，并简要进行工程建筑说明，由施工单位按照要求进行施工。

《旅游规划通则》（GB/T18971—2003）分别对不同类型的旅游区规划的设施设备部分的文本、图件做了要求。旅游区规划的任务之一是安排旅游区基础设施建设内容，提出开发措施。要规划旅游区对外交通系统的布局和主要交通设施的规模、位置；规划旅游区内部的其他道路系统的起身、断面和交叉形式；规划旅游区其他基础设施、服务设施和附属设施的总体布局；规划旅游区的防灾系统和安全系统的总体布局；规划旅游区的环境卫生系统布局，提出防止和治理污染的措施等。

四、景区设施设备配置要考虑的因素

1. 自然因素

自然因素包括景区地质、地貌、气候、水文、生物、土壤等基本情况。

2. 人文因素

人文因素包括旅游政策、区域经济发展水平、旅游文化、人文旅游资源状况、设施现状、景区规划、设施管理水平等。

任务执行

1. 任务发布

分析景区设施设备的构成、类型及作用。

2. 任务分析

通过调查周边1～2个景区，分析景区设施设备的构成、类型及作用。

3. 任务实施

（1）调查景区的设施设备情况。

（2）分析景区设施设备的构成、类型及作用，并形成任务成果书（见表2-1）。

项目二　景区设施设备配置

表 2-1　景区设施构成、类型及作用任务成果书

任务	分析景区设施设备的构成、类型及作用
任务性质	小组任务
成果名称	景区设施构成、类型及作用
成果要求	（1）阶段成果：调查周边一个景区 （2）最终成果：景区设施设备的构成、类型及作用
成果形式	一览表（将景区设施的构成类型和作用制作成表格）

任务二　景区基础设施配置

 导引案例

厕所革命"宁夏经验"备受全国旅游行业关注

2017 年 2 月 4 日，春节假期结束后的第二天，国家旅游局在广东省召开了 2017 年全国厕所革命工作现场会。会上，国家旅游局从全国 32 个省（市、区、兵团）中评选了 6 个省（市、区），通过视频汇报的方式，交流厕所革命工作经验。

宁夏旅游委制作的厕所革命专题汇报片《让"方便"方便起来》，从创意设计、表现形式和拍摄质量等方面，都与其他省大不相同，令人耳目一新，很好地展示了宁夏厕所革命工作成果和经验，宣传了"塞上江南，神奇宁夏"的全域旅游形象，得到了国家旅游局领导和参会代表的广泛认可和称赞。

在镇北堡西部影城，被称作"轻松一处"的旅游厕所让人心领神会，倍感轻松；"茅厕"朴实的名称和外表让人想起过去的时光，吸引游客一探究竟，内部干净清爽的环境、完善贴心的服务设施，又让你感受到现代文明；在沙湖旅游区，旅游厕所与自然景观浑然一体、相得益彰，吸引了众多游客拍照留念；沙坡头旅游区的"大漠驿站"，将旅游厕所、旅游商品购物、休闲茶座、儿童娱乐等功能有机结合，成为游客的"便民坊"；被称为穿越万年时光隧道的水洞沟景区，如果不是旅游厕所标示牌的提醒，您不会认为与景观完全融入一体的建筑是供游客"方便"的地方；贺兰山东麓葡萄文化旅游长廊正在成为宁夏旅游新的品牌，走进葡萄酒庄，你会感受到自然生态环境与葡萄酒文化的完美融合，仿佛置身事外桃园，就连卫生间都是那么耐人寻味，让人心旷神怡；宁夏观光夜市，汇集了宁夏的风味美食，是本地市民和外地游客享受宁夏美食的首选街区。在这里，"方便"的地方不仅很方便，而且完善的服务功能会让你留下深刻印象；在高速公路服务区，厕纸、洗手液、烘手器等已经成为厕所标配；在宁夏东部换线旅游风景道，自治区旅游发展委安排 2100 多万旅游专项资金，启动了旅游风景道厕所与停车场、观景台、旅游咨询点、旅游商品销售、公共休憩设施等旅游服务设施"一体化"建设示范工程，不断探索完善旅游厕所建设管理新模式，引领厕所建设新标准。

2016 年对宁夏旅游业发展来说是具有里程碑意义的一年，中美旅游高层对话会和全国第二届全域旅游推进大会同时在宁夏召开，宁夏成为继海南之后全国第二个省级全域旅游示范

区创建单位。宁夏更是把旅游厕所建设作为完善提升全域旅游公共服务体系的重要内容，从"方便"处入手，提升宁夏全域旅游品质。《按照宁夏全域旅游发展三年行动方案（2016—2018年）》的安排部署，进一步完善了各级党委政府统筹协调、部门分工协作、全社会共同参与的工作机制，在全区景区、旅游线路沿线、交通集散点、乡村旅游点、旅游餐馆、旅游娱乐场所、旅游街区等旅游活动场所全面实施"厕所革命"，大力执行《旅游厕所质量等级的划分与评定》（GB/T 18973—2016）国家标准，不断探索建立"以商建厕、以商养厕、以商管厕"的建设管理模式。

小厕所，大窗口。随着宁夏全域旅游示范（省）区创建工作的深入推进，旅游厕所必将成为一道亮丽的风景线，成为提升宁夏全域旅游品质的有效载体，成为展示宁夏全域旅游形象的重要窗口。

资料来源：人民网，http://travel.people.com.cn/n1/2017/0207/c41570-29063608.html（有删减）。

思考：在本案例中，宁夏"厕所革命"被广泛认可的原因是什么？

 知识准备

一、景区基础设施的功能

1. 改善可进入性

景区可进入性是指让游客进来得、散得开、出得去，而这就必须依托完善的景区道路交通设施。

2. 满足游客的基本需要

游客出门在外，有一些共同的基本需要，如用水、用电、电话网络等，这需要景区能够满足游客在景区内时对水、电、气、通信等的需求。

3. 防灾减损

减少、消除游客在景区内可能出现的风险和灾害，保障游客的人身财产安全。

4. 提升服务质量、提升游客的愉悦感

醒目易懂的导引设施、干净整洁的旅游环境，能帮助游客获得满意的旅游经历。

二、景区基础设施配置的原则

1. 标准性

对基础设施的设计、建设、管理、维护、更新要遵照相关规定执行，这些规定主要是指国家和地方的政策、行业标准规范等。

2. 科学性

注意按景区的自有条件来科学配置基础设施，进行合理的选址和线路安排。

3. 前瞻性

基础设施多为固定设施，工程量大，投资大，建设周期长。因此，对基础设施配置要有前瞻性，为景区留有发展空间。

三、道路交通设施

旅游道路交通设施是指进出景区及景区内部景点之间的路径和通道设施，它是解决景区可进入性与内部畅通性的设施，是景区接待游客的首要条件。

1. 交通方式的选择

景区在规划选址时就要充分考虑可进入性，做到交通设施完善、进出便捷，做到能让游客"进得来，散得开，出得去"。

2. 停车场、码头

为了保护景区环境和游客，景区内一般使用清洁能源交通工具，由专业司机驾驶，如电瓶车、混合动力车等，这就需要景区有配备齐全的换乘中心。同时，景区外围也应该配置大型停车场，应充分满足游客接待量。

3. 线路

景区内游览线路（航道）布局合理，与景色结合度高，路面特色突出，航道水体清澈，如玻璃栈道等。

四、电力设施

景区所有设施和经营场所的正常运行都离不开电力，而景区电力需求又有着季节性强、波动性大的特点，因此，对景区供电网络要科学设计，统筹兼顾各种设施的布局，应该根据景区的自然地理条件，合理选择电缆线路的敷设方式，尽量不造成对景色的破坏，不造成视觉污染。

五、给排水设施

景区内的水可以分为生活用水和景观用水，生活用水是满足游客、景区工作人员、景区内居民生活需要的用水，景观用水是用于景观水体、绿化等的用水。不管哪类用水，都涉及给水设施和排水设施，以及水源保护的问题。因此，一定要参照国家标准，由专业人员进行设计、施工、维护。

六、通信设施

游客之间和景区内部都需要进行信息传递。同时，由于互联网的普及，我国智慧旅游、智慧景区的建设如火如荼，通信设备是信息传递的保证，是智慧景区建设的物质基础。其主要设备包括信息传输网络、信息传输建筑物和信息传输设备三大类。

七、环境卫生设施

景区的环境卫生设施主要有公共厕所、垃圾筒、垃圾转运处理中心等。在配置时，应该遵循协调性、特色性、实用性、经济性和人性化的原则进行配置。

1. 垃圾筒

垃圾筒应该设置在景区出入口、服务区、游憩区等客流量大的地方，其布局应合理，标志应明显，造型美观独特，注重与环境相协调，最好分类设置。

2. 公共厕所

公共厕所也应布局合理，数量能满足游客需求，标志醒目美观，建筑造型最好与景区景观相协调。同时厕所保洁工作是公共厕所维护的重要工作，因此要有专人服务，做到洁净无污垢、无堵塞。

3. 垃圾处理中心

景区每天会产生大量垃圾，垃圾收集后要转运到景区外的城镇垃圾处理厂进行集中处理，如果景区比较偏僻，还应该参照城镇生活垃圾处理厂的标准建立自己的垃圾处理厂，同时还要注重与景区景观相协调、远离水源及主要景观地段。

八、安全设施

随着旅游业的快速发展，大量景区处于超载状态，景区设备超负荷运行，景区的安全问题阻碍景区的正常发展。建设景区安全设施、完善景区安全管理制度和体系是景区日常管理工作的重中之重。

景区安全设施是维护景区安全和游客人身财产安全的重要保障，也是降低游客在景区游览可能面临的各种风险的必要设施。景区安全设施分为自然灾害防治设施、人为灾害（事故）防治设施和紧急救援设施。

 任务执行

1. 任务发布

了解当地某个景区的旅游基础设施配置的特点，并设计几个有创意或地方特色的垃圾筒。

2. 任务分析

通过分析导引案例，再调查周边的景区，了解当地某个景区的旅游基础设施配置的特点，并设计几个有创意或地方特色的垃圾筒。

3. 任务实施

（1）调查周边一个景区的设施设备。

（2）了解当地某个景区的旅游基础设施配置的特点，并设计几个有创意或地方特色的垃

项目二 景区设施设备配置

圾筒，并形成任务成果书（见表2-2）。

表2-2 景区基础设施的特点任务成果书

任务	归纳总结景区基础设施的特点
任务性质	小组任务
成果名称	景区基础设施的特点
成果要求	（1）阶段成果：调查周边一个景区的设施设备 （2）最终成果：景区基础设施特点和创意垃圾筒
成果形式	（1）一份关于景区基础设施特点的表格 （2）一份创意垃圾筒的方案

任务三 景区接待服务设施配置

 导引案例

内蒙古阿尔山景区规划之旅游服务体系

为了更好地服务于本区域旅游特有的"大跨越、大穿越"空间特征，游客服务体系在空间上扩展到本区域与周边区域之间的游客必经之地，其布局包括区外服务、区内服务和景点服务三个空间层次。

（一）本区域按照服务功能需求及其等级分布的游客服务体系

1．阿尔山－柴河旅游服务站

阿尔山－柴河旅游服务站是本区域"旅游服务外延"战略和"旅游形象外溢"战略的重要组成部分。

2．区内交通枢纽游客服务中心

本规划分别在阿尔山市新城区火车站、公路客运站和阿尔山机场三个交通枢纽设立游客服务中心，主要功能配置为：旅游咨询服务、交通分流服务、住宿接待服务。

3．门票口服务区

门票口服务区是最重要的游客服务中心，本区域有两种类型的门票口及其服务区，均按照国家AAAA级景区服务标准配置建设。

设置三个门票口：金江沟口东、柴河源林场西、好森沟林场北。

4．游线－游客服务点

本区域在大门票口内的三个国家森林公园及其核心景区范围内设立一级游线服务点，在各大标志性项目中心组团的范围内设立二级游客服务点。

游线－游客服务点的标准配置为：导游服务、咨询服务、旅游小商品自动售货亭、报警点、游线交通站点、旅游厕所、紧急避难指引。

5．游客服务调度中心

本区域在阿尔山市新城区设立"游客服务调度中心（游客服务总部）"，该中心是统辖全区游客服务体系的运营中心、指挥中心、调度中心、监控中心、投诉中心、援助中心、突发

事件应急处理中心和医疗急救护理中心。

（二）餐饮、购物规划

1. 餐饮业规划

旅游区餐饮服务设施基本分为两类：一类是独立的餐饮服务设施；一类是附属于住宿设施内的餐饮服务设施。

2. 饮食业管理

3. 旅游购物规划

在旅游业六大要素中，"购"属于相对消费项目，具有很大的弹性与灵活性。游客的购物欲求取决于多种条件与环境，其中最根本的一点是依赖于当地所提供的商品和用品的品位与种类，取决于供给者在对游客的消费行为和消费能力分析后，如何吸引、触发和满足游客的购物欲求。推出优质旅游商品、用品和旅游纪念品是关键，必须考虑到纪念性、实用性和观赏性。

资料来源：阿尔山市网站（有删减）。

思考：在本案例中，景区旅游接待服务设施包括哪些？

 知识准备

一、景区接待服务设施配置的原则

1. 一致性

景区接待服务设施是景区规划的重要内容，必须按规划设计与景区环境保持一致，不能有突兀感和生硬感。

2. 经济性

充分进行市场调查，结合成本和投资额度来配置旅游服务设施，不必强求一步到位。

3. 科学性

因地制宜、科学选址，充分考虑设施的科学性和人性化，使设施体现对游客的细致关怀。

二、导示设施

导示系统是结合环境与人之间的关系的信息界面系统。很多情况下，它体现为标志的个体造型，在现代商业场所、公共设施、城市交通、社区等公共空间中，导示不再是孤立的单体设计或简单的标牌，而是整合品牌形象、建筑景观、交通节点、信息功能甚至媒体界面的系统化设计。导示设施是引导、帮助游客识别景区指示信息的设施总称，具体可以分为交通导示类、服务设施导示类、景点导示类和无障碍设施导示类。

1. 导示设施的功能

（1）引导游客顺利完成游览活动。

（2）保障游客人身安全。

（3）增强游客环保意识。

（4）促进游客与景区居民之间的沟通。

2. 导示设施的类型

（1）道路导示设施。道路导示设施包括道路牌、交通标志标线、安全护栏、反光镜、防眩设施等，道路导示设施的设置必须符合国家交通安全规定标准。

（2）游览步道导示设施。一般设置在景区出入口、步道交叉节点，材质往往是就地取材。文字简洁明了，且用多种语言表示。要求图文并茂，字体大小、标志高度均应按人体视觉特点进行设计。

（3）景点导示设施。景点导示设施包括景点解说牌、景点导游手册（地图）、视听解说设备等，均需要内容准确翔实，有多种语言表示。

（4）无障碍化导示设施。从人性化、人文关怀的角度出发，针对老年人、儿童、残疾人这些特殊群体，景区必须配备无障碍设施。特别是让残疾游客也能欣赏景区的美景，感受景区设施的人性化。

三、住宿设施

景区住宿设施是指景区向游客提供住宿，以满足游客在景区内的住宿、休息及其他相关需求的设施，主要包括宾馆、饭店、度假村、民居旅馆、露营地、疗养院等。

住宿设施的特点主要有以下几方面。

1. 安全

安全是一切活动的前提。客人在住宿期间，希望自己的人身财产安全得到保障，能放心的休息和生活，因此，住宿安全设施要到位，确保游客安全。

2. 清洁

清洁是客人住宿时排在第二位的需要，是客人普遍的心理需求。清洁卫生是住宿服务质量的重要内容，是档次、等级的重要标志。

3. 安静

住宿环境的安静是保证客人休息质量的重要因素。客人对安静的要求并不单纯指夜间这一段时间，客房环境保持安静，会给人舒服、高雅的感觉。所以在选择设施设备时的一个重要的标准是产生的噪声要小。

4. 体验性

特色住宿设施，如小木屋、蒙古包、度假村、露营地等，一定要做到和游客日常住宿环境不同，注重让游客体验不同的住宿经历，强调体验性。

四、餐饮设施

景区的餐饮服务不同于一般的餐饮服务，除了有着一般餐饮服务的共同点之外还有着自身的特点。因此，景区餐饮设施应该针对景区餐饮服务的特点而进行设计。

  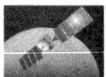

1. 淡旺季明显

景区的餐饮服务受旅游淡旺季的影响，客源十分不稳定，旺季时人满为患，淡季时门可罗雀，如何应对不稳定的客源市场，做到淡旺季服务质量一致，保证旺季时每个游客能正常就餐，在餐厅设计时必要考虑到最佳客流量。

2. 消费对象构成复杂

景区餐饮的经营场所通常在景区内部，但消费者绝大多数来自异地他乡，他们在年龄、性格、喜好、口味等各方面均有不同，"众口难调"是景区餐饮服务的难题。景区餐饮设施应该讲究自身特色，做到以"不变应万变"，强调和发挥自身特色。

3. 服务项目有限

景区因为客源不稳定，如果大规模开设美食街、农家乐、户外烧烤、主题餐饮多种形式的餐饮服务项目，可能旺季时能较好地服务游客，但是在淡季会造成经营上的沉重负担。因此具体的某一景区，往往只能提供一、二种餐饮形式，所以形成服务项目有限的现实情况。

五、休憩设施

景区休憩设施是指供游客观景及休息的建筑物及坐具，它们的存在可以使游客在旅游环境中停留的时间更长，精力更加充沛。而且休憩设施直接与游客接触，所以它的品质直接影响游客对环境的感受。通过休憩设施的设置，景区可以有效控制观景点，利用点景、隔景等造景方式，很自然地把景区最美的一面凸显出来。

1. 观景亭廊

观景亭廊是一种开敞的小型景观建筑物，是环境景观系统中重要的景观节点，同时也是供游客观赏景观的一种设施。无论是在古典园林中，还是在现代的景区及公园中，都可以看到各种各样的观景亭廊。

在景区中，观景亭廊的形式多样，类似的设施还有台、塔、楼、阁、舫、榭、花架等，这些设施在结合景区旅游线路设计的同时，还要从景区景观的空间构图出发，选择良好的位置，采用合适的造型和建材。

2. 休息坐具

根据国内外景区的建设实践，休息坐具的规划设计需要从安置区位、建筑材料及造型、大小尺寸及成本费用等方面去考虑。坐具一般设置在视野开阔、景观怡人的地段，便于游客驻足观赏。在具体的布置时，或背后以花坛、树或墙为靠，或在水滨树荫之下，或与亭台楼阁结合。

坐具的造型样式很多，类型或坐或躺或站靠，立面或实或虚，形体或现代或仿古，等等。但在坐具设计时，应符合景区主题，与其他环境设施相协调，同时满足人体工程学的基本要求。建筑材料一般宜采用条木或板石，以不加过多的修饰为佳。

六、康乐设施

随着大众休闲康乐需求的增加，传统的康乐服务逐渐从景区、饭店中脱离出来，有些景区甚至是专门以康乐服务为主营项目。根据业务性质，可以将康乐设施划分为体育健身、疗养保健、游艺、文艺娱乐四大类型。

景区应通过科学的市场调研、结合景区的自然条件选择合适的康乐项目，不能跟风上项目，要遵循以下四个原则。

1. 因地制宜

选址要考虑与现有的景区产品主题、功能分区和环境特征相结合。

2. 与景观协调

充分考虑设施的造型、规模与景区自然及人文相协调，并尽量减少污染。

3. 节约成本

结合成本和投资回收预期，充分考虑设施的经济性。

4. 保持通畅

便于游客的集中和分散，做到进得来、散得开、出得去。

任务执行

1. 任务发布

了解当地某个景区的旅游服务接待设施配置的特点，并设计几个有创意或地方特色的导示标志或休息坐具。

2. 任务分析

通过分析导引案例，再调查周边的景区，了解当地某个景区的旅游接待服务设施配置的特点，并设计几个有创意或地方特色的导示标志或休息坐具。

3. 任务实施

（1）调查周边一个景区的设施设备。

（2）了解当地某个景区的旅游基础设施配置的特点，并设计几个有创意或地方特色的导示标志或休息坐具，并形成任务成果书（见表2-3）。

表2-3 景区接待服务设施的特点任务成果书

任务	归纳总结景区接待服务设施的特点
任务性质	小组任务
成果名称	景区接待服务设施的特点
成果要求	（1）阶段成果：调查周边一个景区的设施设备 （2）最终成果：旅游接待服务设施特点和设计创意导示标志或休息坐具
成果形式	（1）一份关于旅游基础设施特点的表格 （2）一份创意导示标志或休息坐具的方案

项目小结

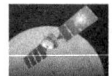

景区的设施设备是构成景区固定交道的各种物质设施，是提供景区服务的生产资料，是景区开展经营活动的物质载体。设施设备质量的优劣、运行的好坏，直接关系到游客的游兴和满意度，体现了景区产品质量和服务水平。

景区的设施设备类型多种多样，一般按其使用功能，可以将其分为旅游基础设施、旅游接待服务设施两大类。

旅游基础设施是保障景区各项接待、经营活动正常开展的基础，是在景区建设中需要提前安排的、发挥基础作用的设施，通常包括道路交通设施、电力设施、给排水设施、通信设施、安全设施、环境卫生设施等。

景区接待服务设施是指景区为了帮助游客顺利完成旅游行程，在吃、住、行、游、购、娱各方面为游客提供服务的有形设施载体，通常包括环境景区设施、导示设施、住宿设施、餐饮设施、休憩设施、康乐设施和购物设施等。

同步练习

一、名词解释

1. 景区旅游基础设施
2. 景区接待服务设施

二、填空题

1. 景区旅游基础设施通常包括_____、_____、_____、_____和_____等。
2. 景区接待服务设施通常包括_____、_____、_____、_____、_____和_____等。
3. 景区设施设备配置要考虑的自然因素包括_____、_____、_____、_____、_____、_____等基本情况。
4. 景区设施设备配置要考虑的人文因素包括_____、_____、_____、_____、_____、_____。
5. 旅游道路交通设施是解决景区_____的设施，是景区接待游客的_____。

三、选择题

1. 景区基础设施配置的原则包括（　　）。
   A. 标准性　　　B. 科学性　　　C. 前瞻性　　　D. 合适性
2. 景区在规划选址时就要充分考虑可进入性，做到交通设施完善、进出便捷，做到能让游客"_____"。
   A. 玩得爽　　　B. 出得去　　　C. 散得开　　　D. 进得来

3. 景区的环境卫生设施主要有公共厕所、垃圾筒、垃圾转运处理中心等。在配置时，应该遵循_____、_____、_____、_____和人性化的原则进行配置。

　　A．协调性　　　　　　B．特色性　　　　　　C．实用性　　　　　　D．经济性

4. 景区安全设施是维护景区安全和游客人身财产安全的重要保障，也是降低游客在景区游览可能面临的各种风险的必要设施，可分为_____、_____和_____。

　　A．自然灾害防治设施　　　　　　　　B．人为灾害（事故）防治设施
　　C．紧急救援设施　　　　　　　　　　D．防空洞

5. 景区接待服务设施配置的原则包括_____、_____、_____。

　　A．一致性　　　　　　B．经济性　　　　　　C．科学性　　　　　　D．人文性

四、判断题（正确的打"√"，错误的打"×"）

1. 设施设备质量的优劣、运行的好坏，直接关系到游客的游兴和满意度，体现了景区产品质量和服务水平。（　　）
2. 景区设施设备配置要考虑人为因素。（　　）
3. 景区基础设施是指在景区建设中需要提前安排的、发挥基础作用的设施。（　　）
4. 导示设施是引导、帮助游客识别景区指示信息的设施总称。（　　）
5. 景区住宿设施是指景区向游客提供住宿，以满足游客在景区内的住宿、休息及其他相关需求的设施。（　　）

五、简答题

1. 景区住宿设施的特点主要有哪些？
2. 景区应通过科学的市场调研、结合景区的自然条件选择合适的康乐项目，不能跟风上项目，因此要遵循哪些原则？

阅读材料

旅游安全问题成热点话题　安全事故缘何频发

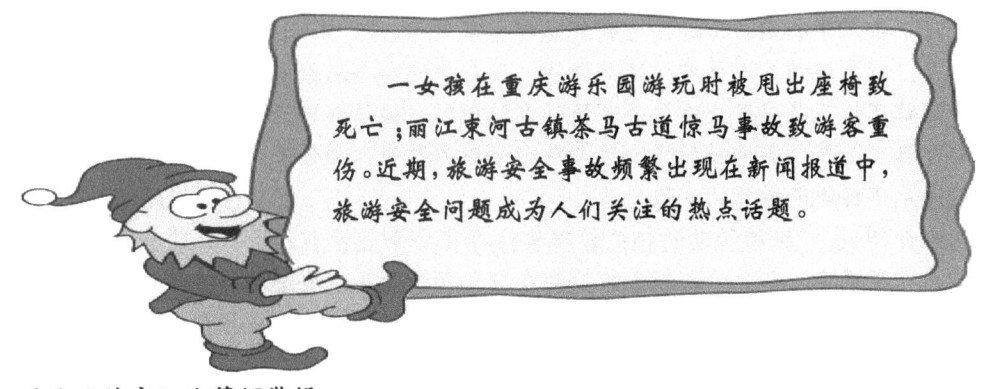

一女孩在重庆游乐园游玩时被甩出座椅致死亡；丽江束河古镇茶马古道惊马事故致游客重伤。近期，旅游安全事故频繁出现在新闻报道中，旅游安全问题成为人们关注的热点话题。

风险防范意识淡薄须警惕

"从众多旅游安全事故的引致因素来看，多数安全事故是由于疏忽大意、风险意识淡薄

等因素而引发的。"中国旅游改革发展咨询委员会专家委员、中国旅游研究院旅游安全基地主任郑向敏介绍说,"美国卡内基梅隆大学一项研究指出:美国去年前8个月就有127人死于自拍"。"自拍死"是指自拍游客为寻找自拍角度,缺乏风险意识,忽视周边环境,导致从高处摔下死亡。

有些游客刻意追求高风险旅游行为。追求刺激无可厚非,但应该在安全防范系统之中,不能罔顾安全提示跨越安全区域去体验所谓的旅游刺激,死亡毕竟不是游戏。旅行中应该是有惊无险,刻意追求高风险的旅游行为,一旦发生紧急事故,往往忙中出错,导致旅游安全事故的发生。

安全通道被堵于规则意识缺失。中国未来研究会旅游分会副会长刘思敏说,"出门在外,游客一定要有规则意识,要尊重法律、规则、自然地理环境"。春节期间,宁波老虎咬人事件引发强烈关注,无视规则将生命置于危险之处,旅行中要注意安全提示,规则看似是约束,但更多的是保护。

旅游设施设备运作超负荷

旅游安全事故的发生还与旅游市场迅速发展,规模壮大有关。去年国内接待游客已超过44.4亿人次。北京法学会旅游法研究会副秘书长李广说,"由于旅游消费需求的爆发性增长,不仅参加旅游休闲活动的人数、频次大幅增加,而且旅游供给也呈快速增长的势头,在旅游供给和需求都快速增加的情况下,就容易出现重数量而轻质量和轻安全的问题"。

郑向敏指出,"大众旅游时代,旅游活动常态化、平民化,各类旅游设施设备常常超负荷运作,经常出现'过载'现象,各类旅游设施设备得不到定期检查、更新与维护,积累众多风险隐患。去年国庆期间,湖南、安徽等地部分景区游客接待量超过规定的最大承载量,有的景区甚至超标500%。景区的工作人员在高压之下紧张工作,大量硬件设施负荷过重,容易产生旅游安全事故"。

中国旅游改革发展咨询委员会副秘书长、北京第二外国语学院旅游管理学院院长厉新建表示,"旅游安全事故的发生还与部分景区过分追求经济效益有关。有些经营部门重经济效益,轻安全投入。团队游方式目前偏于"奔袭"游,极易造成车辆和司机疲劳。一些景区管理员对安全问题存有侥幸心理,事故的发生往往在这些管理薄弱的地方"。

风险监测安全监管不到位

在重庆丰都朝华公园游乐场发生的突发安全事故中,13岁女孩被甩出座椅。此次游乐场事故原因是:游乐场相关人员未按规范操作,压肩护胸安全压杠未推到位,没有压实。虽然相关人员操作不规范是引发此次安全事故的直接原因,但是公园设施设备、安全管理等多方面都存在隐患。如果公园方面加强工作人员安全操作监管、加强工作人员职业技能培训等工作,就能避免不按规范操作的危险行为。

郑向敏介绍说,"旅游活动的相关管理单位存在安全监管不到位、风险预警不及时、应急救援能力差等情况。部分旅游经营单位存在应急预案缺失、安全标志系统混乱等问题,此外,旅游经营单位对本企业内的设施设备、工作人员安全检查、安全技能培训等工作仍不完善,对游客不安全行为管理不到位,对风险的预防与监测工作也需进一步提升。在管理上,应建立风险评估系统,告知游客可能的风险,始终将安全放在第一位。"

旅游活动常常受到各类自然灾害的侵袭,在偶发性的重大突发事件中,旅游管理单位和旅游经营单位应该加强对风险的监测预警能力，如可能导致重大旅游伤亡的台风、龙卷风、泥石流等自然灾害。在旅游旺季时段，应该做出预警，避免大规模人流聚集可能导致的踩踏挤压风险，全方位、全时段的风险监测预警体系，实时监控旅游风险，并对风险过高的地点和区域发布风险预警。

资料来源：人民网—人民日报海外版 作者：赵 珊 向青平。

项目三
景区人力资源配置

知识目标
1. 了解景区行政管理职能和体系。
2. 了解景区员工招聘与培训方式。
3. 了解对员工的激励原则和方法。

能力目标
1. 能拟定景区员工招聘方案。
2. 能制订人力资源培训计划。

任务一　景区管理机构认知

导引案例

武汉市东湖生态旅游风景区管理委员会简介

经湖北省机构编制委员会批准，设立武汉市东湖生态旅游风景区管理委员会，为市人民政府派出机构，市属正局级单位。将中共武汉市委东湖风景区工作委员会更名为中共武汉市委东湖生态旅游风景区工作委员会，为市委派出机构，中共武汉市委东湖生态旅游风景区工作委员会与武汉市东湖生态旅游风景区管理委员会合署办公，统一行使东湖风景名胜区规划和管理职能。

一、主要职责

1. 组织实施国家、省、市有关风景名胜区保护、管理的法律法规、规章和政策规定，研究拟定风景名胜区保护、管理的地方性法规、规章和政策规定，并监督贯彻执行。

2. 根据武汉市城市总体规划和经济社会发展规划，编制风景名胜区的经济社会发展规划，经批准后组织实施。

3. 负责风景名胜区各项建设的建设市场和建筑行业管理，核发风景名胜区内建设工程项目的《建设工程施工许可证》；负责风景名胜区各项基础设施和公共设施的统一规划和建设管理；负责风景名胜区房屋产权、产籍以及房产交易市场和物业管理，核发房屋权属证书。

4. 根据武汉市城市总体规划，配合市规划部门编制风景名胜区总体规划，并与市规划部门共同负责风景名胜区的规划实施，负责建设规划项目审批前的审核和规划项目的监督检查工作；负责审核风景名胜区项目的环境影响评价和环保设施工程。

5. 负责风景名胜区风景资源的保护和管理、园林绿化、林业管理和科研工作；负责风景资源的调查、评估和绿化规划的编制与实施。负责风景名胜区水域的保护和管理，负责风景名胜区渔业渔政管理和地方港航海事监管工作。

6. 负责风景名胜区生态保护和旅游行业管理，组织编制旅游规划并负责实施；负责风景名胜区综合治理、安全生产工作。

7. 负责风景名胜区招商引资工作和对外经济技术合作事项，按照规定权限审批或审核报批风景名胜区投资项目；负责处理风景名胜区涉外事务，按有关规定审核、申报风景名胜区人员出国（境）和对外邀请事项。

8. 负责风景名胜区财政预决算管理、国有资产管理、财务会计监督和审计工作，协助税收征管工作。

9. 负责风景名胜区的市容环卫、户外广告、市政设施维护管理等城市管理工作和综合执法工作。

10. 负责或协调风景名胜区及其托管区域内国土资源、规划、房产、建设、交通、城管、城管执法、环保、水务、农业、林业、园林绿化、计划和统计、民政、计生、科技、教育、文化、卫生、食品药品、人事、劳动和社会保障、工商、税务、财政、技术监督、知识产权、公安、交管等经济社会发展方面的各项管理和公共事业工作。

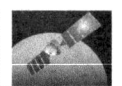

11. 依法指导管理托管范围内的社区居委会、村委会；协调监督有关部门设在风景名胜区的分支机构或派出机构的工作。

12. 管理委属企事业单位；依法管理托管范围内的企事业单位和其他组织。

13. 行使市人民政府授予的其他职权。

二、内设机构

内设机构如图3-1所示。

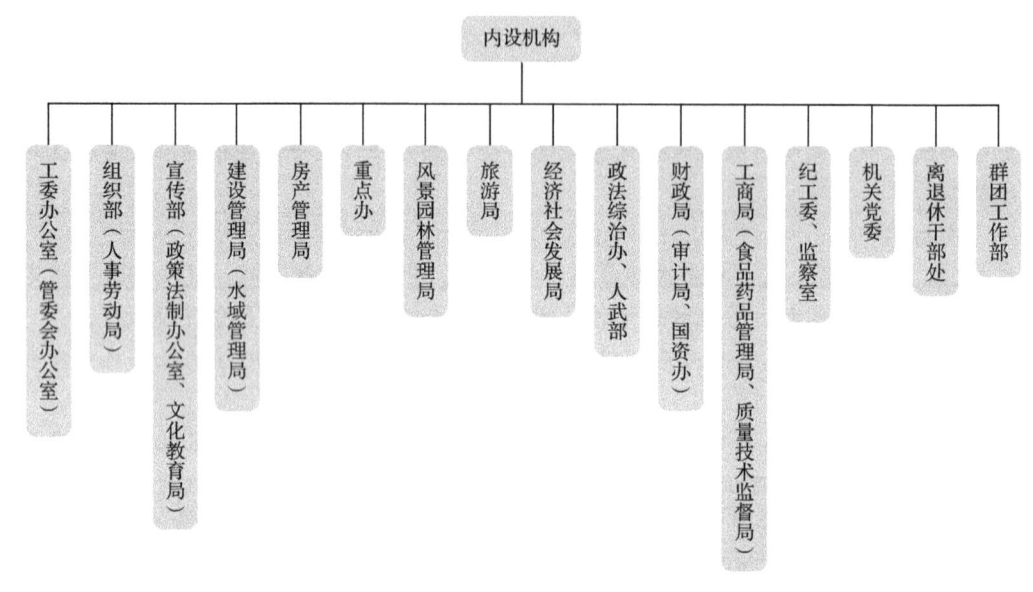

内设机构包括：工委办公室（管委会办公室）、组织部（人事劳动部）、宣传部（政策法制办公室、文化教育局）、建设管理局（水域管理局）、房产管理局、重点办、风景园林管理局、旅游局、经济社会发展局、政法综治办、人武部、财政局（审计局、国资办）、工商局（食品药品管理局、质量技术监督局）、纪工委、监察室、机关党委、离退休干部处、群团工作部。

图3-1　内设机构

资料来源： 武汉市东湖生态旅游风景区官网，http://www.whdonghu.gov.cn/。

思考： 武汉市东湖生态旅游风景区内设有哪些机构？

知识准备

一、人力资源的含义

人力资源，是与自然资源、物质资源或信息资源相对应的概念，有广义和狭义之分。广义的人力资源是指以人的生命为载体的社会资源，凡是智力正常的人都是人力资源，它以人口为存在的自然基础；狭义的人力资源则是智力和体力劳动能力的总称，也可以理解为是为社会创造物质财富和精神财富的人。

二、景区人力资源的特点

1. 需求量大

景区是综合性的旅游企业，一个大型景区所涉及的行业可能包括整个旅游行业中所有主要企业的类型，如旅行社、酒店、交通、餐饮等，这均属于劳动密集型企业，这就需要配备大量的工作人员才能保证景区的正常运转。

　　2. 素质要求高

　　景区人力资源的高素质体现在个人能力和职业道德两个方面。个人能力方面要求具备较强的文化修养、良好的记忆力、敏锐的观察力和优异的交际能力，职业道德方面要求敬业爱岗、尽职尽责、工作热情、态度友好。

　　3. 层次多样化

　　景区人力资源配置上，不仅需要高级管理人员，也需要中级管理人员和大量基层员工，所以景区人力资源配置上层次呈现多样化。

　　4. 季节性强

　　旅游活动具有明显的季节性，在旺季时景区工作人员数量需求多，淡季时就会有大量人力资源闲置。这就意味着有大量岗位是临时性的，而对临时岗位的管理容易忽视，只有对临时岗位的管理重视，才能保证景区的整体服务质量。

三、景区人力资源管理体系

　　景区人力资源管理体系是指不同管理者之间的分工协作所构成的景区人员管理工作运行系统。

　　1. 高层管理者

　　景区高层管理者是指景区管理会主任、董事长、总经理、副总经理等。其职责主要包括制定景区人力资源政策；进行景区核心员工管理；确定景区劳动组织架构。

　　2. 中层管理人员

　　中层管理人员是指各部门经理、各部门负责人等。中层管理者在景区运行中起着关键作用，承担着把景区决策转化为全体员工行动的任务，中层管理者队伍的建设状况从根本上影响景区员工的队伍建设。

　　3. 基层管理人员

　　基层管理人员指领班、组长等，在景区一线组织、带领员工开展各项服务活动，在景区中起着承上启下的作用。

　　4. 基层员工

　　基层员工一般包括工作技术人员、园艺师、演职人员、售票员、检票员、讲解员、安保人员等，他们直接为游客服务，使游客能够完成他们在景区的旅游体验。

四、景区员工管理指标

　　景区员工管理指标是景区员工管理活动的评价标准，决策者可以通过指标了解员工状况，为加强和改进景区员工管理工作提供依据。景区常用的员工管理指标主要有以下几个方面。

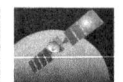

1. 劳动生产率

劳动生产率是最常见、使用最频繁的一个指标，适用于景区之间的横向比较和同一景区不同时期的纵向比较，能在一定程度上反映出景区员工管理水平的高低。

2. 人工费用率

人工费用率是将员工管理活动所消耗的成本费用之和与这些活动所产生的收益做比较，反映员工管理活动的有效性。

3. 员工流动率

员工流动率反映了员工在景区工作时间的长短，合理的员工流动有利于景区组织的新陈代谢，而过于频繁的员工流动则会影响景区经营管理工作的顺利进行。

4. 考评合格率

考评合格率是指员工实际工作状况与工作标准之间的符合程度，它直接反映员工工作的绩效状况。

此外，出勤率、员工满意率、劳动纠纷率等也是人力资源管理的重要评价指标。

任务执行

1. 任务发布

了解景区的组织结构、部门设置和部门职能。

2. 任务分析

通过调查周边 1~2 个景区或网络查找资料，分析景区的组织结构、部门设置和部门职能。

3. 任务实施

（1）实地调查或网上查找景区资料。

（2）分析景区组织结构、部门设置和部门职能，并形成任务成果书（见表 3-1）。

表 3-1　景区的组织结构、部门设置和部门职能任务成果书

任务	了解景区的组织结构、部门设置和部门职能
任务性质	小组任务
成果名称	景区的组织结构、部门设置和部门职能
成果要求	（1）阶段成果：调查周边一个景区或网上搜索资料 （2）最终成果：景区的组织结构、部门设置和部门职能
成果形式	一览表（将景区的组织结构、部门设置和部门职能制作成表格）

任务二　招聘与培训员工

导引案例

宜昌市三峡新起点旅游发展有限公司招聘启事

根据宜昌市委市政府关于整合峡口风景区旅游资源做大做强成为宜昌新一旅游名片的精神，本公司于 2011 年成立，主要从事峡口风景区各旅游景点的资源整合、经营管理和销售工作，随着《西陵峡口风景区旅游控制性详细规划及核心地段修建性详细规划》的公布，本公司也进入到高速发展阶段，欢迎各位有志青年加入我们。招聘岗位及要求如表3-2所示。

表3-2　招聘岗位及要求

职位名称	工作地区	招聘人数	工作经验	职位月薪	学历要求	年龄要求	外语水平
园林绿化工人	宜昌市	4	五年	1500元	高中以上	18~55岁	无
全职电工	宜昌市	1	十年	2500元	高中以上	25~55岁	无
软件开发工程师	宜昌市	1	三年	4500元	本科以上	25~55岁	英语四级
大客司机	宜昌市	1	十年	2500元	高中以上	25~55岁	无
行政秘书	宜昌市	3	不限	3000元	大专以上	18~35岁	英语四级
景区销售员	宜昌市	5	不限	3000元	大专以上	18~35岁	英语四级

资料来源：宜昌市三峡新起点旅游发展有限公司（有删减）。

思考：在本案例中，招聘启事包括哪些内容？

知识准备

一、景区员工招聘

中国有句古语，"得人者昌，失人者亡"，在现代竞争环境下，真正有才能的管理和创新人才越来越重要，景区要发展就必须不断地吸纳人才。员工招聘是景区攻取人力资源的重要手段。

1. 员工招聘的含义

招聘是指实现企业目标和完成用工任务，由人力资源管理部门和其他用人部门按照科学的方法，运用先进的手段，选拔岗位所需要的人力资源的过程。

招聘工作的目标就是成功地选拔和录用企业所需的人才，实现所招人员与待聘岗位的有效匹配。这种匹配低层次的含义是指岗位要求与员工个人素质的匹配，深层次的含义是指工作报酬与员工个人需求的匹配。这种匹配要求将个人特征与工作岗位的特征有机结合起来，从而获得理想的人力资源管理效果。

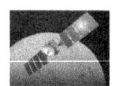

2. 员工招聘的原则

（1）合法性原则。企业在员工招聘过程中，必须严格遵守国家的《宪法》《劳动法》《劳动合同法》等相关政策法规的规定，切实保障劳动者的利益。

（2）全面原则。全面原则是指企业要尽可能地采用全方位、多角度的评价方法来评定申请者的优劣，而不是靠招聘者个人的直觉印象来选人。

（3）公开原则。公开原则是指把招聘单位、职位名称、拟招人数、入职资格、招聘方式与流程、内容与时间等信息向全社会进行公布。

（4）公平原则。公平原则是指一视同仁，不会人为地制造各种不平等的限制条件或各种不平等的优先、优惠政策。

（5）考核择优原则。坚持能级相配和全体相容的原则，要根据企业机构中各个职务岗位的性质选聘相关人员，而且要求工作群体内部保持较高的相容度，形成成员之间心理素质差异的互补。

（6）效率优先原则。就是招聘的经济投入与实际收益之间的关系最优化，既不能为招募到合适的人才而不计成本，也不能为了节约成本而招聘不合适的人。

（7）能级对应原则。能力要和职位相匹配，把合适的人放在适当的岗位上，以工作岗位的空缺和实际工作的需要为出发点，以岗位对人的实际要求为标准，以达到因职选能、人岗匹配的目的。

（8）竞争择优原则。竞争择优原则是指通过考试竞争和考核鉴别确定人员的优劣和人员的取舍。

3. 员工招聘的程序

员工招聘是一个复杂的系统而又程序化的过程，同时涉及企业内部各个用人部门。为了使员工招聘工作固定化、规范化，应严格按照一定的程序进行运作。

（1）制订招聘计划。招聘计划的内容一般包括人员需求清单、招聘信息发布的时间和渠道、招聘小组人选、应聘者的考核方案、招聘截止时间、新员工的上岗时间、招聘费用预算、招聘工作时间表等内容。

（2）招聘策略的制定。招聘策略是招聘计划的具体体现，是为实现招聘计划而采取的具体策略。

① 地点策略。选择在哪个地方进行招聘，一般要考虑潜在应聘者寻找工作的行为、企业位置和劳动力市场状况等因素。客观上，为了节省开支，企业通常在既有条件又有招聘经历的地方招聘。

② 招聘途径。采用哪一种途径进行招聘，应根据供求双方不同情况而定。一般来说，企业可在大学毕业生中招聘专业技术人员和中层管理人员；通过广告招聘销售人员、专家，通过劳动力市场招聘基层员工。

③ 聘用策略。聘用策略主要有传统的甄选模式、人力资源管理模式两大类。传统的甄选模式即"以人就事"，以工作为主，机构的需要优先；人力资源管理模式即"以事就人"，以人为主，旨在人尽其才。

④ 时间策略。有效的招聘策略不仅要明确招聘地点和方法，还要确定恰当的招聘

时间，招聘时间一般比有关职位空缺可能出现的时间早一些。

二、景区员工培训

企业想要优于竞争对手，跟上时代前进的步伐，必须不断地更新自己的知识、战略目标，做好人才的储备，为景区提供源源不断的生产力，关键在于对景区员工的培训。

1. 培训的工作流程

培训工作流程主要包括五个阶段：培训需要分析、培训目标确定、培训计划制订、培训组织实施、培训评估反馈。

培训需求分析关系到培训的方向，对培训的质量起着决定性的作用。培训需求确定后，就应根据这些需求确定培训目标。

对培训目标的确定主要从三个方面阐述：培训后受训者将知道什么；受训者将在工作中做什么；通过培训组织要获得什么最终结果。

培训计划的制订主要是完成培训内容和培训方法的制订，这两方面相辅相成，培训目标确定后，具体的培训内容也可以随之确定，然后培训的方式也相应地可以确定下来。

2. 培训方式

由于培训内容、地点、对象等不同，培训的方式、访求也相应改变。适宜知识类培训的方法有：讲授法、专题讲座法、研讨法；以掌握技能为目的的实践性培训方式有：工作轮换、工作指导法、个别指导法、特别任务法；适合综合能力提高的培训方法有：案例教学法、头脑风暴法、模拟训练法；适合行为调整的培训方法有：角色扮演法、行为模仿法等。

（1）讲授法，也就是所谓的老师讲，学员听的一种授课方式。此种方法通常用于纯粹知识性的培训，如规章制度、产品知识的传授。运用此种方法时，学员只是一个被动的接受者，此时授课老师的水平在很大程度上影响学员的学习效果。

（2）案例教学法，就是在教学的过程中引用案例来说明培训内容的方法。案例教学法能够使学员置于真实的案例场景中，高度集中注意力。这种方法适用于一些枯燥无味的知识点的讲解，一般不会单独使用，会与课堂讲授法相结合。案例的选取最好是本企业的实际案例，能够跟学员的实际工作相结合。

（3）角色扮演法，一般情况下是在老师讲授了课程后，各个学员在现场模拟一个真实的场景，老师从中担任一定的角色并在结束后点评学员的表现。这种方法可以使学员充分参与到课程中来，是一种双向互动式的培训方法。

（4）操作示范法，是企业在职前实务训练中广泛采用的一种方法，适用于标准化明显的岗位，如景区游乐设施的操作。通常由管理人员主持，技术能手担任培训教师，在现场向受训员工简要讲授操作理论和技术规范，然后进行标准化的操作示范，受训员工反复模仿实习，经过一段时间的训练，直到符合规范程序和要求。

（5）头脑风暴法，说得通俗点就是一群人坐在一起，对某个问题发表自己的看法，大家各抒己见，老师的角色是总结及维持秩序。运用这种方法最主要的是各抒己见，培训学员可以就自己的看法尽量表达出来，无所谓好与坏之分。这种方法比较适合运用于中高层的培训。

3. 新员工入职培训

新员工培训的目的在于帮助新员工尽快熟悉工作环境，了解企业文化，培养员工的职业道德、敬业精神和团队意识，从而适应工作，使员工尽快从社会人转变为企业人。

一项完整的员工培训工作应包括四个方面的内容：工作岗位所需要的职业知识、职业技能、职业态度和职业习惯。具体培训实施过程可分解为入职报到培训、岗前技能培训、入职"回炉"培训。

（1）入职报到培训。入职报到培训以景区应知应会、工作和生活必须了解的信息、企业的共性知识等为主要内容。培训时长一般在 1～3 小时之间，目的是让员工了解最基础的知识，由于景区人员流动性大，新员工入职培训时间很统一，所以培训重点工作是放在"回炉"培训阶段。

入职报到培训的主要内容包括：

① 企业发展历史简介、企业架构、企业高层领导的介绍。
② 企业文化、产品简介。
③ 《员工手册》解读。
④ 企业制度简介。
⑤ 安全与保卫。
⑥ 礼仪培训。
⑦ 报到须知。
⑧ 企业参观。

（2）岗前技能培训。岗前技能培训是员工上岗之前的短期培训，是具体部门工作、服务程序、服务规范的培训，一般由各部门实施。

岗前技能培训的主要内容包括：

① 部门介绍：包括部门作用、部门组织机构、岗位及工作职责。
② 岗位技能学习：设备的正确使用及保养、处理客人投诉的技巧、紧急情况的应对。
③ 质量要求：按程序文件操作的重要性、可能产生的质量事故。
④ 针对薄弱环节的强化培训：总结培训中的困难与问题，对薄弱环节加强培训。

（3）入职"回炉"培训。一般在新员工入职 2～3 个月进行"回炉"培训，主要是由人力资源部负责，"回炉"培训的目的有三个：一是考察员工入职这段时间的成长情况，为员工的转正考核提供依据和帮助；二是在报到培训的基础上提高培训的深度和广度；三是进一步通过培训强化新员工对企业的认同感。

入职"回炉"培训的主要内容包括：

① 企业的历史与现状。
② 企业文化、企业战略。
③ 公司组织结构介绍。
④ 企业产品介绍。
⑤ 企业制度培训。
⑥ 安全、礼仪、服务意识培训。
⑦ 职业技能培训。

⑧ 团队精神培训。
⑨ 考核。

任务执行

1. 任务发布

了解当地某个景区的员工招聘与培训工作。

2. 任务分析

通过分析导引案例,再调查周边的景区,了解当地某个景区的员工招聘与培训工作,并设计一份模拟招聘方案和培训方案。

3. 任务实施

(1) 调查周边一个景区的员工招聘与培训工作。

(2) 了解该景区的员工招聘与培训工作,并设计一份模拟招聘方案和培训方案(见表3-3)。

表3-3 模拟招聘方案和培训方案任务成果书

任务	了解当地某个景区的员工招聘与培训工作
任务性质	小组任务
成果名称	模拟招聘方案和培训方案
成果要求	(1) 阶段成果:调查周边一个景区的招聘与培训工作 (2) 最终成果:模拟招聘方案和培训方案
成果形式	(1) 一份模拟招聘方案 (2) 一份模拟培训方案

任务三 激励与员工绩效管理

导引案例

星巴克的伙伴(员工)很难被挖走

"星巴克的伙伴(员工)很难被挖走。"星巴克(中国)的人力资源副总裁余华充满自信地说。在她看来,每名星巴克员工都是公司的"伙伴"。

作为咖啡领域快消品的领军者,星巴克的伙伴每天也会受到来自各方面的压力:从企业的高速增长,到为顾客提供优质的体验,甚至店面中的突发状况的情绪管理等。

"我们通过更加人性化的视角来帮助伙伴达成绩效,通过价值观约束行为,用奖励辅导等方式激励和帮助伙伴,而非通过施加太多压力来完成。"余华说道。

这种人文精神始终贯穿在星巴克内部的方方面面。星巴克重视伙伴的声音,会定期举行"公开论坛"。在这个论坛中,每一位伙伴都可以向高管提问并得到解答。这种坦诚的沟通机

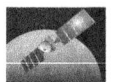

制不但起到了减压阀的作用，而且真正为决策层提供了意见参考。管理层与伙伴会定期进行一对一的"真诚谈话"，在关注伙伴是否完成任务之外，更加关注伙伴每天的感受和工作的心态。星巴克为此专门引入了"The Power of Unlocked Conversation（开启对话的力量）"课程供总监级管理层学习。

另一种鼓励伙伴的方式是"赞赏文化"。星巴克内部会定期举办伙伴公开论坛，积极认可和鼓励伙伴的突出表现。"除了公司正式的表彰外，我们在每周的咖啡品尝会上，有一个环节是伙伴之间互赠认同鼓励卡片。这种行为习惯是星巴克公司文化的一部分，紧密合作的氛围是促进人际和谐的润滑剂。"余华介绍说。

同时她也强调，与公开认可相反，如果伙伴的绩效表现差强人意，主管会选择私下与伙伴进行沟通，指出问题的同时，也会认真倾听并给予辅导。公开赞赏与私下真诚地沟通也成了减少伙伴压力的重要环节。

余华对星巴克的伙伴很难被竞争对手挖走很有自信，因为星巴克为伙伴提供的不仅仅是工作场所，更多的是"家"的文化，在互相尊重的氛围中，员工逐渐真正形成了"伙伴"的关系。

另一方面，为伙伴提供多种发展渠道，鼓励伙伴在不同岗位"流动"也成了特色之一。当公司有职位空缺时，公司会通过内部流程推荐给门店伙伴，鼓励大家申请。除了技术型伙伴之外，星巴克内部的提拔率为90%以上。

如今，90后开始成为职场的生力军，而对于星巴克来说，这些年轻人似乎适应得更快。根据星巴克积累的调研数据，余华总结出了90后的一些特征：勇于表现，学习能力强。"当公司举办内部伙伴大会时，90后多才多艺，尽可能地表现出他们的才华。"

星巴克也为他们提供了多种渠道学习和自我展现的机会，在星巴克，"咖啡大师"是专业的代名词，咖啡大师的级别认证要经过层层选拔，竞争激烈。90后的伙伴自我成长欲望很强，会踊跃迎接挑战。在深圳，就有一名90后的门店经理脱颖而出成为区级咖啡大师。有突出特长的伙伴还会被聘用为星巴克（中国）大学的"伙伴教授"，所教授的学生也可能是公司总监以上的高管。

思考：为什么星巴克的伙伴（员工）很难被挖走？

知识准备

一、激励的内涵

从词义上看，"激励"是激发和鼓励的意思，其中激发就是通过某些刺激使人兴奋起来。在心理学上，激励是指持续激发人的动机的心理过程。在这一心理过程中，由于某种内部或外部刺激的作用，人就会处于兴奋状态。

景区管理工作中的激励，主要是指激发人的动机，通过高水平的努力以实现组织目标。换言之，激励就是调动人的积极性的过程。

激励是行为的钥匙，又是行为的键钮，按动什么样的键钮就会产生什么样的行为。因而，每个人都需要自我激励，需要得到来自同事、团队组织方面的激励和相互之间的激励。在一般情况下，激励表现为外界所施加的吸引力或推动力激发成自身的推动力，使组织目标变为个人目标。

二、激励的作用

1. 激励是开发个人潜能的重要手段

人的潜能是蕴藏于人体内的潜在能力，美国哈佛大学教授威廉·詹姆士在研究中发现，一般情况下，人们只需发挥20%~30%的能力就可以应付自己的工作。而如果他们的动机被激发出来，其能力可以发挥80%~90%。这一研究表明，同一人在充分激励后所发挥的作用相当于激励前的3~4倍。可见，人的潜能是一个储量巨大的"人力资源库"，而激励正是发掘人潜能的重要途径。

2. 激励可以提高工作效率和工作绩效

工作效率的高低和工作绩效的大小通常取决于两个因素：一是能不能，即是否胜任某项工作，是否具有承担某项工作的能力与资格；二是为不为，即从事某项工作的意愿、干劲，也就是工作积极性的问题。

员工的工作绩效不仅取决于个体能力的大小、表现机会，还取决于激励的水平，即：工作绩效=能力×激励×机会。员工的能力是取得绩效的基本保证，激励和表现机会能使能力得以充分发挥，从而提高工作绩效。

三、激励过程

激励的过程是指激发人的动机的心理过程，其基本流程模式如图3-2所示。

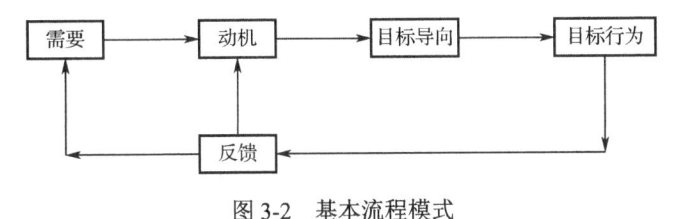

需要 → 动机 → 目标导向 → 目标行为
           ↑   ↓
           └──────── 反馈 ──────────┘

图3-2 基本流程模式

如图3-2所示，激励的过程是从个人的需要开始的。当人们对某种事物或目标产生了渴求和欲望，感知某种必要的发展条件匮乏，心里就会产生紧张与不安，这种状态会促成导向某种行为的内在驱动力，这就形成了动机。

当人有了动机后，就会促成一系列寻找、选择、接近、实现目标的行为，如果人的行为达到了目标，就会产生心理和生理上的满足。随后，又会产生新的需要，引发新的动机和行为。

四、激励的基本原则

原则又可以称为规矩，它是某种规律性东西的外在表现。实施激励必须遵守适当的原则，才能充分发挥激励的作用。

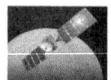

1. 公平、公正原则

公平性是员工管理中一个很重要的原则，员工感到的任何不公的待遇都会影响他的工作效率和工作情趣，并且影响激励效果。激励必须做到公平、合理，不能因人的地位、家庭背景及与领导关系的亲疏等而有所不同。

2. 企业目标与个人目标相结合的原则

在建立企业激励机制的过程中，设置目标是一个关键性的环节，对员工的激励从目标开始，是指以确立行为目标的方式所进行的激励。目标设置必须体现企业总目标的要求，帮助员工制定合理的行为目标，并帮助员工认识到这种目标的合理性，就可以激发员工相应的行为动机，调动员工的积极性。

3. 时效性原则

激励的时机直接影响激励的效果，而激励的时机又与激励的频率密切相关，所以应注意掌握激励的时机与频率，过高过低都会削弱激励的效果。

激励在不同的时间进行，其作用和效果也是不同的。人们在做出努力并取得成就以后，有渴望得到社会承认的心理。因此，激励越及时就越能促进人们积极性的发挥，使积极的行为得到不断强化，使积极性保持长久。

4. 物质激励和精神激励相结合的原则

员工既有物质方面的需求，也有精神方面的高层次的需要，因此激励方式相应也应该是物质激励与精神激励相结合。精神激励以一定的物质激励为基础，物质激励本身体现精神激励的因素。从目前我国实际情况来看，人们的物质生活水平还有待提高，因此物质激励相应的在员工激励中占主要地位。

5. 按需激励的原则

激励的内容和措施要不断地进行深入的调查研究，了解和掌握员工不同时间的需要层次和需要结构的变化趋势。管理者要认识到，激励如果不是员工需要的，就起不到激励的效果，简单地说，"你所给的，不是他所要的"，这种激励上的偏差反而会起反作用。

（1）因人而异：不同的员工，渴望满足需要的类型层次不同，要按需激励。

（2）灵活激励：每个人可能同时有几种需要，分清主、次、轻、重、缓、急，进行灵活激励。

（3）因时而异：每个人在不同时间有不同的需要，个人的需要是动态的，激励时要因时而异。

五、景区员工绩效考核的内涵

绩效是指员工在一定时间、空间等条件下完成某一任务所表现出的工作行为和所取得的工作结果。

景区员工的绩效考核，是指景区人事管理部门对所有员工的工作行为与工作结果进行全面的、系统的、科学的考察、分析、评估与传递的过程，为景区的人事管理部门积累人事管理资料。

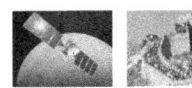

六、绩效的特点

员工的绩效是企业绩效考评人员对受考评员工工作成绩的客观考评，是客观事实的直接反映，同时也是激励员工的动力所在。绩效是员工素质与工作对象、工作条件等相关因素相互作用的结果。绩效具有以下几个特点。

1. 多因性

员工工作绩效的优劣取决于多个因素的影响，包括外部环境、机遇、个人情商、技能、知识结构及企业的激励因素等。

2. 多维性

工作绩效尽管是工作结果的总称，但它是表现在多种维度上的，需要从多种维度、多个方面去分析和评估，才能取得比较合理的、客观的、易接受的结果。

3. 动态性

员工的工作绩效会随着时间的推移发生变化，并不是固定不变的，而是处于动态的变化中，因此要用发展的眼光看待员工。

七、绩效考核的内容

绩效考核的内容，总体上可以分为工作考核、潜力开发和适应性评价三个方面。

1. 工作考核

工作考核包括工作业绩考核、工作能力考核和工作态度考核三个部分。

（1）工作业绩考核。绩效考核的出发点是景区员工的工作岗位，是对员工担当工作的结果或履行职务的工作结果的评价。业绩考核主要是针对员工工作完成状态。

（2）工作能力考核。工作能力本质上是指一个人顺利完成某项工作所必备的并影响工作效率的稳定的个性特征，是员工担当工作所必备的知识、经验与技能。能力考核具体包括基础能力、业务能力和素质能力三部分。

（3）工作态度考核。工作态度是指员工在完成工作时所表现出来的心理倾向性，包括工作的认真度、责任度、努力程度等。因为态度因素过于抽象，所以态度考核通常以主观性评价为主。

2. 潜力开发

潜力是指员工在工作中没有发挥出来的能力。在景区中，人力资源部门除了要了解员工在责任职务上的能力外，还要关注员工未来的发展空间，即员工是否具有担任高一级职务或其他类型职务的潜质。

3. 适应性评价

适应性是指员工所从事的景区工作与其天赋、职业兴趣、个人志向等方面的符合程度。对员工适应性的评价通常涉及两方面的内容：一是人与工作之间，即员工的能力、性格与其工作要求是否相称；二是人与人之间，即员工与合作者之间在个性特征方面的差异是否会影响其工作能力的发挥。

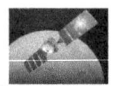

八、绩效考核的作用

1. 促进员工的绩效提升和改变

绩效考核可以引导员工前进的方向。当发现员工的优点时，给予奖励和表扬；当发现不足时，则指导和帮助他们改进工作，让员工客观、清楚地认识和了解自己的工作表现，从而激发他们的工作积极性、主动性和创造性，促使他们在绩效方面不断提升和改变。

2. 为景区的人事管理提供依据

绩效考核的结果可以帮助景区人事管理部门了解员工的实际工作表现，从而发现和选拔优秀人才，做到知人善任、人尽其才。因此，绩效考核是"知人""善任"的有效方法。

3. 为景区员工的培训提供科学的依据和反馈

通过绩效考核可以发现员工工作中存在的问题，了解其优势与不足，从而指导景区制订合理的培训计划，为员工的培训指明方向。

4. 有利于提高景区科学管理水平

员工的绩效考核活动能够使薪金报酬、职位晋升、人员调配等其他员工管理工作合理化，从而改善部门的管理状况，加强管理，以达到部门的目标与要求，使各项业务顺利开展。

九、绩效考核的访求

1. 相对评价法

（1）序列比较法，是对员工工作成绩的优劣进行排序考核的一种方法。在考核前，首先要确定考核的模块。将相同职务的所有员工在同一考核模块中进行比较，根据他们的工作状况排序，工作较好的排名在前，工作较差的排名在后。

（2）相对比较法，是对员工进行两两比较，任何两位员工都要进行一次比较。所有员工相互比较完毕后，将每个人的得分相加，总分越高，绩效考核的成绩越好。

2. 绝对评价法

（1）目标管理法，是通过将组织的整体目标逐级分解，直到个人目标，最后根据被考核者完成工作目标的情况来进行考核的一种绩效考核方式。

（2）关键绩效指标法，是以企业年度目标为依据，通过对员工工作绩效特征的分析，据此确定反映企业、部门和员工个人在一定期限内综合业绩的关键性量化指标而以此为基础进行绩效考核。

3. 描述法

（1）全视角考核法，即上级、同事、下属、被考核者本人和顾客对被考核者进行考核的一种方法。通过这种多维度的评价，综合不同评价者的意见，则可以得出一个全面、公正的评价。

（2）重要事件法，是指考核人在平时注意收集被考核人的"重要事件"。这里的"重要事件"是指那些会对部门整体工作绩效产生积极或消极的重要影响的事件，对这些表现要形成书面记录，据此进行整理和分析，最终形成考核结果。

4. 目标绩效考核法

目标绩效考核法是根据被考核者完成工作目标的情况来进行考核的一种绩效考核方式。最早由管理学大师彼得·德鲁克在《管理实践》一书中提出。目标绩效考核是自上而下进行总目标的分解和责任落实过程，相应的，绩效考核也应服从总目标和分目标完成。通过目标分解所得到的指标，其考核的内容是每个岗位、每个人最主要的且必须完成的工作。

十、绩效考核结果的运用

绩效考核本身不是目的，而是一种手段，应重视考核结果的运用。绩效考核结果的运用主要包括沟通改进工作、薪酬奖金发放等。其中，绩效改进是绩效管理过程中的一个重要环节。绩效改进的过程如下：

（1）要分析员工的绩效考核结果，找出员工绩效中存在的问题。
（2）要针对存在的问题制定合理的绩效改进方案，并确保其能够有效地实施。

此外，绩效改进应符合以下要求：

（1）实际性，即计划内容应与有待改进的绩效问题紧密相关。
（2）时间性，即计划应有明确的截止日期。
（3）具体性，即所采用的改进方法和措施应清楚、可操作。
（4）可接受性，即计划要获得主管人员与员工的一致认同并努力实行。

任务执行

1. 任务发布

了解当地某个景区的员工激励和绩效考核方案。

2. 任务分析

通过分析导引案例，再调查周边的景区，了解当地某个景区的员工激励和绩效考核方案，并模拟设计一个员工激励和绩效考核方案。

3. 任务实施

（1）走访周边一个景区的人事管理部门。
（2）了解该景区的员工激励和绩效考核方案，并模拟设计一个员工激励和绩效考核方案，并形成任务成果书（见表3-4）。

表3-4 景区的员工激励和绩效考核方案任务成果书

任务	了解当地某个景区的员工激励和绩效考核方案
任务性质	小组任务
成果名称	景区的员工激励和绩效考核方案
成果要求	（1）阶段成果：了解当地某个景区的员工激励和绩效考核方案 （2）最终成果：模拟设计一个员工激励和绩效考核方案
成果形式	模拟设计一个员工激励和绩效考核方案

项目小结

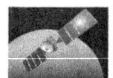

广义的人力资源，是指以人的生命为载体的社会资源，凡是智力正常的人都是人力资源；狭义的人力资源，则是智力和体力劳动能力的总称，也可以理解为是为社会创造物质财富和精神财富的人。景区人力资源的特点是需求量大、素质要求高、层次多样化、季节性强。

招聘，是指实现企业目标和完成用工任务，由人力资源管理部门和其他用人部门按照科学的方法，运用先进的手段，选拔岗位所需要的人力资源的过程。招聘工作的目标就是成功选拔和录用企业所需的人才，实现所招人员与待聘岗位的有效匹配。

一项完整的员工培训工作应包括四个方面的内容：工作岗位所需要的职业知识、职业技能、职业态度和职业习惯。具体培训实施过程可分解为入职报到培训、岗前技能培训、入职"回炉"培训。

景区管理工作中的激励，主要是指激发人的动机，通过高水平的努力以实现组织目标。换言之，激励就是调动人的积极性的过程。

景区员工的绩效考核，是指景区人事管理部门对所有员工的工作行为与工作结果进行全面的、系统的、科学的考察、分析、评估与传递的过程，为景区的人事管理部门积累人事管理资料。

同步练习

一、名词解释

1. 人力资源
2. 招聘

二、填空题

1. 景区人力资源的特点：_____、_____、_____、_____。
2. 景区员工管理指标通常包括_____、_____、_____、_____四类指标。
3. 招聘工作的目标就是成功地选拔和录用企业所需的人才，员工招聘的原则应该包括_____、_____、_____、_____、_____、_____、_____、_____原则。
4. 做好人才的储备，为景区提供源源不断的生产力，关键在于对景区员工的培训。培训工作流程主要包括五个阶段：_____、_____、_____、_____、_____。
5. 绩效具有的特点：_____、_____、_____。

三、选择题

1. 景区人力资源管理体系，是指不同管理者之间的分工协作所构成的景区人员管理工作运行系统。它分为（   ）。

A. 高层管理者 B. 中层管理人员
C. 基层管理人员 D. 基层员工

2. 招聘策略是招聘计划的具体体现，是为实现招聘计划而采取的具体策略。它包括（　　）。

A. 地点策略 B. 招聘途径
C. 聘用策略 D. 时间策略

3. 适合行为调整的培训方法有（　　）。

A. 角色扮演法 B. 行为模仿法
C. 讲授法 D. 专题讲座法

4. 一项完整的员工培训工作应包括四个方面的内容（　　）。

A. 职业知识 B. 职业技能
C. 职业态度 D. 职业习惯

5. 激励的内容和措施要不断进行深入的调查研究，要做到（　　）。

A. 因人而异 B. 灵活激励
C. 因时而异 D. 因地制宜

四、判断题（正确的打"√"，错误的打"×"）

1. 广义的人力资源，则是智力和体力劳动能力的总称，也可以理解为是为社会创造物质财富和精神财富的人。（　　）

2. 景区人力资源的高素质体现在个人能力和职业道德两个方面。（　　）

3. 景区有大量的岗位是临时岗位，只有对临时岗位的管理重视，才能保证景区的整体服务质量。（　　）

4. 企业在员工招聘过程中，必须严格遵守国家的《宪法》《劳动法》《劳动合同法》等相关政策法规的规定，切实保障劳动者的利益。（　　）

5. 新员工培训的目的在于帮助新员工尽快熟悉工作环境，了解企业文化，培养员工的职业道德、敬业精神和团队意识，从而适应工作，使员工尽快从社会人转变为企业人。（　　）

五、简答题

1. 景区人力资源管理体系，是指不同管理者之间的分工协作所构成的景区人员管理工作运行系统。它包括哪些组成部分？

2. 绩效考核的作用是什么？

阅读材料

迪士尼员工培训

世界上有 6 个很大的迪士尼乐园，美国佛州和加州的两个迪士尼营业都有一段历史了，并创造了很好的业绩。不过全世界开的最成功、生意最好的，却是日本东京的迪士尼。美国加州迪士尼营业了 25 年，有 2 亿人参观；东京迪士尼，最高纪录一年可以达到 1700 万人参观。研究这个案例，看看东京迪士尼是如何吸引回头客的。

到东京迪士尼去游玩，人们不大可能碰到迪士尼的经理，门口卖票和检票人员也许只会碰到一次，碰到最多的还是扫地的清洁工。所以东京迪士尼对清洁员工非常重视，将更多的训练和教育大多集中在他们身上。

1. 从扫地的员工培训起

东京迪士尼有些扫地的员工是暑假工作的学生，虽然他们只工作两个月的时间，但是培训他们扫地要花 3 天时间。

（1）学扫地。第一天上午培训如何扫地。扫地有 3 种扫把：一种是用来扒树叶的；一种是用来刮纸屑的；一种是用来掸灰尘的，这 3 种扫把的形状都不一样。怎样扫树叶，才不会让树叶飞起来？怎样刮纸屑，才能把纸屑刮得很好？怎样掸灰尘，才不会让灰尘飘起来？这些看似简单的动作却都应严格培训。而且扫地时还另有规定：开门时、关门时、中午吃饭时、距离客人 15 米以内等情况下都不能扫。这些规范都要认真培训，严格遵守。

（2）学照相。第一天下午学照相。十几台不同品牌的数码相机摆在一起，每台都要学，因为顾客会让员工帮忙照相，如果员工不会照相，不知道这是什么东西，就不能照顾好顾客，所以学照相要学一个下午。

（3）学包尿布。第二天上午学怎么给小孩子包尿布。孩子的妈妈可能会叫员工帮忙抱一下小孩，但如果员工不会抱小孩，动作不规范，不但不能给顾客帮忙，反而增添顾客的麻烦。抱小孩的正确动作是：右手要扶住臀部，左手要托住背，左手食指要顶住颈椎，以防闪了小孩的腰或弄伤颈椎。不但要会抱小孩，还要会替小孩换尿布。

（4）学辨识方向。第二天下午学辨识方向。有人要上洗手间，"右前方，约 50 米，第三号景点东，那个红色的房子"；有人要喝可乐，"左前方，约 150 米，第七号景点东，那个灰色的房子"；有人要买邮票，"前面约 20 米，第十一号景点，那个蓝条相间的房子"……顾客会问各种各样的问题，所以每一名员工要把整个迪士尼的地图都熟记在脑子里，对迪士尼的每一个方向和位置都要非常地明确。

训练 3 天后，发给员工 3 把扫把，开始扫地。如果在迪士尼里面碰到这种员工，人们会觉得很舒服，下次会再来，也就是所谓的引客回头，这就是所谓的员工面对顾客。

2. 会计人员也要直接面对顾客

有一种员工是不太接触客户的，就是会计人员。迪士尼规定：会计人员在前两三个月中，每天早上上班时，要站在大门口，对所有进来的客人鞠躬、道谢。因为顾客是员工的"衣食父母"，员工的薪水是顾客掏出来的。感受到什么是客户后，再回到会计室中去做会计工作。迪士尼这样做，就是为了让会计人员充分了解客户。

其他重视顾客、重视员工的规定：

（1）怎样与小孩讲话。迪士尼的员工在碰到小孩问话时，统统都要蹲下，蹲下后员工的眼睛跟小孩的眼睛要保持一个高度，不要让小孩子抬着头去跟员工讲话。因为那是未来的顾客，将来都会再回来的，所以要特别重视。

（2）怎样送货。迪士尼乐园里面有喝不完的可乐，吃不完的汉堡，享受不完的三明治，买不完的糖果，但从来看不到送货的。因为迪士尼规定在客人游玩的地区里是不准送货的，送货统统在围墙外面。迪士尼的地下像一个隧道网一样，一切食物、饮料统统在围墙的外面下地道，在地道中搬运，然后再从地道里面用电梯送上来，所以客人永远有吃不完的东西。

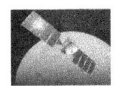

这样可以看出，迪士尼多么重视顾客。去迪士尼玩 10 次，大概也看不到一次经理，但是只要去一次就看得到他的员工在做什么。这就是前面讲的，顾客站在最上面，员工去面对顾客，经理人站在员工的底下来支持员工，员工比经理重要，顾客比员工更重要，人们应该建立起这个观念。

项目四

智慧景区构建

知识目标

1. 理解智慧景区的概念和主要内容。
2. 了解景区消费者群体。
3. 掌握景区产品销售的渠道。

能力目标

1. 能对智慧景区的建设内容进行介绍。
2. 能对景区产品进行销售策略的制定。

任务一 认知智慧景区

导引案例

湖北大力开展智慧旅游建设 方便游客出游

国庆小长假期间，不少游客通过景区手机 App、微信公众号了解景区旅游产品及旅游信息，极大地方便了游客出游，智慧旅游建设初现成效。

近年来，湖北省智慧旅游建设不断推进，现代网络和通信技术在旅游管理和服务中的作用明显提升，让来鄂游客着实体验到"智慧旅游"带来的便利。湖北省旅游委及武汉、宜昌、十堰、襄樊、恩施等多个市州建立了旅游官方微信、微博等信息服务平台，全省绝大部分景区都利用二维码、App、微信、微博等为游客提供景区全方位的旅游信息服务。

湖北省旅游委指导武汉旅游发展投资集团和腾讯集团合作开发的"武汉城市圈全域旅游 e 卡通"在国庆期间成功运营，持卡人通过"刷脸神器"即可快速进入景区，得到游客广泛称赞。不少游客表示，进景区再也不用买票排队，大大提高了游客满意度。

武汉市黄陂区建成湖北省首个景区流量控制预警系统，在假日期间对木兰山、木兰天池、木兰草原、木兰云雾山四个景区进行人流量统计，并通过黄陂智慧旅游网站、智慧旅游 App 平台和岱黄收费站 LED 显示屏实时发布，达到了在景区外部进行引导、分流的效果。长阳清江画廊景区 10 月 3 日—5 日连续三天达到游客容量上限，景区提前停止售票，同时通过官网、微信公众号、景区电子显示屏等渠道发布预警消息和旅游项目调整信息，并根据各景区游客情况，及时对游客进行分流、分级缓冲，确保了游客在景区内都能享受旅途的快乐。

资料来源：中国旅游新闻网，http://www.cntour2.com/viewnews/2016/10/08/ZR0ENQOGisz6pzfj80eR0.shtml（有删减）。

思考：为什么需要构建智慧景区？

知识准备

一、智慧景区的概念

智慧景区指景区能够通过智能网络对景区地理事物、自然资源、旅游者行为、景区工作人员行迹、景区基础设施和服务设施进行全面、透彻、及时的感知，对游客、景区工作人员实现可视化管理，优化景区业务流程和智能化运营管理，同旅游产业上下游企业形成战略联盟，实现有效保护遗产资源的真实性和完整性，提高对游客的服务质量，实现景区环境、社会和经济的全面、协调和可持续发展。

二、智慧景区的主要内容

"智慧景区"建设是一个复杂的系统工程，既需要利用现代信息技术，又需要将信息技术同科学的管理理论集成。其中信息化建设为重中之重，主要由以下几方面组成。

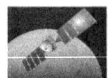

1. 信息基础设施

信息基础设施主要指各种传感设备（射频传感器、位置传感器、能耗传感器、速度传感器、热敏传感器、湿敏传感器、气敏传感器、生物传感器等），这些设备嵌入到景区的物体和各种设施中，并与互联网连接。

2. 数据中心

数据中心是景区信息资源数据库的存储中心、管理服务中心和数据交换中心。

3. 信息管理平台

景区信息管理平台是最重要的核心平台，要能够实现资源监测、运营管理、游客服务、产业整合等功能。它包括：

（1）地理信息系统（GIS）同时将多媒体技术、数字图像处理、网络远程传输、卫星定位导航技术和遥感技术有机地整合到一个平台上。

（2）旅游电子商务平台和电子门禁系统。

（3）景区门户网站和办公自动化系统。

（4）高峰期游客分流系统。高峰期游客分流系统可以均衡游客分布，缓解交通拥堵，减少环境压力，确保游客的游览质量。景区可以通过预定分流、门禁分流和交通工具实现三级分流，这其中要采用 RFID、全球定位、北斗导航等技术实时感知游客的分布、交通工具的位置和各景点游客容量，并借助分流调度模型对游客进行实时分流。

（5）其他配套系统。包括规划管理系统、资源管理系统、环境监测系统、智能监控系统、LED 信息发布系统、多媒体展示系统、网络营销系统和微机管理系统等。

4. 综合决策平台

为实现管理和服务深度智能化，景区需要搭建综合决策平台。该平台建立在信息管理平台和众多业务系统之上，能够覆盖数据管理、共享、分析和预测等信息处理缓解环节，为景区管理层进行重大决策提供服务。该平台还应将物联网与互联网充分整合起来，使景区管理高层可以在指挥中心、办公室或通过智能手机全面、及时、多维度地掌握景区时时情况，并能及时发号施令，以实现景区可视化、智能化管理。

三、智慧景区建设的具体思路

（1）以建设部、国家信息产业部、国家旅游局、国土资源部等关于信息化建设的要求为指导，听取建设部相关专家对智慧景区建设的意见和建议，并将这些规定、意见和建议融合到智慧景区的总体规划中。

（2）以先进的管理理念和信息技术为依托。智慧景区的先进性不仅体现在所采用的技术上，更重要的是体现在管理和服务理念上。

（3）以景区的具体实际为基础。智慧景区最终是为景区经营管理服务的。总体规划必须从景区的具体实际出发，对管理服务、生态保护、数字营销等方面的智慧化需求进行细致深入的调研，反复讨论，总体规划方案需要得到相关部门的认可。

（4）以国内相关景区/城市的智慧化建设经验为参考。智慧景区的总体规划需要消化吸收

国内外相关景区、城市已有的智慧建设管理经验，取其精华，结合景区的实际，为己所用。

（5）以运营智能化为核心，以建设自然资源保护智慧化、产业整合网络化为目标，建立符合自身管理的智慧景区。

四、构建智慧景区的意义

1. 增强景区的管理实力

智慧景区利用现代信息技术手段将实现传统管理方式向现代管理方式转变，从而可以及时准确地掌握游客的旅游活动信息，实现景区的管理从传统的被动处理、事后管理向过程管理和实时管理转变，提高管理效率，降低运营成本，最终实现科学决策和科学管理。

2. 提高景区的服务水平

智慧景区利用信息技术提升旅游体验和旅游品质。游客在旅游景点进行信息获取、线路规划、产品预订和支付，以及享受旅游带给人们的精神价值方面等整个过程中都能感受到智慧景区带来的全新服务体验，促使游客由线上体验到线下消费的现实转变，特别是散客资源。

3. 促进景区的营销创新

智慧景区依托信息技术，主动获取游客信息，建立对游客来源、个人喜好、消费观念等数据的分析体系，全面了解游客的需求变化、意见和建议的同时，挖掘旅游热点和游客兴趣点。策划对应的旅游产品，制定对应的营销主题，推动景区的营销创新。另外，也可以通过量化分析和判断营销渠道，优化长期合作的营销渠道。

任务执行

1. 任务发布

分析智慧景区构建的内容及作用。

2. 任务分析

通过调查周边 1~2 个景区，分析景区智慧建设的内容及作用。

3. 任务实施

调查景区的智慧建设情况，分析其内容及作用，并形成任务成果书（见表 4-1）。

表 4-1　景区智慧建设的内容及作用任务成果书

任务	分析景区智慧建设的内容及作用
任务性质	小组任务
成果名称	景区智慧建设的内容及作用
成果要求	（1）阶段成果：调查周边一个景区 （2）最终成果：景区智慧建设的内容及作用
成果形式	一览表（将景区智慧建设的内容及作用制作成表格）

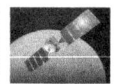

任务二　定位景区消费者

导引案例

国内游周边游活动丰富　科普主题亲子游成新贵

亲子游日益火热，选择一场科普旅游，成为市场"新贵"，广州长隆野生动物园、上海科技馆便是科普旅游的"爆款"。

根据驴妈妈数据显示，2017年以来，科普景区预订人次年增幅为109%，其中亲子游占比高达7成，较为常规的景区有动物园、科技馆、植物园、海洋馆、博物馆等，国家旅游局、中国科学院也联合发布"首批中国十大科技旅游基地"，力推科普旅游。"科普景区迎合了孩子对科学、大自然好奇的天性，互动性强，能在玩乐中轻松学到知识，是不少家庭周末出游的重要内容"，驴妈妈CEO王小松说。

南方的春天是彩色的，尤其是江浙一带，各地旅游节庆活动数量之多，不亚于春节。4月8日——5月3日，丽水东西岩风景区举办浙江首届畲家国际嘉年华会，为狂欢的游客送上虚拟"云游东西岩"的高科技体验，游客带上VR眼镜，可以一边享受嘉年华的狂欢，一边云游东西岩的自然风光，还能感受到徐徐的微风和流淌的溪水，并品尝当地特色小吃。

作为今年春季浙江主推的旅游目的地，东西岩景区文化长廊的两旁矗立着12根高达4米的3D图腾柱群，每根柱子上的凤凰都做得逼真精致。在游客的脚下还有十多幅15平方米的浮雕彩绘凤凰图铺展在大道上，以图腾柱和彩绘浮雕的形式出现，数量之多，在浙江乃至全国各景区绝无仅有。

资料来源：人民网 http://travel.people.com.cn/n1/2017/0411/c41570-29201859.html（有删减）

思考：在本案例中，科普主题亲子游成新贵的原因是什么？

知识准备

景区消费者是指在景区游览过程中为满足其生理和心理的旅游需求和愿望，购买、使用商品或接受服务的个人或单位。

景区消费者行为是指游客在景区消费时进行的选择、调查、咨询、评估、支付和反馈等一系列活动的总和。

一、影响景区消费者行为的因素

景区消费者行为包括为什么购买、购买什么样的旅游产品和服务、何时何地以何种方式购买，其主要受游客个人特点、社会因素及环境因素三方面的影响。其中，游客个人特点包括游客的年龄、职业、生活方式、自我观念、个性、经济状况、需要、动机、态度等；社会因素包括文化、社会阶层、家庭角色与地位等；环境因素包括旅游产品、旅游价格、旅游服务等。这三个方面的因素相互依存、相互发生作用。

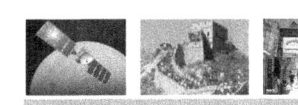

二、景区消费者类型

景区消费者可以从不同的角度进行划分，不同类型的景区消费者具有不同的特点。

1. 根据景区消费者自身特点进行分类

根据景区消费者性格特点分类：

（1）习惯型。习惯型消费者偏爱根据以往的购买经验消费，对旅游产品熟悉、信任，一般不受时尚流行的影响。

（2）知识型。知识型消费者稳重，有主见，熟悉景区市场行情，乐于搜集信息，经验比较丰富，主观性强，不易受外界因素影响。

（3）经济型。经济型消费者特别重视旅游产品的价格。其中一类人专爱购买高价旅游产品，以体现其经济实力或较高的身份地位；另一类人倾向购买价廉物美的旅游产品。

（4）冲动型。冲动型消费者易受宣传广告和旅游产品外观的影响，从个人兴趣出发，喜欢追求新产品。一般较外向，购买时语言直率、意图明确、态度明朗、成交迅速。

（5）随意型。随意型消费者缺乏主见，无固定偏爱，一般为顺便购买或尝试的购买行为。既不苛求也不挑剔，购买行为也比较随便。

（6）疑虑型。疑虑型消费者比较挑剔，不易受外界干扰。购买商品时凭借个人内心的体验和自我评价，往往表现出犹豫不决或非常挑剔。

根据景区消费者出行目标分类：

（1）观光型。观光型消费者是最普通、最常见的游客类型，以游览异国他乡的名胜古迹、风土人情、购物为目的，还可以与购物、娱乐、考察、业务等相结合，在旅游地逗留时间较短、花费较少，对旅游景点的知名度和价格比较敏感。

（2）娱乐消遣型。娱乐消遣型消费者注重生活享受，以娱乐、消遣、求得精神松弛为目的，对景区产品的质量、旅游安全和价格比较敏感，外出季节性强。

（3）文化知识型。文化知识型消费者以获得精神文化满足为目的，具有较高的文化修养，较强的求知进取心，乐于交流，对日程安排的周密性、游览线路的科学性、导游讲解的准确性等比较敏感。

（4）公务型。公务型消费者以完成公务为目的，对旅游产品和服务质量要求较高，经费主要由团体公费开支，支付能力强，对价格不太敏感，因公务在身，对旅游目的地的选择性不大，旅游线路设计要精品化。

（5）医疗保健型。医疗保健型消费者中老年和女性偏多，非常重视自身的身体状况，对保持健康或恢复健康非常关注，逗留时间长，有较好的经济状况和较多的闲暇时间。

2. 根据购买单位的类型进行分类

景区消费者购买行为可划分为旅游消费者购买行为和组织机构购买行为两大类。

由于旅游消费者单独出游与群体出游（如家庭）在购买行为方面存在差异，因此，旅游消费者购买行为又可分为个体旅游消费购买行为和群体旅游消费购买行为。

组织机构购买行为则根据不同的目的而划分为一般组织机构的旅游购买行为（如团体）和旅游批发商的旅游购买行为。

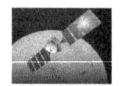

3. 根据景区消费者购买的参与程度进行分类

根据景区消费者购买的参与程度的高低，可分为当日往返旅游、短程旅游和远程旅游。进行当日往返旅游购买和短程旅游购买行为时，景区消费者的决策过程简单，信息水平要求较低。进行远程旅游购买时，由于这种旅游耗时长、价值高，景区消费者会投入较大精力搜集信息、慎重决策，因而这种购买行为要复杂得多。

4. 根据景区消费者的兴趣爱好进行分类

通常，景区消费者是出于一般的兴趣爱好参加旅游活动，但也有一些景区消费者是出于特种兴趣爱好参加旅游活动。

特种兴趣爱好型的景区消费者以通过购买生态旅游、农业旅游、探险旅游等产品，来满足他们追求新奇、个性、趣味等要求。目前这类景区消费者的数量越来越多，尤其以年轻人为多。参加者一般都具有良好的素养和一定的知识素质，同时还富有个性和坚强的毅力，参加旅游并非追求安逸、享受，而是去感受自然、融于自然。

对景区消费者的分类，不能用单一的标准刻板地进行划分，因为景区消费者的多种需求动机往往重叠和渗透。这就需要旅游营销者在实际工作中对各类景区消费者要进行更细致的辨别。

任务执行

1. 任务发布

了解当地某个景区的特色，找出主要的消费者群体。

2. 任务分析

通过分析导引案例，再调查周边的景区，了解其特色，找出主要的消费者群体。

3. 任务实施

调查周边一个景区的特色，找出主要的消费者群体，并形成任务成果书（见表4-2）。

表4-2 景区消费者群体任务成果书

任务	归纳总结景区消费者群体
任务性质	小组任务
成果名称	景区消费者群体
成果要求	（1）阶段成果：调查周边一个景区的主要特点 （2）最终成果：景区的消费者群体
成果形式	一份关于景区消费者群体的表格

任务三　景区产品销售

导引案例

野三坡开山节开幕　2017 精彩活动唱响京西百渡旅游区

3 月 25 日，以"寄情山水　盛世欢歌"为主题的京西百渡休闲度假区首届暨野三坡景区第十届开山节正式启幕，来自全国各地的近万名游客嘉宾共同见证了隆重的开幕仪式。当天上午，野三坡智慧景区正式运营上线。

野三坡风景区坐落于首都北京西南的河北涞水县境内的太行山与燕山交会处，景区总面积 520 平方公里。野三坡形成于远古时代，以特殊的地理构造、独具魅力的自然山水景观，被世人誉为京西"世外桃源"。2016 年，野三坡借承办首届河北省旅游产业发展大会之机，以"新景区，新业态，新未来"为方向，全面提升产品业态、产业链条和旅游功能，实现历史新突破。随着 2017 年的到来，野三坡重新定位，选准新目标、激发新动力，在全域旅游和产业拓展道路上力争实现新的突破。

在野三坡，投资 2 亿元的百里峡艺术小镇以中国传统文化为底蕴，以"赤橙黄绿青蓝紫"的七彩形象为外衣，把野三坡浓郁的山野风情与现代前沿文化相融合，实现了特色餐饮、创客空间与国际 PARTY 的完美融汇。除了业态的创新，野三坡更注重业态的丰满。近 10 公里的自行车绿道穿行在山水之间，花海之侧；充满山水江南色彩的商业街悠闲惬意，情调超然；采用了国际顶尖技术的大型实景演出《火秀》，把人类起源、人类文明和人类精神用超炫的灯光、多彩的舞姿进行了完美诠释。

资料来源：人民网，http://travel.people.com.cn/n1/2017/0327/c41570-29172406.html（有删减）。

思考：在本案例中，景区产品销售的主要特色是什么？

知识准备

一、景区产品认知

景区产品是指景区能够提供给市场并被游客消费以满足游客某种需要的旅游项目或旅游服务，主要由景区的自然或人造景观、人文古迹、风景名胜、景区基础设施、服务设施、景区服务、景区旅游活动项目等构成。景区产品就是一种体验，无论是有形的景观、设施还是无形的服务，都是旅游者无法带走的，旅游者所能得到的只是一次旅游的经历和在景区所获得的体验。

1. 景区产品的分类

按照景区产品的功能分类如下：

（1）陈列式景区产品。陈列式景区产品是景区产品的基础层次，主要是指以自然风光和人文历史遗迹为主要内容。其属于静态展示，主要吸引大众观光旅游者。陈列式是最基础的

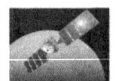

景区产品形式。

（2）表演式景区产品。表演式景区产品是景区产品的提高层次，主要内容是对民俗风情、非物质文化等进行活化表演。其功能主要是满足游客从"静"到"动"的多样化心理需求，吸引游客消费向纵深发展。

（3）参与式景区产品。参与式景区产品是景区产品的发展层次，以游客亲身体验与游戏娱乐为主要内容。其功能在于满足游客的自主选择、投身其中的个性选择，是形成旅游品牌特色与吸引游客持久重复消费的重要方面。

按照景区产品的性质分类如下：

（1）观光型景区产品。观光型景区产品是供游客观赏、游览的景区产品，是供游客购买的自然风光、文化内涵的展示品。它是旅游产品的初级形式，但一直都是基础产品。它的特点是参与性较低，游客停留时间较短，消费水平不高，回头客较少。

（2）度假型景区产品。度假型景区产品是供给游客在一定时间内度假消费的景区产品。它的特点是停留的时间较长，消费能力较高，游客对环境、设施、服务质量的要求更高。

（3）专项景区产品。专项景区产品是以供给专门化、主题化、特种化的产品为目的的景区产品。专项景区产品的大规模开发，是旅游业走向中高级阶段的标志。

2. 景区产品的特点

（1）需求富有弹性。游客购买景区产品容易受价格的影响，具有可替代性，需求量变动的幅度大于价格变动的幅度。

（2）无形性。无形性是指游客与景区经营者的交换过程中，游客获得的是经历，即对旅游经营者提供服务的感知，并不能获得有形的产品。

无形性决定了游客在购买景区产品之前无法检验和试用，购买后也不能带走，只有在消费时才能感觉到产品的质量。因此，无形性决定了景区产品在质量上的不可检测性。

（3）生产与消费的同步性。游客在景区旅游消费的全过程，同时也是景区产品生产的全过程，两者同时发生，同时结束。

（4）时间上的不可储存性和季节性。景区产品无法储存，某一种体验如果没有售出，就永远消失了，不可能储存起来日后销售。游客消费之后，带走的是一种心理体验，并且每个游客得到的体验都不一样。

景区产品与游客空闲时间、可自由支配收入等因素密切相关，也与景区资源的季节性差异有关。如何调节淡旺季景区客流量已成为景区利益相关者的重要任务。

（5）空间上的不可移动性。景区产品在交换过程中不发生所有权的转移，同时，景区所处的地理位置一般固定不变。

（6）脆弱性。景区产品作为一种旅游产品，其脆弱性是由旅游产品需求的脆弱性决定的。

（7）共享性。景区产品不同于其他产品，它是一种一对多的非实物产品。一个景区内的游客共同购买了一种景区产品，他们共同享受购买的景区产品，不具有严格意义上的排他性。同时，购买者人数的多少直接影响景区产品的质量。所以，景区应做好环境容量的控制和调节，努力提高游客的旅游质量。

（8）一定程度上的排他性和消费非竞争性。景区产品具有共享性，不具有严格意义上的

排他性。景区产品的排他性是市场经济和社会发展的产物，不是景区所具有的内在属性。景区的需求愈加旺盛，对景区采取保护措施是必要的，可通过设置排他机制限制客流量来实现。景区的排他机制是景区的门票制度，排他性产生内部效益。

景区产品的非竞争性是指一部分消费某一物品时，不会影响到另一部分的消费利益，不会减少整个消费利益。但这种非竞争性是有限度的，一旦出现拥挤现象，游客的欣赏效用就会降低，而且景区消费者的消费行为还存在消费的外部负效应，这就是消费者对景区的污染和破坏。可采用市场提供和公共提供相结合的方式，避免消费不足和过度。

（9）实质上是一种体验和经历。无论是景区有形的景观、设施，还是无形的服务，都是游客无法带走的，游客得到的只是一次旅游的经历和在景区所获得的体验。

3. 景区产品的构成

（1）核心产品——景区吸引物。景区吸引物是景区产品中最突出、最具有特色的部分，是旅游赖以生存之本。旅游吸引物的构成是不断变化的。景区的核心价值在于为游客创造其所期望的体验，因此，景区的核心产品是不同体验的组合形式。

（2）有形产品——景区活动项目。景区活动项目是指结合景区特色、围绕景区主题举办的常规性或应时性的，供游客欣赏、参与的各种类型的群众性盛事和娱乐项目。

（3）扩展产品——景区的管理和服务。扩展产品即附加的服务或利益，超出游客期望的服务和利益，如景区的交通、安全、投诉处理、开放时间管理、顾客特殊要求的满足等。

二、景区产品销售

1. 景区产品销售渠道的选择

景区产品销售的常见渠道有景区自身、组团旅行社、地接旅行社、宾馆饭店代售点、网络、媒体等。景区在进行销售渠道决策时，需要全面、综合分析影响渠道的各方面因素，包括景区产品、景区消费者、旅游市场、景区自身条件和经营范围等。

（1）景区产品。景区产品的类型、档次等都会影响销售渠道方案的设计，每个景区都必须对自身产品的特色有深入的了解，从而决定建立何种销售渠道，以扩大营销活动范围，争取更多客源。

（2）景区消费者。景区消费者的人数、购买数量、购买频率及地理分布等也会对销售策略的选择产生不同程度的影响。

（3）旅游市场。旅游市场的复杂多变，是景区在选择产品销售渠道时首先应该分析的。旅游市场的容量、目标市场的地理分布、购买频率的高低、竞争者的销售渠道分布等，都直接影响销售渠道的选择。

（4）景区自身条件和经营范围。景区的规模和经营范围决定了其最大的接待能力和目标市场，而所选择的目标市场的规模又影响销售渠道的选择。景区的财力直接影响对销售渠道的选择和控制，实力雄厚的景区尤其是连锁集团，可以建立自己的预定中心直接销售，实力较弱的景区可以依靠旅游中间商介绍客源。景区销售人员的素质也影响销售渠道的选择，销售人员素质高、专业能力强，可以直接进行销售，反之，则需要依靠间接销售渠道。

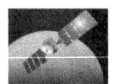

2. 景区产品销售的设计

（1）做一个科学的销售规划。一个科学的销售规划是保证景区销售工作得以有效开展、达到预定目标的必要内容，而且从长远来看，景区做专门的销售规划是一个趋势。这样可以根据景区实际的建设情况适时的进行营销工作，从而避免盲目的、冲动的、无序的开发市场，科学的销售规划可以事半功倍，目标准确，更有效地使用资金，从而带来丰厚的收益。

（2）景区产品科学定位。景区要想在纷争的旅游市场中取得优势，就得在信息传递中把自己的突出特色宣扬给广大消费者，并能牢牢抓住消费者，让自己的产品占据一定的市场地位。

景区可以采用以下定位方法：

① 攀附定位。攀附定位是一种"借光"定位方法。它借用著名景区的市场影响来突出、抬高自己，比如把三亚誉为"东方夏威夷"，把云台山誉为"北方九寨沟"。采用这种定位方法的景区并不会占据攀附对象的市场地位，与其发生正面冲突，而是以近、廉、新的比较优势去争取攀附对象潜在顾客群。采用这种定位方法不可与攀附对象空间距离太近，因为这种定位是吸引攀附对象景区的远途的潜在顾客。另外，对于已出名的景区和具有独特风格的景区不能随便采用此种定位方法，这是景区经营之大忌。

② 心理逆向定位。心理逆向定位是打破消费者一般思维模式，以相反的内容和形式标新立异地塑造市场形象。例如，宁夏的沙坡头、内蒙古的响沙湾本是沙漠，一般游客不会把此作为旅游的目的地，而景区利用此逆向的定位，把此打造成以沙漠文化为表现形式的旅游胜地。游客也正是逆向思考"沙漠怎么还能旅游"，从而产生兴趣前来游玩。

③ 狭缝市场定位。狭缝市场定位是景区不具有明显的特色优势，而利用被其他景区遗忘的旅游市场角落来塑造自己旅游产品的市场形象。例如，山西省的大寨本来是一个普普通通的山村，由于历史上"学大寨"的事情，山村开始走旅游发展道路。他们以洁净的山泉水、清新的空气、知名的旅游产品（大寨核桃露）、特定的历史人物、历史事件、干净卫生的住房条件，用比市场低得多的价格去占领附近城市的休闲旅游市场和美术院校校外写生市场。

④ 变换市场定位。变换市场定位是一种不确定定位方法。它主要针对那些已经变化的旅游市场或根本就是一个易变的市场而言的。市场发生变化，景区的特色定位就要随之改变。

（3）景区产品组合。首先要对自己的景区产品有所认识，根据景区所提供的主要内容和特征，组成完备的销售组合，然后再来考虑其销售策略的制定。景区产品营销组合因素如下：

① 景区吸引物。景区吸引物就是景区内标志性的观赏物。它是景区旅游产品中最突出、最具有特色的景观部分。旅游从某种角度讲也可称作"眼球经济"，游客正是观赏景区某一特定物才不远千里、不怕车马劳顿赶来旅游的。这是景区赖以生存的依附对象，是景区经营招徕游客的招牌，是景区旅游产品的主要特色显示。吸引物不仅靠自身独有的特质来吸引游客，还要有一个良好的形象塑造和宣传才能起到应有的吸引效果。

② 景区活动项目。景区活动项目是指结合景区特色举办的常规性或应时性的供游客或欣赏、或参与的大、中、小型群众性盛事和游乐项目。这些活动不仅是景区旅游产品的一部分，而且还可作为促销活动的内容。

③ 景区管理与服务。景区产品表达形式尽管呈多样化，但其核心内容仍是服务。服务的特点就是它的提供与消费常常处于同一时间，每一次服务失误就是一个不可"回炉"修复的遗憾的废品产出。在服务过程中的管理尤显重要。实际上管理就是最核心的服务。景区管

理包含两个层面，一是对员工的管理，二是对景区的管理。不管是哪种服务，都要以最大限度满足游客需要为宗旨，为游客服务。

④ 景区可进入性。可进入性指的是景区交通的通达性。由于很多景区处在交通不方便的偏僻地区，使得游客进出景区大受限制，甚至交通成为营销瓶颈。景区的产品销售过程与有形商品销售不同，是景定人动，游客必须来到景区享受服务，经营要靠大量的客流。目前，在国家交通条件改善的情况下，影响景区可进入性的不是主干交通，往往是景区门前的最后"十公里"，必须引起重视。

（4）景区市场选择。

① 景区要先以地域为界去选择市场。景区对旅游市场的选择是分层次的。首先要以地域为界去选择市场，然后再考虑其他影响旅游的因素。在以地域为界选择市场时，应该遵循由近到远、逐步扩大的原则展开市场营销。

② 景区营销要瞄准中心城市。以景区所在地为中心，以距离远近为半径，按地域把旅游市场划分为近、中、远三个梯次，分别对应于景区企业市场发展的近期、中期和长期规划。无论哪个梯次都要以该区域范围内的中心城市为主攻目标市场。因为消费也有梯次传递的规律，一般是从大城市到中等城市，再到小城市，最后到农村。时尚消费更是如此。旅游是一种时尚消费，所以重点要抓中心城市旅游市场。

③ 特殊群体的市场。这类市场大多数以宗教、登山、户外运动为主，多数游客是出于自身的兴趣前来旅游。

（5）同区域的联合营销。

① 注重文化的同源性。同一区域内的景区，无论其旅游资源是以自然风光为主，还是以人文景观为特色，都会被打上深刻的区域历史文化的烙印，只是各自景区旅游资源载体所呈现的区域历史文化内涵的侧重方面有所不同。正是这种不同的特色组合在一起，才铸就了一个区域深厚而独到的旅游魅力。因此，在旅游产品的广告宣传推广上，既强调区域旅游整体品牌的打造，又突出各自景区独到的旅游资源魅力。参与联合营销的会员景区要坚持目标一致性、利益共享性，强调行动协调性、投入多元性，共同出谋划策，发挥各自所拥有的资金、技术、区位、人才、信息、知名度、营销等方面的独特优势，以"合力效应"来达到凭借个体力量不能达到的营销效果。

② 缔造区域旅游统一品牌。在宣传中突出各自特色的同时，力求找到优势景区之间进行联合营销的经济合作点和文化结合点，变互相拆台为共同搭台。优势景区应当结合各自的品牌效应和优势项目，搭建项目更加齐备、价格更加优惠、市场更加规范的区域旅游平台，构建出统一的品牌联合体。实现资源共享、宣传互惠、客源互流，消除纷争和避免资源的浪费，进而推动区域内景区的管理建设，促进交通的改善，降低旅游成本，增加效益。

任务执行

1. 任务发布

了解当地某个景区产品销售的策略，并找出销售策略的优缺点。

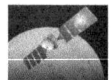

2. 任务分析

通过分析导引案例，再调查周边的景区，了解当地某个景区产品销售的策略，并找出销售策略的优缺点。

3. 任务实施

调查当地某个景区产品销售的策略，找出销售策略的优缺点，并形成任务成果书（见表 4-3）。

表 4-3　景区销售策略的优缺点任务成果书

任务	归纳总结景区销售策略的优缺点
任务性质	小组任务
成果名称	景区销售策略的优缺点
成果要求	（1）阶段成果：调查周边一个景区产品销售的策略 （2）最终成果：景区销售策略的优缺点
成果形式	一份关于景区销售策略优缺点的表格

项目小结

智慧景区指景区能够通过智能网络对景区地理事物、自然资源、旅游者行为、景区工作人员行迹、景区基础设施和服务设施进行全面、透彻、及时的感知，对游客、景区工作人员实现可视化管理，优化景区业务流程和智能化运营管理，同旅游产业上下游企业形成战略联盟，实现有效保护遗产资源的真实性和完整性，提高对游客的服务质量，实现景区环境、社会和经济的全面、协调和可持续发展。

定位景区消费者是开展景区产品销售的前提，景区消费者行为主要受个人特点、社会因素及环境因素三方面的影响。不同类型的景区消费者具有不同的消费特征。

景区产品需求富有弹性、无形性、生产与消费的同步性、时间上的不可储存性和季节性、空间上的不可移动性、脆弱性、共享性、一定程度上的排他性和消费非竞争性、实质上是一种体验和经历。

同步练习

一、名词解释

1. 智慧景区
2. 景区消费者
3. 景区产品

二、填空题

1. 智慧景区建设的主要内容包括_____、_____、_____和_____等。
2. 影响景区消费者行为的因素主要有_____、_____、_____等。
3. 景区消费者按照性格特点分类可以分为_____、_____、_____、_____、_____和_____。
4. 景区产品按照性质分类包括_____、_____、_____。
5. 景区产品的构成包括_____、_____、_____。

三、选择题

1. 构建智慧景区的意义有（　　）。
   A．增强景区的管理实力　　　　　　　　B．提高景区的服务水平
   C．增强游客的参与力度　　　　　　　　D．促进景区的营销创新
2. 景区产品根据景区消费者出行目标分类主要有（　　）。
   A．观光型　　　　B．娱乐消遣型　　　　C．文化知识型　　　　D．公务型
   E．医疗保健型
3. 景区产品按照功能分类为（　　）。
   A．陈列式　　　　B．观赏式　　　　C．表演式　　　　D．参与式
4. 景区在进行销售渠道决策时，包括有（　　）。
   A．景区产品　　　　　　　　　　　　　B．景区消费者
   C．旅游市场　　　　　　　　　　　　　D．景区自身条件和经营范围

四、判断题（正确的打"√"，错误的打"×"）

1. 智慧景区建设是一个复杂的系统工程，既需要利用现代信息技术，又需要将信息技术同科学的管理理论集成。（　　）
2. 经济型消费者只倾向购买价廉物美的旅游产品。（　　）
3. 观光型消费者是最普通、最常见的游客类型。（　　）
4. 景区产品的无形性决定了景区产品在质量上的不可检测性。（　　）
5. 景区的活动项目属于景区的核心吸引物。（　　）

五、简答题

1. 智慧景区建设的具体思路主要有哪些？
2. 景区产品销售的设计主要包含哪些内容？

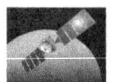

阅读材料

智慧旅游能不能刷新出行习惯？数字服务有没有适应游客需求？

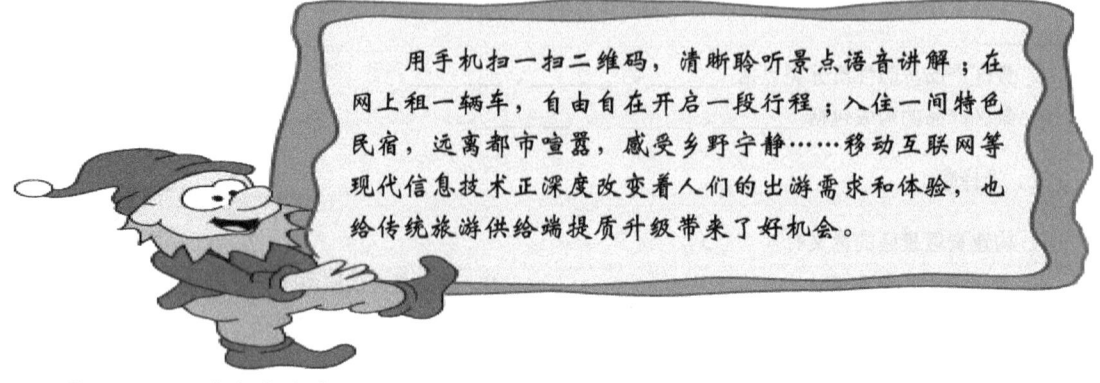

用手机扫一扫二维码，清晰聆听景点语音讲解；在网上租一辆车，自由自在开启一段行程；入住一间特色民宿，远离都市喧嚣，感受乡野宁静……移动互联网等现代信息技术正深度改变着人们的出游需求和体验，也给传统旅游供给端提质升级带来了好机会。

景区 App，精准导游管用吗？

近几年，团队游在逐渐减少，旅游散客化趋势越来越明显，对个性化旅游服务提出了更高要求，不少景区推出了官方 App，为游客提供精准导游服务，建设智慧景区。但是，从使用体验来看，很多 App 信息不全、更新滞后，中看不中用，令人满意的景区 App 不多。

四川峨眉山景区营销总监何群认为，智慧旅游包括智慧营销、智慧服务和智慧管理等内容，眼下许多景区只是投资开发了 App 这种形式，还没弄清楚游客的需求是什么，就开始琢磨如何推送广告搞营利，一头走进了误区。

现在，峨眉山景区 App 已经初步实现了购票、导购、导游等功能，"最重要的是加强对 App 的日常管理，及时更新旅游信息，要是信息更新慢、维护跟不上，就会华而不实。"何群说。

蓬莱阁是山东景区第一家做 App 的旅游景点。经过几年建设，板块内容比较丰富，在游客中有了一定的知名度。蓬莱阁管理处副主任朱龙认为："景区 App 是智慧景区的重要载体，要真正做好却不容易，关键是定位准、更新快、内容实，不能当成一个宣传促销的手段。"

"无票"入景区，便利出游可靠吗？

旅游产业链很长，为不同类型的服务平台提供了生存空间，但因相互衔接不畅、信息障碍造成的"合作失误"，也给游客带来新的困扰。

在深圳欢乐谷景区入口，游客刘园没有在售票窗口排队，只用身份证在入口闸机上轻轻一刷就顺利进入了景区。

深圳欢乐谷近日推出了网上门票销售系统，登录深圳欢乐谷官网或合作平台，用手机号码进行注册，并提供身份证信息，在线支付成功购票后就能刷身份证入园。欢乐谷与携程、同程、驴妈妈、艺龙网、途牛等几十家旅游网络分销平台建立了战略合作，游客买票不仅方便，还有优惠。

信息不对称，游客心里有底吗？

用互联网手段消除停车、就餐、住宿等信息的不对等现象，让游客在游前、游中、游后

都能不急不慌。

山东青岛居民赵杰前些天带外地亲戚到崂山观光，"崂山景区有好几个入口，道路狭窄，停车难，客流大，常常是'外面的游客进不去，里面的游客出不来'。没想到，这次很顺利，得感谢崂山景区新推出的智能停车系统。"他说。

崂山整合景区 3000 多个车位资源，推出智能化停车系统，有序引导客流进山，不仅适时发布车位信息，还能准确记录车辆进入的时间、车牌及进出车地点。未来，景区会将车位信息和景区 App 联系起来，游客打开 App 就能引导游客完成停车。如果游览回来找不到自己的车，游客输入车号就能马上看到车辆的照片及所处的位置。

"景区信息早公开，游客心中才有底。"中国旅游研究院院长戴斌认为，"推动智慧旅游，就要用信息化手段，消除停车、就餐、住宿等信息不对等，让游客在游前、游中、游后都不急不慌。这其中，技术水平固然重要，但以人为本才是关键。"

什么是智慧旅游？

智慧旅游，简单地说，就是运用网络，让游客与景区实现实时互动，让景区信息更透明、游程安排更个性化。比如，景区对旅游资源进行整合，为游客量身定制旅游产品；游客借助终端上网设备，随时安排和调整旅游计划，从而达到对各类旅游信息的智能感知、方便利用。

从游客的角度讲，智慧旅游主要包括导航、导游、导览和导购 4 个方面。利用移动互联网，游客可以随时随地进行导航定位、信息浏览、旅游规划、在线预订等，大大提高了旅游的自主性、舒适度。

资料来源：人民网－人民日报，作者：杜海涛。

项目五 景区接待服务

知识目标

1. 掌握售票服务、检票服务的流程及服务的难点。
2. 了解咨询服务的形式及应对方法。
3. 了解游客投诉处理的程序。

能力目标

1. 能够独立售票并处理常见售票问题。
2. 能够应对一些常见的景区咨询工作。

项目五　景区接待服务

任务一　售票检票服务

导引案例

新疆一景点服务人员态度恶劣，七旬老人猝死

2007年"十一"长假期间，75岁的全新菊一行三人从乌鲁木齐前往石河子游玩。在石河子某景点参观时，因门票问题发生了不愉快。

全新菊以为75岁以上老人不用购票也可以进入，就直接从检票口往景区内走，被检票员叫住让其到售票处购买门票。到了售票处，全新菊出示了乘车卡，售票员说不是老年人优待证不能进。

当时全新菊很生气，她说自己70多岁了，就是去北京的景点也不用买门票。

售票员说"你多少岁我哪知道，没钱乱逛什么"。

随后，全新菊就出示老年卡，但一进入景区，全新菊就说头疼，检票员说"又不是不让进去，不要装病"。后来同行人员把全新菊送到了石河子市人民医院治疗后，当天又转往自治区人民医院住院治疗，花费医疗费8万余元，最终抢救无效，一个月后病逝。经诊断，老人致死的原因为：大脑前交通动脉瘤破裂；自发性蛛网膜下腔出血。

老人的死究竟因何而起？老人的家人认为：因景点服务人员用恶言恶语攻击，致使老人受刺激当场晕厥，最终不治身亡，景点单位应承担赔偿责任，最后一纸诉状将该景点单位告上法庭。

资料来源：新疆旅游网，http://www.xjfly.com/gl/jd/47461.html。

思考：（1）售票员对游客销售优惠票的依据有哪些？

（2）面对不同的游客，怎样才能成为一名优秀的售票员？

知识准备

一、售票服务

景区的门票销售是景区实现收入的直接环节，对全国大多数景区来说门票销售是景区的经济支柱。随着信息技术的发展，景区的门票销售也逐步趋向多元化，可以通过联络旅行社、酒店、机场、火车站、汽车站、各旅游网站、团购类网站等方法来多渠道销售。目前，从全国景区的各种售票方式来看，主要有三大类：一是人工售票；二是自动售票系统售票；三是互联网模式下的售票。在"互联网+旅游"、景区智慧化的大趋势下，越来越多的景区采用这三种售票方式相结合的模式进行售票，在这样的模式下，人工售票是根本，后两者是门票销售趋势所向，使售票更为高效、便捷。

售票服务是景区门票销售中的重要一环，关系到景区的经济创收。售票服务是景区健康运转的重要保证，是景区维持良好秩序的开始，也是景区创收的重要途径，因而售票服务工作人员责任重大，在工作的过程中要熟练掌握各种售票服务技能，持有强烈的工作责任心，

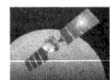

具有良好的职业道德及礼仪规范。

1. 售票员工作职责

（1）负责门票销售工作。
（2）负责门票领取、销售和门票款保管、上缴。
（3）负责进入景区的游客人次统计。
（4）负责门票销售区周边环境卫生。
（5）做好领导交办的其他工作。

2. 人工售票服务的工作流程

（1）售票前的准备工作。

① 参加班前例会。提前15分钟到岗，有事需提前24小时请假。穿着工装，佩戴工牌，仪容整齐，化妆得体，按规定要求签到。

② 搞好售票区的清洁卫生，有序摆放售票物品，查验售票设备是否正常。

③ 开园前挂出当日门票的价格牌。若当日由于特殊原因票价有变，应及时挂出价格牌及明示变动原因。

④ 领班根据前日票房门票的结余数量及当日游客的预测量填写门票申领表，到财务部票库领取当日所需各种门票，票种、数量清点无误后领出门票，并分发给各售票员。

⑤ 根据需要到财务部兑换所需的零钞。

（2）售票。

① 坐姿端正，面带笑容，随时做好为游客售票的准备。

② 游客购票时应热情服务，主动问好，并询问客人需要购买的票种和票数。

③ 售票员根据《景区门票价格及优惠办法》向客人出售门票，主动向客人如实介绍优惠门票享受条件。

④ 售票时要做到热情礼貌、专业细致。如游客现金付款，应准确、迅速将票款收清，并将盖有效日期章的门票及应找零钱递给游客，做到唱收唱付。同时要给予客人必要的游览提示，如"请您收好门票，景区内有××几处景点需要验票"。

如游客使用银行卡POS机刷卡买票，在收取客人银行卡后，按照"按'消费'键→输入金额→刷卡→请客人输入密码→打印小票→请客人签字→收单，结束"的操作顺序，准确、迅速地将票款收清，并将盖有效日期章的门票递给游客，同时要给予游客必要的游览提示。

⑤ 售票结束时，售票员要向游客说"谢谢"或"欢迎下次光临"等文明用语。

⑥ 如游客是闭园前一小时内购票，售票员要向游客提醒景区的闭园时间及景区内仍有的主要活动。

⑦ 游客购错票或多购票，在售票处办理退票手续，售票员要根据实际情况办理，并填写"退票通知单"，以便清点时核对。

⑧ 旅行社导游购团体票时，应查阅对方派团单或出团计划，如需签单，要核实签单内容，并签名确认。

⑨ 交接班时认真核对票、款数量，核对门票编号。

⑩ 热情待客，耐心回答游客的提问，游客出现冲动或失礼时，应保持克制态度，不能

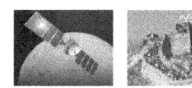

恶语相向。

⑪ 耐心听取游客批评，注意收集游客建议，并及时向上一级领导汇报。

⑫ 发现窗口有炒卖门票的现象要及时制止，必要时报告安保部门。

3. 交款及统计

① 结束营业后，要做好当班或当日的门票销售盘点工作，保证票、款、账一致，准确无误。

② 认真填写景区相应的"售票日报表"，并及时将"售票日报表"和当日钱款交景区财务部门。

③ 收拾好银柜，搞好卫生，切断电源，关好门窗，下班。

4. 人工售票需注意的工作难点

（1）钱的问题。景区售票员的工作就是一项与钱打交道的工作，所以对于钱款要做到：辨真假，保安全。

① 辨别钱币的真假。售票工作中极容易收到假钞，售票员一旦收到假钞，按规定需由其本人进行赔偿，如长期如此，售票员将受到较大的经济损失。所以景区都应为每个售票岗位购置功能齐全、准确的验钞机，同时也应有计划地请专业人员（如银行工作人员）来为售票岗位的工作人员进行辨别假钞的培训，让每位售票员都具有辨认假钞的能力。

据专家介绍，识别假币最好是人机结合，机器只起到辅助作用。识别假币的方法一般来说就是一看、二摸、三听、四测。

一看，看票面的颜色、图案、花纹、水印等外观情况。一是看水印，把人民币迎光照看，10元以上人民币可在水印窗处看到人头像或花卉水印，5元纸币是满版古币水印。二是看安全线，第五套人民币的安全线上有微缩文字，假币仿造的文字不清晰，线条容易抽出。三是看钞面图案色彩是否鲜明，线条是否清晰，对接线是否对接完好，无留白或空隙。

二摸，摸票面水印、盲文等凹印图案。由于5元以上面额的人民币采用凹版印刷，线条形成凸出纸面的油墨道。特别是在盲文点、"中国人民银行"字样、第五套人民币人像部位等，用手指抚摸这些地方，有较鲜明的凹凸感，较新钞票用手指划过，有明显阻力。目前收缴到的假币是用胶版印刷的，平滑、无凹凸感。

三听，听抖动钞票发出的声音。人民币纸张是特制纸，结实挺括，较新钞票用手指弹动会发出清脆的响声。假币纸张发软，偏薄，声音发闷，不耐揉折。

四测，借助简单工具和专用仪器进行钞票荧光检测。一是检测纸张有无荧光反应，人民币纸张未经荧光漂白，在荧光灯下无荧光反应，纸张发暗。假币纸张多经过漂白，在荧光灯下有明显荧光反应，纸张发白发亮。二是人民币有一到二处荧光文字，呈淡黄色，假人民币的荧光文字色泽不正，呈惨白色。

② 保证钱款的安全。售票员在售票过程中必须要保管好自己的钱款，要做到以下几点：

一是先收客人钱款，再找零及给门票。

二是做到唱收唱付，提醒客人当面清点找零。

三是暂离岗位要锁好钱柜。

四是顶岗或换零须当面清点所移交的钱款。

（2）购买优惠票的问题。我国景区在经营过程中都会对不同的人群实行差别定价。一般各景区会对小孩、学生、老年人、军人、残疾人、团队等在购票时有优惠，作为售票员就要熟记本景区的优惠票的标准。通常大部分景区的标准如下：

① 免票游客群体。通常包括身高 1.2 米以下小孩、70 岁以上老人（凭有效身份证件）、军人、残疾人、导游员等。

② 半票游客群体。通常包括身高 1.2～1.4 米的未成年人、全日制本科以下学生（凭学生证）、60～70 岁的老年人（凭有效身份证件）、教师（凭教师证在特定时间）等。

③ 其他优惠程度购票游客群体。通常是团队游客、本地居民身份证游客或与景区有协议公司的游客。

在具体的售票过程中，景区售票员应灵活机动，具体问题具体分析，掌握以下原则：

① 要善于观察游客。对于可能适合优惠票政策的游客要热情、礼貌地介绍门票价格优惠的标准，使相关游客能享受优惠门票的实惠。

② 要把好优惠关口。对于需要享受优惠票的客人，该量身高就量身高，该出示证件就出示证件，不能应付了事，把把关的责任交给验票口。

③ 要耐心解释游客质疑。对于提出要享受优惠票而不能享受的游客，售票员不要与游客发生争执。与游客解释优惠票政策时，要注意说话的方式，尽量站在游客的立场上进行表达，争取得到游客的理解。

5. 景区自动售检票系统售票

自动售检票系统是大城市许多公共售票场所普遍应用的现代化联网收费系统，随着自动售检票系统的启用，游客现在可以通过各入口处的自动售票机购买电子票。目前更多地应用自动售检票系统的场合包括电影院、体育馆、歌剧院、火车站、机场等。我国的一些景区现在也慢慢引入了景区的自动售检票系统，实现景区售票、检票、计费、收费、统计、管理等全过程的自动处理，代替了人工售票、人工检票、人工统计管理等模式，具有无可比拟的优越性。

（1）景区自动售检票系统的优势。

① 在原有人工售票的基础上，景区自动售检票系统实现了游客自助购票，可减少散客排队等候购票的时间。

② 在不增加工作人员的基础上，可以多增加几个电子验票入口，可减少游客排队进入景区的时间。

③ 可以减少售票处和验票处工作人员，验票处的只需在优惠票入口处安排工作人员即可，这样可以节约人力成本。

④ 在统计财务报表时，可以提高速度，减少财务漏洞、出错率，也可以降低财务人员的工作强度，这样就极大地提高了工作效率和管理水平，确保了景区的经济效益。

⑤ 可以通过计算机统计报表处理，得出各个时间段游客的流量分布情况，便于管理者对景区的科学决策。

⑥ 传统纸质门票容易被伪造，而自动售检票系统销售的电子门票具有极强的防伪能力，可以杜绝假票。

景区自动售检票系统不仅方便了游客及管理者，而且为旅行生活增添了一个时尚的亮点，树立了在行业中别具一格的文化形象。

（2）景区自动售检票系统的使用。

景区自动售检票系统一般由中央控制系统、售票系统、检票系统三大部分组成。售票系统所售的门票最常见的是磁卡门票和 IC 卡门票。在自动售检票系统售票过程中，它可以代替工作人员的工作，但它的使用还是离不开工作人员。在景区自动售检票系统的使用过程中，工作人员的工作主要有以下几方面：

① 管理和维护系统、机器的正常运转。上班前要对机器进行消毒，检查机器是否正常运转，把电子门票放入机器；下班后要断电，将机器打扫干净。

② 在游客购票时，可以给予相应的指导及优惠票的政策介绍。

③ 帮助游客处理有争议的电子门票。

④ 通过计算机统计当天的门票出售情况，做好相应财务报表。

二、验票服务

景区验票工作关系着景区经济效益能否真正实现，同时，它也担负着维持景区良好秩序的重要职责。随着现代信息技术的发展，虽然越来越多的景区使用电子自动检票系统，但验票工作人员的作用还是不能缺少，并且在这一过程中起着主导的作用。

1. 验票员的工作职责

（1）负责游客进入景区的人数清点、验票和统计工作。

（2）负责所管辖区域内设施设备的正常使用。

（3）负责检查登记出入景区的非游客人员。

（4）负责出入车辆的检查登记工作。

（5）负责门票站点安全保卫工作。

（6）负责门票站点周边环境卫生。

（7）做好领导交办的其他工作。

2. 验票工作流程

（1）验票准备工作。

① 仪容整齐、化淡妆、穿工服、戴工牌，开班前会。

② 准备好验票的相关工具，如是电子自动验票系统，要查看验票口的电子验票机器和配套设备是否正常。

③ 准备好景区导游图及相关宣传资料。

④ 做好验票口，即景区入口周围的卫生，保持验票口干净整洁、安全通畅。做好开园准备。

（2）验票过程。

① 在验票岗位保持站立，精神饱满，面带笑容，迎接游客。

② 验票时，首先向游客点头示意，并用标准普通话"您好，欢迎光临"向游客问好。要求游客一人一票持于手中，并认真按要求查验门票。在验证门票后，将门票递还游客，并

说"请拿好门票，往这边走，祝您玩得愉快！"

③ 如是电子自动验票，验票员要监督、指导、帮助游客通过电子自动验票系统验票，当自动验票系统出现故障时，应进行人工验票。

（3）统计工作。

① 结束营业后，将当日经主管部门审批的无票或优惠票入园的表单统计并交景区财务部门。

② 下班前填写工作日记。

③ 做好卫生，切断电源，下班。

（4）验票过程中应注意的事项。

① 熟悉景区的优惠票政策，并在查验持有优惠票游客时，严格参照标准。

② 熟悉旅游团队的入园验票方法。

③ 对持无效票入园的游客，说明无效原因，要求游客重新购票。

④ 残疾人、老人、孕妇入园时应给予帮助。

⑤ 控制客流量，维持出入口秩序，避免出现混乱现象。

⑥ 保持入口安全通道的清洁、有序、畅通。

票务服务是游客接触景区的第一环节，也是景区留给游客第一印象的关键环节。现在票务服务越来越受到各景区的重视，其流程将会更加具体化、深入化，其服务将会更加规范化、细致化。

任务执行

1. 任务发布

分组模拟景区人工售票。

2. 任务分析

通过分析景区人工售票前的准备工作和人工售票的工作流程，设计不同的情景，需要购买不同类型的门票，同学们通过交换模拟情景来熟悉景区人工售票。

3. 任务实施

（1）划分小组，小组内设计几个不同的情景，小组成员轮流模拟售票及购票游客。

（2）归纳人工售票过程中容易出现问题的环节，并且要最后集中模拟，最终解决问题，并形成任务成果书（见表5-1）。

表5-1 景区人工售票过程的模拟研究任务成果书

任务	模拟人工售票
任务性质	小组任务
成果名称	景区人工售票过程的模拟研究
成果要求	（1）阶段成果：小组成员轮流模拟各种情景的人工售票 （2）最终成果：掌握景区人工售票前的准备工作及熟练对游客售票
成果形式	模拟小结（格式规范，不少于1000字）

任务二 咨询服务

导引案例

海南琼中的百花岭瀑布被称为"海南第一瀑",风景宜人。由于地处海南中部山区,旅游团队较少将其安排在行程中,但它却深受自驾游游客的青睐。

李智是一名导游,在 2015 年暑假时,想利用假期带一家人到琼中进行两日一晚的度假旅游,其中最重要的一项计划内容就是到百花岭瀑布参观。因为是第一次去,路程和景区的情况李智都不了解,就本着职业的习惯,从网上找到百花岭景区的电话进行咨询。电话打通后,景区的服务人员热情地回答了李智的咨询,并告知李智百花岭由于建设栈道,所以暂停营业,不对外接客,并对李智致歉。

李智经过电话咨询得知了景区的情况,所以及时对行程做出了调整。到了第二年的暑假,李智再一次打通了百花岭景区的咨询电话,得知景区已经正常营业,并从景区咨询人员处了解到百花岭景区的具体路程及景区情况。

这一次李智终于带领家人度过了一段美好的假期。

思考:咨询服务在景区中发挥了哪些作用?

知识准备

游客到景区参观游览时,如果对景区情况不了解或需要帮助都会寻求穿制服的景区工作人员的帮助。所以向游客提供咨询服务是景区每一位员工应尽的职责,这一工作在实际中更多是由景区咨询服务中心来完成的。

景区咨询服务中心也称游客中心,是景区内为游客提供信息咨询、游程安排、讲解、教育、休息及其他游客服务等旅游设施和服务功能的专门场所。景区咨询服务中心属于旅游公共服务设施,所提供的服务是公益性的或免费的。游客中心为游客提供相关的咨询服务,包括景区及旅游资源介绍、景区形象展示、区域交通信息、游程信息、天气询问、住宿咨询、旅行社服务情况问询及应注意事项提醒。

景区提供咨询服务的价值是双向的,一方面景区提供给游客所需的旅游信息,方便他们在景区中游玩体验。反过来,游客的旅游咨询可以帮助景区管理者发现存在的问题,可以带来景区管理人员观念的转变,有助于提升景区的整体形象。所以现在景区都重视游客的咨询,要求员工要对游客提供最佳的咨询服务。

一、咨询服务人员的职业要求

(1)按时到岗,仪态大方,礼貌待人,对游客能做到一视同仁。

(2)接受游客咨询时,应面带微笑,且双目平视对方,全神贯注,集中精力,以示尊重与诚意,专心倾听,不可三心二意。

(3)答复游客的问询时,应做到有问必答,用词得当,简洁明了。不能使用"也许""可

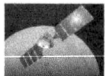

能""大概"等模棱两可的词语，对于自己没有把握的答案，应请教同事或上司。

（4）严守景区商业秘密，遵守国家法律法规，避免涉及敏感政治、宗教问题。

（5）服务要主动、耐心、细致。

（6）懂得外事礼仪，能使用一门以上外语与游客交流。

（7）掌握大量的业务信息。除景区信息外，还需熟悉景区所在地的便民信息，如政府机关、银行、医院、交通部门等信息。

二、咨询服务的内容

（1）回答游客提出的有关旅行和旅游活动的问询。

（2）应游客要求提供有关旅行和旅游等方面的建议。

（3）为游客提供旅行、旅游等方面的信息资料，包括当地地图、导游图及景点介绍。

（4）接受游客投诉并负责及时向相关部门转达。

（5）接受旅游救助请求并协助相关部门进行旅游紧急救助活动。

（6）为游客提供反映景区特色的纪念品和书籍。

三、咨询服务的形式

游客是景区的上帝，景区的所有工作人员都有义务向游客的咨询提供帮助，答疑解惑，特别是专职向游客提供咨询服务的咨询中心工作人员，更应具备应对各种形式的咨询的能力，向游客提供满意、称心的服务。景区可以提供的咨询服务的形式是多样的，主要有以下两种。

1. 当面咨询服务

一个优秀的景区都会设有专门的旅游咨询服务中心供游客前来咨询，这个服务中心一般设置在景区入口处，为刚进景区的游客提供咨询。但是很大程度上游客是在景区内部现场碰到各种各样的问题，如景区内另外一个旅游景观的方位、开放时间等，因此，一个景区内除了具有专门的景区咨询服务人员外，其余所有员工同样都是兼职的咨询服务人员。所以当面咨询服务在景区的实际服务过程中有两种形式，一是咨询中心的当面咨询服务，二是景区内流动性当面咨询服务。

不管是哪种当面咨询服务，在面对游客咨询时都要做到以下四点。

（1）主动问候。在岗的工作人员当遇到满腔疑问、迷茫或正准备走向自己的游客时，应该主动迎上前去问询，"您好，请问有什么需要我帮助吗？""您好，我可以为您做些什么？"这样会给处在困难中的游客以温暖的感觉，并留下亲切、热情的好印象。

（2）专心倾听。对于游客提出的问题应该认真倾听，首先应双目平视对方，全神贯注，集中精力，以示尊重与诚意；对于提出的问题应该以点头或"嗯"等形式有所反馈，让对方知道你听明白了他刚刚的阐述。其次，要有优雅的姿态。在游客提问的时候不可以三心二意，不可以有左顾右盼、手指绕来绕去的动作，要始终保持优雅的站姿、正确的坐姿和优美的步态，以及适当的手势。

（3）有问必答。对于游客的问询，要做到有问必答，用词得当，简洁明了，不能说"也

许""大概"之类没有把握、含糊不清的话，自己能回答的问题要随问随答，决不推诿；对不清楚的事情，不要不懂装懂，随意回答，更不能轻率地说"我不知道"。经过努力确实无法回答，要向游客表示歉意，说"对不起，这个问题我现在无法回答，让我先了解一下好吗？"此时应该通过电话或向旁边的工作人员咨询的形式来解决游客提出的问题。若离开现场去别的地方问询，要向游客说明情况，问清楚后应自己回来回答游客，不能一去不复返。

（4）愉快再见。对待游客的咨询，应当对其提供服务直到其满意为止。当游客满意地准备离开时应该主动向游客道别，并祝其玩得愉快。可以说"再见，祝您玩得愉快！"

2. 电话咨询

电话是现代生活的必备品和非常重要的通信工具。人人都在用电话，但不见得人人都用得好。尤其是咨询服务人员，经常通过电话接触游客，如果没有掌握电话使用艺术，很可能会影响工作效率，也会影响景区在游客心目中的形象。下面介绍景区电话咨询需要注意的内容。

（1）随时准备处理来电并迅速作答。电话旁边要常备记录用的办公用品，如纸和笔，确保在你自己工作的区域内能够很方便地使用电话。在电话铃响两声之内接听电话能体现出效率及乐意提供服务的意愿。

（2）直截了当报上名字或部门的名称。无论是接听电话还是打电话，尽快说明自己的身份是良好的礼仪表现。注意不要称呼自己为女士、先生或加上头衔，这样会让人听起来有妄自尊大的感觉。

（3）谈话得体有效。说话时语气要柔和。如果你没有听清楚对方的名字，不要张口就问"你是谁？"应该有礼貌地问："对不起，我没听清您的名字，先生（女士）。您能再重复一遍吗？"

应使谈话围绕对方提出的问题或其关心的事情。如果你不能提供直接帮助，也不能只是把问题丢回去，而应该表达你很愿意为其服务的态度。

（4）说话清楚、明确。表达和吐字要清楚，话与话之间要有轻微的停顿。即使你一天要说上百次这样的话，也不要说话懒洋洋的，或用机械的、不友好的态度重复问候语。记住即使你已经说了许多次，但对方是第一次听到，所以你的问候要给人以清新而真诚的感觉。

（5）说话自然而愉快。带着笑容的通话效果最佳，就好像对朋友打电话那样，要语气友好，应答自然。即使你没有天生的专业播音员的嗓音，你仍可以让你声音引起听者的兴趣，关键是声音要有变化。

（6）不要出现"冷场"。始终用语言表示你已听到了对方的话，不要对对方发表的意见没有反应。如果你要找资料或看材料，务必告诉对方你在做什么，可能需要他等几分钟，让他有个心理准备。如果要等较长时间，你也可以建议对方先挂电话，过会儿你再打回去。总之，千万不要把对方晾在那儿。

（7）愉快而准确地记录留言。要积极帮别人留言，把记下的信息读一遍给对方听，确保信息的准确性，并向对方保证把留言传到。也可以设计留言单，提高效率。

（8）让谈话有一个愉快的结束。"谢谢"在人际关系中是最有力的措辞，因而要不失时机地表达感谢之情。有些景区甚至把它作为一句问候语："谢谢您打电话给某某景区。"谈话结束时一句"感谢您打来电话"也可强有力地提高对方的满意度，它使对方再次感到你很愿

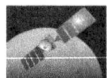

意为其服务。

在结束谈话前要总结谈话内容，并适当称赞对方，如"跟您谈话很愉快"等。

（9）礼貌收线。与游客通话完毕，互道再见后，一般是游客先收线，电话挂断之前要确认对方已经把话说完了。

（10）不能随意透露单位领导或同事的私人电话号码。如果问询者想要了解单位领导或同事的私人电话号码，必要时可以记下对方的电话号码，由你转告领导或同事，再与其联系，这也是一个基本的礼仪规范。

虽然目前许多景区可以投入智能化的设备来提供咨询服务，如在景区入口处放置的电脑触摸屏、虚拟景区等，但根据现代服务学理论的研究，顾客需要更为个性化的服务，而不是机器设备的程序化服务。正如虚拟旅游代替不了现实旅游一样，游客能从服务人员良好的仪态、双方有效的面对面沟通中加深旅游体验。另外，因为游客的来源广泛，需要咨询服务人员拥有广博的知识面，景区应像高星级酒店培养"万事通"咨询服务人员一样努力提高景区咨询工作人员的素质。

任务执行

1. 任务发布

模拟景区电话咨询服务。

2. 任务分析

通过向当地的景区电话咨询相关出游的问题，分析电话咨询过程中服务人员要注意的问题，并进行情景模拟。

3. 任务实施

（1）划分小组，设计电话问询的问题并对景区进行咨询。

（2）分析电话咨询过程中服务人员要注意的问题。

（3）根据小组设定的问询情景，在小组内进行电话咨询情景模拟，并形成任务成果书（见表5-2）。

表 5-2 对景区进行电话咨询并设定情景来模拟任务成果书

任务	模拟景区电话咨询服务
任务性质	小组任务
成果名称	对景区进行电话咨询并设定情景来模拟
成果要求	（1）阶段成果：根据对景区的电话咨询，分析电话咨询过程中服务人员要注意的问题 （2）最终成果：景区电话咨询情景模拟，熟练应对游客的电话咨询
成果形式	模拟小结（格式规范，不少于1000字）

任务三　投诉服务

导引案例

云南有着众多的旅游景观，颜值爆表，但是最近几年却有点臭名远扬。

人民网旅游 3·15 投诉平台统计数据显示，从 2014 年开始，云南旅游投诉率已连续三年"霸占"全国榜首。仅 2016 年，该平台共收到 797 条投诉，其中云南就有 316 条，占到 4 成。与之形成鲜明反差的是，在投诉量剧增的情况下，云南省 2016 年一季度投诉回复率竟然为 0。2017 年以来，云南旅游的各种负面新闻也被屡屡曝出，特别是云南省的知名景区——丽江古城，就多次被新闻媒体所曝光。

《女子在丽江遭暴打毁容，6 名嫌疑人被批捕》《因催促上菜生口角，丽江游客报警后遭店员暴打尾随》《云南省副省长参团旅游，被购物商店"1 对 1"强迫消费》等新闻在网络上被疯转。这些新闻其负面影响极其恶劣，丽江在国人心目中的形象也一落千丈，有些网友在网上留言，表示"永远不会去的地方就是丽江"。

资料来源：楚秀网，http://news.e23.cn/shehui/2017-03-01/2017030100498.html（有删减）。

思考：（1）从上述案例中说说景区受理投诉的重要性。

（2）你觉得景区应该如何去处理游客的投诉？

知识准备

旅游投诉是游客向旅游产品销售企业、旅游行政管理部门或其他新闻媒体提出的对旅游服务质量不满意的口头或书面的表示。当景区向游客所提供的产品或服务出现未满足游客要求的情况时，就可能引起游客的不满，这样就会导致旅游投诉的发生。研究表明，游客的投诉是不可忽视的，如果景区有解决问题的热忱，让问题获得圆满解决，会让游客更加信赖该景区，为景区的发展奠定基础。

一、游客投诉的原因分析

就景区服务而言，造成游客投诉的原因和环节是多方面的。这和景区产品的综合性有关，和服务难以标准化的特性有关，和服务与预期存在的差异有关。

1. 景区原因造成的投诉

（1）有关设施设备的投诉。投诉内容主要包括游乐设备运行的故障，供电、供水、供暖、通信系统、室内空调等。减少这种投诉，一方面要定期对景区的设施设备进行检查，另一方面要注意设施设备的保养维护工作。

（2）有关服务技能的投诉。如员工业务不熟练、服务效率低、工作流程混乱、引导错误、讲解水平低等。减少这种投诉，需要提高员工服务技能。

（3）有关服务态度的投诉。此类投诉主要是指服务人员的态度不佳，如语言不文明或生硬、冷冰冰的面孔、嘲笑戏弄游客、过分热情或不负责任的答复等。减少这种投诉，需加强

对员工的培训，增强员工的服务意识。

（4）有关景区服务产品的投诉。这方面投诉主要有门票价格高、景区内出现多次收费、餐饮质量差、广告与实际相差太大、交通混乱、景区环境脏乱差等。这需要景区修炼"内功"，提升自己的管理水平。

（5）对异常事件的投诉。如不慎摔伤、财物被盗、游客意外死亡等。此类事件对景区影响很大，减少此类投诉，要求景区在做好安全防范的基础上，还应掌握危机处理的能力。

2. 游客原因造成的投诉

（1）预期与服务的差异。现代服务理论认为，服务传输的过程中存在5种差距：消费者的预期与管理者看法之间的差距、管理者的看法与服务质量指标之间的差距、服务质量指标与实际提供服务之间的差距、实际提供服务与外部沟通之间的差距、预期的服务与实际提供的服务之间的差距。例如，游客对景区抱有过高的期望，或者游客对规定的理解与景区不一致等。减少此种投诉，景区只有缩减这些差距。

（2）希望通过投诉满足苛求。有些旅游经验丰富的游客投诉经验非常丰富，熟知旅游企业的弱点及相关的法律规定，利用景区管理与服务中存在的不足和景区不愿把不良影响扩大的顾忌，希望通过投诉能够使得景区做出较大让步，答应他们苛刻的折扣要求。

（3）心情不佳，借题发挥。游客在景区旅游时，碰到令他们感到烦恼的事，觉得窝火，心情不佳，认为自己受到了不公正的待遇。如有些游客在排队时插队，受到景区工作人员的制止；有些游客在景区不允许拍照的地方拍照，受到景区工作人员的阻拦等，他们觉得是景区工作人员让他们丢了面子，所以就以其他借口找到景区有关部门，借题发挥，通过投诉的方式把心里的怨气发泄出来，以求心理平衡。

二、游客投诉的心理分析

正确认识游客投诉的心理有助于我们正确处理游客投诉。游客在景区的游览过程中感到不满，会有不同的反应，很多人会因为这样那样的原因不会选择投诉；相反，也有部分游客会选择投诉的方式来维护他的权利。通过分析，游客投诉的原因不尽相同、千奇百怪，但进行投诉的心理不外乎以下三种。

1. 求尊重

马斯洛的需要层次论告诉我们，求尊重是人的一种较为高级的需要。在投诉时游客往往认为自己的意见是正确的，希望得到应有的重视，要求别人尊重他的意见，并立即采取行动。处理这类投诉时，应先缓解游客的愤怒情绪，对游客表示同情，不要急于辩解；然后询问原因，弄清事情的来龙去脉，以便解决问题，切忌在没有调查之前做出判断或处理结果；认真倾听游客意见，为其排忧解难。

2. 求补偿

游客在景区遭遇物质或精神上的损失，希望得到弥补是一种正常心理现象。针对此类投诉，首先要对游客的遭遇表示抱歉，使游客认为是为他着想，而不是站在其对立面。减少对抗情绪后，在力所能及的权限范围内，给游客适当的现金折扣或物质补偿。对于精神上的求补偿，可以通过物质补偿，也可以通过给游客一种荣誉、象征性的东西来增强其自豪感。

3. 求发泄

游客在景区碰到令他们烦心、恼怒的事情，或者被人冷落、讽刺、挖苦甚至被无礼对待之后，心中充满怨气、怒火，要利用投诉的机会发泄出来，以维持心理平衡。对于这类想发泄不满的游客，我们首先要学会倾听，弄清问题的本质及事实，表示出对游客的理解，表示出对其感受的认同，要向游客真诚道歉，以化解其抱怨。

三、游客投诉处理的程序

处理游客的投诉是一项需要耐心和技巧的工作，在受理投诉时不管游客粗鲁、沮丧、糊涂还是发泄，尽量不要使矛盾升级，可以按照以下的步骤来处理游客投诉。

1. 承认游客投诉的事实

来投诉的游客一般就想做两件事，一是表达自己的感情；二是使自己的问题得到解决。这个时候游客的情绪是特别激动的，怨气冲天，甚至一些人会失去理智，他们希望得到别人的肯定、同情，所以服务人员要冷静、理智，先要承认游客投诉的事实。从心理学上来说只有在游客发泄完以后，他才可能听你讲话，所以先要让游客把心中的不满或委屈全部吐露出来，他才会有松一口气的感觉，才能有心理上的满意感。在这一步骤中有以下两点要注意：

（1）保持沉默，耐心聆听游客的发泄。有效的聆听可以缓解游客的愤怒情绪，同时可以克服沟通中的障碍。如果服务人员认真地听取游客的发泄缘由，就能避免误解、争论、错误和延误。聆听时，应心平气和，不可有任何反感情绪或不自然态度的流露，更不可有打断游客发泄的行为。切忌对游客讲"你弄错了""这不可能""你别激动""你不要叫"等之类的话。

（2）做好记录，及时回应游客的发泄。在认真聆听游客发泄的同时，要根据游客的描述，认真做好记录，同时及时回应，让游客知道，他的投诉已经得到了重视，他的诉求已经得到了认同。在听取他们的投诉做记录时，可以做到以下三点：不断地点头；不时地说"嗯，那接下来呢"，如果没听明白游客的意思，可以说"对不起，您能慢点说吗，我没听清楚"；保持与其目光的交流。这样能让游客觉得自己受到重视，可以缓解对方的怨气。

2. 表示歉意和同情

游客是"上帝"，千错万错，游客没有错，这是景区管理的理念之一。前来投诉的游客一般总是觉得自己受到了伤害，是带着一颗"受伤的心"来寻求帮助的。在游客诉说完自己的诉求后，服务人员要做到以下两点：

（1）说声"对不起"，向游客道歉。在表示歉意时，必须是发自内心的，要注意用语应该表达出一种诚意，可以用"非常抱歉让您遇到这样的麻烦""这是我们工作的疏漏""十分感谢您提出的批评"此类的话语。

（2）向游客表示安慰和同情。投诉的游客希望有人同情他，为他主持公道。投诉受理人员必须对游客表示同情，进行安慰，这是抚慰游客受伤心灵最好的方法。比如可以说"我完全理解您的气愤和委屈，换作是我，也会和您一样"。

投诉者所说的事情有时可能不是真实的，但他们仍然希望服务人员能够对他们表示同情和理解。对游客的情绪做出一些同情和安慰的表示，能唤醒游客的理性，引导事态向着双方都有利的方向发展。

3. 交流并收集信息，接受游客要求并采取措施

游客投诉的目的不仅是要我们安慰及同情他，更是想要我们帮助他解决投诉的问题。为了更好地帮助客人，服务人员要充分收集相关的信息，主要应从以下两点着手。

（1）重复游客所遇到的问题。根据自己对游客所投诉问题的理解，给游客重复一下其遇到的问题，并且应该要对游客的问题做一个总结，这样可以让游客知道我们已经了解他的问题及要求。最好是能当着游客的面做好记录，能让游客感受到对他的重视，有利于问题的圆满解决。

（2）向游客提问收集更多信息。为了更好地解决投诉，服务人员要尽可能多地了解情况、收集信息。在以下三种情况时，服务人员可以使用提问的方式向游客发问。

① 游客在投诉时，描述问题不够全面，省略了一些重要的信息，所以提问可以帮助我们更全面地了解问题。

② 有时对于游客的描述，我们所理解的和游客所要表达的意思未必是一回事，即"所听非所言"，因此我们需要通过提问来确认。

③ 有时游客投诉时会出现话题转移，我们可以向游客提一些问题，使对话回到原来的轨道。

服务人员在向游客提问问题时，一定要表达出一种友好的意图，同时告诉游客你为何要问这个问题，让游客理解我们的初衷。在游客回答问题时，一定要认真倾听，必要时要做好记录。

4. 提出解决问题的方案

在明确了游客所提出的问题之后，服务人员要明辨是非，分清责任，拿出一个双方都可以接受的解决问题的方案，然后去解决它。

如果不是我方责任，我们要做好宣传解释工作，在处理时要维护景区利益，坚持原则，但态度要和善，语言、举止必须礼貌，并根据情况采取有效措施，处理时要注意语言的艺术性。

如果我方有责任，因为景区游览是一个无形的服务产品，最好的解决方法就是通过补偿性的服务来弥补游客所受到的损失。补偿性服务在景区投诉中有以下几种常见的形式：

（1）免单或打折。
（2）送赠品，包括礼物、商品或服务。
（3）打电话致歉。

补偿性服务是在感情上给予游客的一种弥补和安抚，它并不能代替整个服务。补偿性服务是不得已而为之，只有在你的基本服务正常运行的情况下才会有效。

把将要采取的方案和所需时间告诉游客，如果游客同意，就按方案迅速愉快地完成。如果游客不同意，这时需要询问游客希望如何解决问题，如"您希望我们怎么做"。游客说出他的希望以后，如果我们有权处理，就尽快解决；如果是超越权限或解决不了的问题，要及时与上级联系，不要做无把握的、不切实际的承诺。

5. 对投诉游客跟踪服务

一个优秀的投诉处理一定要有对游客的跟踪服务，通过跟踪服务，景区可以进一步了解到投诉游客对问题处理方法的满意度，是否还有其他问题需要解决。

跟踪服务的方式一般有电话、电子邮件、信函、贺卡等。跟踪服务可以强化景区对游客的诚意，树立良好的市场形象，让游客印象深刻，从而加强游客对景区的认可度。

6. 总结提高

投诉是一面镜子，可以反映出景区管理水平，为了更好地向游客提供服务，我们必须要对每一次投诉进行总结。投诉处理人员应将整个过程写成书面报告并存档，还要在此基础上进行投诉统计分析，对典型问题产生的原因和相应措施进行分析，不断改进服务水平，以便下次类似游客来景区时提供针对性服务，避免再次被投诉。

四、正确处理游客投诉的意义

投诉是游客与景区沟通的桥梁，投诉过程虽然令双方都有些不愉快，但只要投诉处理得当，对景区来说能将坏事转化成好事。首先，正确处理投诉可以帮助景区管理者发现服务与管理中存在的问题和不足。"旁观者清"，游客的投诉为景区管理者提供了新的视角。其次，正确处理投诉能改善宾客关系，挽回自身声誉。根据调查，投诉处理得当可以让大部分投诉者变成忠诚的客户。最后，正确处理投诉可以提高景区声誉，增加客源，提高效益。妥善处理投诉，可以使一个满腹牢骚的游客最终满意而去，他带走的是一个良好的印象，可以影响他身边的潜在客源，增加回头客，提高景区的经济效益。

因为景区产品和服务的特殊性，投诉行为是很难避免的，景区应该积极应对，充分重视，积极利用游客投诉来提高景区的服务质量和管理水平，同时向游客展示一个以人为本、负责任的企业形象。

任务执行

1. 任务发布

总结景区投诉处理程序，并以表格的形式体现。

2. 任务分析

分析投诉处理的不同阶段、游客的可能表现及服务人员应该做的应对工作。

3. 任务实施

（1）确认投诉处理的具体程序。

（2）表格归纳投诉处理的不同阶段、游客的可能表现及服务人员应该做的应对工作，并形成任务成果书（见表5-3）。

表5-3　归纳景区投诉处理程序表任务成果书

任务	景区投诉处理程序研究
任务性质	个人任务
成果名称	归纳景区投诉处理程序表
成果要求	（1）阶段成果：确认投诉处理的不同阶段、游客的可能表现及服务人员应该做的应对工作 （2）最终成果：归纳景区投诉处理程序表
成果形式	以表格形式体现景区投诉处理程序（见表5-4）

表5-4　景区投诉处理程序表

景区投诉处理程序	游客的可能表现	服务人员的工作

项目小结

景区接待服务是景区服务工作中直接面对游客的一项服务，它涵盖面较广，服务对象复杂，工作内容琐碎，需要有良好的心态、过硬的服务技能才能较好地应对这项工作。作为一名景区服务人员，工作过程中，对于景区的售票服务、咨询服务、受理投诉服务等工作程序与基本技能是必须要掌握的。在竞争日益激烈的景点服务市场中，景区接待服务是其中的重点，服务人员只有提高自身的服务水平才能让景区接待服务有更大的发展。

同步练习

一、名词解释

1．景区咨询服务中心
2．旅游投诉

二、填空题

1．目前，全国各景区售票方式主要有_____、_____、_____三种。
2．识别假币的方法一般来说就是一_____、二_____、三_____、四_____。
3．景区可以提供的咨询服务的形式是多样的，主要有_____、_____两种。

4. 游客投诉的原因不尽相同、千奇百怪，但进行投诉的心理不外乎_____、_____、_____三种。

三、单项选择题

1. 售票员在售票过程中必须要保管好自己的钱款，以下描述错误的是（　　）。
   A. 先收客人钱款，再找零及给门票　　　B. 做到唱收唱付，提醒客人当面清点找零
   C. 暂离岗位要叫同事帮忙看好钱柜　　　D. 顶岗及换零须当面清点所移交的钱款
2. 下列游客，不能购得优惠票的是（　　）。
   A. 1.2米以下的小朋友　　　　　　　　B. 在读研究生
   C. 60～70岁的老年人　　　　　　　　D. 在役军人
3. 游客前来咨询，当他正在描述问题的时候，服务人员应（　　）。
   A. 专心倾听　　B. 愉快再见　　C. 主动问候　　D. 打断提问
4. 与游客通话完毕，互道再见后，一般（　　）先收线。
   A. 游客　　B. 服务人员　　C. 谁说完，谁挂　　D. 打电话者
5. 聆听游客投诉，服务人员在游客讲述问题时，可以说（　　）。
   A. "您不急，慢慢说"　B. "您弄错了"　C. "这不可能"　D. "您别激动"

四、判断题（正确的打"√"，错误的打"×"）

1. 游客购票时，服务人员应热情服务，主动问好，并询问游客需要购买的票种和票数。（　　）
2. 免票游客群体通常包括身高1.4米以下小孩、70岁以上老人（凭有效身份证件）、军人、残疾人、导游员等。（　　）
3. 问询者想要了解单位领导或同事的私人电话号码，我们如果知道电话号码可以直接告知游客。（　　）
4. 来投诉的游客一般就想做两件事，一是表达自己的感情；二是使自己的问题得到解决。（　　）

五、简答题

1. 简述售票的工作流程。
2. 简述游客投诉处理的流程。

阅读材料

景区接待服务规范

景区接待服务的主要工作包括售票服务、入门接待服务（包括验票及咨询）和投诉受理服务。

1. 售票服务

（1）积极开展优质服务，礼貌待客，热情周到，售票处应公示门票价格及优惠办法。
（2）主动解答游客的提问，做到百忙不厌，杜绝与游客发生口角，能熟练使用普通话。
（3）主动向游客解释优惠票价的享受条件，售票时做到热情礼貌、唱收唱付。
（4）向闭园前一小时内购票的游客提醒景区的闭园时间及景区内仍有的主要活动。

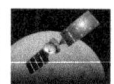

（5）游客购错票或多购票，在售票处办理退票手续，售票员应按景区有关规定办理，如确不能办理退票的，应耐心向游客解释。

（6）热情待客，耐心回答游客的提问，游客出现冲动或失礼时，应保持克制态度，不能恶语相向。

（7）耐心听取游客批评，注意收集游客的建议，及时向上一级领导反映。

2. 验票服务

（1）验票岗位工作人员应保持良好的工作状态，精神饱满，面带微笑。

（2）游客入景区时，应使用标准普通话及礼貌用语。

（3）对漏票、持无效证件的游客，要礼貌地耐心解释，说明无效原因，说服游客重新购票。

（4）残疾人或老人入景区时，应予以协助。

（5）如遇闹事滋事者，应及时礼貌予以制止，如无法制止，立即报告有关部门。切忌在众多游客面前争执，引起景区秩序混乱。

3. 咨询服务

（1）接受游客咨询时，应面带微笑，且双目平视对方，全神贯注，集中精力，以示尊重与诚意，专心倾听，不可三心二意。

（2）咨询服务人员应有较高的旅游综合知识，对游客关于本地及周边区域景区情况的询问，要提供耐心、详细的答复和游览指导。

（3）答复游客的问询时，应做到有问必答，用词得当，简洁明了。

（4）接待游客时应谈吐得体，不得敷衍了事，言谈不可偏激，避免有夸张论调。

（5）接听电话应首先报上姓名或景区名称，回答电话咨询时要热情、亲切、耐心、礼貌，要使用敬语。

（6）如暂时无法解答问题，应向游客说明，并表示歉意，不能简单地说"我不知道"之类的用语。

（7）通话完毕，互道再见并确认对方先收线后再挂断电话。

4. 投诉受理服务

（1）景区工作人员应把游客的投诉视为建立诚信的契机，受理人员要着装整洁，举止文明，热情、耐心地接待投诉游客。

（2）受理投诉事件，能够现场解决的，应及时给予解决。若受理者不能解决，应及时上报景区负责人，及时将处理结果通知投诉者，并注意收集反馈意见，科学分析，以便及时改进，提高服务质量。

（3）要以"换位思考"的方式去理解投诉游客的心情和处境，满怀诚意地帮助客人解决问题，严禁拒绝受理或发生与游客争吵现象。

（4）接待投诉者时，要注意礼仪礼貌，本着"实事求是"的原则，不能与游客争强好胜、与游客争辩，既要尊重游客的意见，又要维护景区的利益。

（5）景区应设立专用投诉电话，并在景区明显位置（售票处、游客中心、门票等）标明投诉电话号码，且有专人值守。

资料来源：http://wenda.so.com/q/1363565521064577（有删减）。

项目六
景区解说服务

知识目标
1. 理解景区解说服务的概念及类型。
2. 掌握景区导游解说服务流程。
3. 了解自助式解说服务的类型。

能力目标
1. 能够为游客提供完整的景区导游解说服务。
2. 设计符合自己特色的欢迎辞、欢送辞。

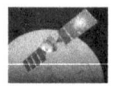

任务一　认知景区解说服务

导引案例

苏州园林是世界文化遗产，在世界上享有盛名。陈某一行5人出差苏州，利用空闲时间慕名来到苏州的园林游览，结果进一个园林失望一次，觉得："这些园林都一个样，就是些亭台楼阁，假山假水。就算不到这些园林，在苏州城许多地方或者江南其他地方也都能看到，有什么好看的？还要收那么贵的门票？"5人一致认为参观这些园林完全物非所值。

回到酒店后，他们把自己的想法讲给苏州的朋友听，朋友问："你们去参观前做过功课，看到相关介绍没有？"答："没有。"朋友又问："那你们参观的时候请导游讲解没有？"答："也没有。"朋友告诉他们："苏州园林有着深厚的文化内涵，一座亭、一块石、一片水都有着它的讲究，它的艺术。"如果没有做好功课，也没请导游来讲解，只是走马观花地看，是很难真正理解苏州园林独特的魅力的。陈某等人这时才开始为省下那几十元钱的导游讲解费却影响了参观的效果而感到后悔。

思考：（1）景区导游的讲解对游客的参观游览有哪些帮助？
　　　（2）游客在参观过程中可以选择哪些方式去了解所参观的景区？

知识准备

一、景区解说服务的概念

景区解说服务是指为了方便游客在景区游览，加深游客对景区资源价值的理解，提高游客的鉴赏能力及资源保护意识，使其获得满意的旅游经历，旅游管理者通过各种媒介而进行的信息传播行为。

简单理解，景区解说服务就是通过导游或其他的媒介让游客认识景区、了解景区，旨在为游客提供游览的便捷，增强游览的体验，获取游览的见识。优质的解说服务能增加游客的游览兴趣、有效地提高游客的满意度，是景区产品的核心组成部分，是传播文化的重要渠道。

二、景区解说服务的类型

景区解说服务包括引导游客游览景区过程中的所有服务，其类型丰富，既有人员导游，也有实物导游。从景区解说服务向游客提供信息服务的方式来分析，景区解说服务的类型可以分为导游解说和自助式解说两种。

1. 导游解说

导游解说是人员解说，其提供服务的主体是人，即导游。导游解说主要通过导游向游客提供信息传导，同游客交流思想，指导游客游览，并进行讲解和传播知识。这是一种面对面

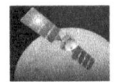

的双向型信息传播方式，最大特点是双向沟通，能够回答游客提出的各种各样的问题，可以因人而异提供个性化服务和情感的交流。

2. 自助式解说

自助式解说是实物解说，也可以说是实物导游，其提供服务的主体是物，即对游客了解及参观景区有帮助的一切事物。自助式解说主要通过一些实物向游客提供信息传导，通过游客主动去阅读、浏览、倾听信息来了解景区的相关知识、文化。自助式解说向游客提供的是静态的、被动的信息服务，形式多样，属于单向性传播类型。

三、景区解说服务的功能

1. 向游客提供景区基本信息和导向服务

景区解说服务可以向游客提供简单的、实用的、多样的服务方面的信息，使游客在短时间内可以获取景区的基本情况，让自己有安全及愉悦的感受。例如，景区内的旅游指南、标志牌、警示标志等，可以让游客了解景区的景观构成，明确景区的游览线路、方向，也可以提高景区的可识别度，让游客根据自己的喜好选择游览。

2. 使游客在旅游过程中获取美的体验

俗话说"祖国江山美不美，全凭导游一张嘴"，它充分说明了导游讲解艺术在游览中的重要性。成功的导游讲解总是让游客达到真正的审美享受和体验。从某种程度上讲，导游就是游客的另一双眼睛，他（她）能帮助游客更多地感知这个美好的世界。人们常说"看景不如听景"，讲的就是导游用准确生动的语言把美传递给了旅游者，使景点景物在游客的心中"活"起来。旅途中的风景名胜就好比一幅流动的画，倘若遇上一个胸无点墨、讲解平平、敷衍了事的导游，很难想象这幅画能带给人什么美丽的印象；如果是一位优秀的导游为游客讲解，通过他（她）精辟的讲述，或者一个美丽的传说，或者一个幽默的笑话，都会让游客感觉眼前的景物多了几分灵动。在这种情景交融的氛围中，或许能给游客带来好心情，带来美不胜收的愉悦的感悟。

3. 帮助游客从旅游过程中增长知识

古人云："读万卷书，不如行万里路"，旅游就是到不同的地方去见见世面，开阔视野，增长知识。不管是自然风光还是人文古迹，游客都可以从景区的标志牌、旅游指南、导游讲解等各种景区解说中增长相关知识。例如，游客在参观故宫时，可以增长中国古代建筑的知识；参观定陵时，可以增长中国古代皇陵建筑的知识；参观海南兴隆热带植物园时，可以增长热带植物的知识……所以一次好的旅游，就如一堂生动的课，可以帮助游客从中增长丰富的知识。

4. 加强景区旅游资源和设施的保护

通过景区解说信息的提示和帮助，使游客在接触和享受景区资源的同时，也能做到不对资源或设施造成过度利用或破坏，并鼓励游客与可能的破坏、损坏行为做斗争。如有些景区在大片的草地上放置标志牌"花草也有生命，让她开放得更长久些""别踩我，我怕疼"；有

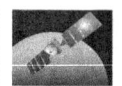

些文物古迹旁会设置标志牌"珍惜文物古迹,勿乱刻乱涂",这些信息会对景区旅游资源和设施的保护起到意想不到的效果。

5. 提高景区的综合效益

好的解说服务能让游客获得更充分的游览体验,一方面,能有效延长游客在景区的停留时间,从而刺激游客在娱乐、购物、餐饮、住宿等方面的二次消费,直接增加景区的收入;另一方面,由于游客对景区的满意度增加,从而形成良好的口碑。尽管由于各方面的限制因素,这种良好的口碑可能不会赢得太多的回头客,但是景区完全可以通过良好口碑的传播而获益,而且有研究表明口碑的有效性要远高于广播、报纸和杂志等广告形式。因此,良好的解说服务能切实提高景区的经济效益、社会效益和生态效益。

任务执行

1. 任务发布

调查游客参观时使用了哪些解说服务去了解所参观的景区,该解说服务对游客的参观有哪些帮助。

2. 任务分析

选择周边1~2个景区进行调查,通过调查进行汇总并完成任务。

3. 任务实施

(1)划分小组,每组按照老师的要求设计出相关的调查表。
(2)小组成员到景区向游客发调查表,并请求游客帮助完成调查。
(3)小组根据回收的调查表进行数据汇总,并完成任务成果书(见表6-1)。

表6-1 游客对景区解说服务的选择及其对游客参观的帮助任务成果书

任务	调查游客参观时使用了哪些解说服务及该服务对游客的参观有何帮助
任务性质	小组任务
成果名称	游客对景区解说服务的选择及其对游客参观的帮助
成果要求	(1)阶段成果:设计调查问卷表,向游客发出调查问卷并回收调查问卷 (2)最终成果:根据回收问卷分析游客参观时使用了哪些解说服务及该服务对游客的参观有何帮助
成果形式	调查报告(格式规范,不少于1000字)

任务二　景区导游解说服务

导引案例

陈丽是某植物园的讲解员,一天她接待一个由散客组成的10人旅游团。在游览过程中,陈丽严格按景区的线路要求带领游客进行参观,在讲解时陈丽按部就班地单纯介绍植物园的各种植物。由于这个景点是该散客团当日最后参观的景区,游客中又有两位老人及两位小孩,游客普遍感觉较累，陈丽的介绍比较单一，科普性又强，不能较好地吸引游客，所以游客兴趣不是很大。

有一位带小朋友的游客向陈丽提出："小陈，你给我们介绍一下园中好玩的项目吧，这些植物好像与我们家乡的差不多啊。"陈丽回答："我们园中除了植物就是植物，哪有什么好玩的项目，你们来我们植物园不就是为了看植物？"参观半个小时后，一对老年夫妇建议她休息一下，陈丽以时间很紧为由拒绝了。

拖着疲惫的身体，游客游览完了植物园。虽然讲解有些累了，但陈丽觉得很开心，认为自己又圆满地带领游客参观了植物园，出色地完成了讲解员的任务。但出乎意料的是几位游客不但没有表扬她，反而向景区相关部门投诉了她。陈丽觉得很委屈，景区领导在了解情况后，找她谈话时说游客投诉没有错。

思考：（1）景区领导为何说游客投诉得对？陈丽在导游解说过程中有哪些欠缺？
（2）要想成为一名优秀的景区导游，陈丽应该从哪些方面着手？

知识准备

景区导游是受景区管理部门的委派，在景区内从事讲解、翻译和向导服务的专业人员。传统上，普遍认为景区导游是景区讲解员、景区解说员。实际上景区导游不仅是景区的讲解员，更是形象大使，还是推销员、安全员、保洁员，肩负着景区讲解、景区宣传、商品导购、游客管理等重要职能。

一、景区导游解说服务流程

1. 上岗前的准备

景区导游的服务对象流动性大，变化快，通常一天要变化多次，这给准备工作带来了较大的困难，所以景区导游的准备工作要做到充分、细致。

1）自身准备

（1）身体准备。俗话说"身体是革命的本钱"，景区导游每天的工作量大，要走很多路，接触很多的人，说很多的话，需要消耗极大的体能，所以良好的身体是做好导游工作的基础条件。在平时，导游要加强身体锻炼，注意饮食均衡，注意防范各类传染病。

（2）心理准备。心理准备就是对游客的批评、挑剔、反驳和诱惑能有正确的态度。景区导游的工作可能时常会受到委屈，工作中各种诱惑也特别多。导游首先要树立正确的职业道德，正确看待导游工作的性质，保持不卑不亢的态度；其次要保持心理健康，提高心理承受能力，在遭到误解、辱骂时，能够坦然面对，并且顺利完成工作；最后要注意自我调节，增强自信心，克服自卑感，不能把自己生活中不愉快的情绪带到工作中。

（3）形象准备。导游是旅游目的地的形象大使，所以形象要健康、向上，着装要符合本地区的着装习惯和本景区导游的身份，衣着要大方、整齐、简洁，要方便导游服务工作；佩戴首饰要适度；不浓妆艳抹，不用味道太浓的香水；工作证件要佩戴端正。

2）物质准备

景区导游在接团之前要准备好导游器材，如导游旗、扩音器、红外笔等；携带好导游图

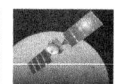

册、团队贴纸、宣传资料和景区的相关纪念品等；佩戴好导游胸卡或证书。

3）知识准备

景区导游会面对不同的游客，他们渴望对景区了解的情况是不一样的，所以景区导游必须具备宽广的知识面，对自己所在的景区要有较为全面深入的了解，是本景区知识的专家。在平时的学习中，导游要善于学习和积累本景区及所在地区的相关知识，主要从以下两个方面把握：

（1）了解所在地的相关知识，如史地、文化、民俗、饮食、法律法规等。

（2）了解本景区的有关知识，如景区基本知识、景区相关背景知识、景区相关的神话故事或民间传说、景区特色和价值。

如讲解黄山，涉及地质、植物、历史、文化、天文等知识；讲解承德避暑山庄，涉及历史、民族、文物、文化等知识；讲解崂山，涉及岛礁、建筑、植物、地理、历史等知识。了解这些知识，导游讲解时就能旁征博引，举一反三，达到较好的讲解效果，也能回答游客提出的相对比较专业的问题。如景区讲解员能掌握景区的特色和价值，对景区背景知识有专门研究，能够客观评述业内主流的学术观点，能提出令人信服的个人见解，那么这样的景区讲解员就更能得到游客的喜爱，成为专家型导游。

4）接待计划的准备

景区导游每天面对的客人可能来自天南地北，接待的对象有临时性、随机性、不确定性的特点。一般来说，服务的对象可以分为两种，一种是提前预约或通知的团队，另一种是来到景区后随机邀请导游的团队或散客。

如果是提前预约或通知的团队，可以通过旅行社或预约人了解将要接待旅游团（者）的基本情况，如：

（1）游客的人数、性别、年龄、职业、民族、文化程度等，有无需要特殊照顾的游客。

（2）客源地，基本的旅游动机。

（3）游客有无特殊要求和注意事项。

（4）收费问题，有无可减免对象。

（5）游客的其他行程安排等。

如果是临时接待的团队或散客，讲解员同样也应注意了解游客的有关情况。景区导游要通过观察、问询、对话和简单的接触，迅速了解该旅游团（者）的基本情况，一般应包括游客主体的来源、职业、文化程度及其停留时间、游程安排、有无特殊要求等，以便使自己的讲解更能符合游客的需要，做到有的放矢，为其提供有针对性的服务。

2. 迎接游客

景区导游一般在景区的游客接待中心或景区大门迎接游客，根据游客的要求，接受景区的委派，担任游客在本景区内游览时的导游。在迎接游客时，要面带微笑、着装整洁、仪态大方，主动与过往游客问好。接到自己的游客后，首先要将游客带到一旁集中起来，致欢迎辞，介绍景区概况；然后征求游客的意见，商定在景区的游览时间和游览线路；最后要提醒游客游览注意事项。

1）致欢迎辞

中外游人都讲究"第一印象"。接到游客后，给游客留下良好的印象非常重要，致欢迎辞是导游给游客留下"第一印象"的极佳机会，我们应当努力展示自己的风采，用精彩的开场白与游客拉近距离，使"良好开端"成为"成功的一半"。

致欢迎辞的时间是景区导游第一次与全体游客见面时，地点往往选择在景区大门边，致辞时态度要热情友好，语言要简单明了，特点要鲜明突出。欢迎辞的内容主要包括：代表景区欢迎游客的到来；介绍自己；表明热忱的服务态度；祝游客在本景区的游览活动取得圆满成功。

三亚呀诺达雨林景区欢迎辞

尊敬的各位朋友，呀诺达（导游向游客打出"V"字手势，食指与中指成 V 字），欢迎大家来到三亚呀诺达景区游览。"呀诺达"在海南本土方言中表示数字一、二、三，但在我们景区有着"欢迎、你好"的意思，表示友好和祝福。呀诺达，我是大家此行的导游，叫××，由于我头有点大，从小就被伙伴们称为"椰子"，大家也可以称我为"椰子"，很开心能够成为大家的导游，让大家在我们景区玩得开心是我最大的心愿，再次祝福大家呀诺达。

> 拓展练习：
> 设计一篇具有你本人特点的景区欢迎辞。

2）介绍景区概况

向游客致欢迎辞后，一般要把游客带到景区大门旁的景区游览线路图前介绍景区概况，讲解内容包括景区面积、开放时间、级别、主要特色、景区品位、主要景观和通常的游览线路等，目的是激发游客的游览兴趣，明确游览的重点。

3）商定游览线路

不同的游客在不同的时间对景区的游览需求是不一样的，所以在带领游客正式游览之前要先与游客商定游览的线路，在商定时要注意把握以下两个方面的内容。

（1）商定对象。

① 如果是有地陪的旅游团队，景区导游只要与地陪商定行程即可，要与地陪对接景区（点）游览的时间，核对旅游团（者）情况。一般接到出团任务，与地陪碰头时就要商定游览线路。

② 接待散客，原则上应与所有游客商议。

③ 对于一般参观团，与团长或领队商议即可。

④ 对于学术团、专业团，由于这样的团队学者较多，个人意见也很重要。因此，若有可能，应与全体团员共同商议。

（2）商定线路时应掌握的原则。

① 尽量对景区已有安排不做太大的变动。

② 尽量满足游客合理而可能的要求，特别是重点游客的个别要求；尽量照顾一般游客的特殊要求。

③ 当出现异议时，本着少数服从多数的原则进行，景区导游不要介入旅游团的内部矛盾。

④ 对完成变动内容确有困难，游客要求不能解决时，导游要耐心解释，婉言拒绝要留有余地，要让游客感觉到导游已经尽到最大努力。

⑤ 对一些知名人士，要努力满足他们的要求，因为接待好他们会带来更多的客源。

4）提醒注意事项

在正式游览之前，景区导游要明确告诉游客游览的具体线路、所需时间、集合时间、集合地点、游览时的注意事项等。讲解线路和注意事项时要声音响亮、简明扼要，尽可能让每一位游客听清楚，以免游客在景区走失或发生其他意外。

3. 导游讲解服务

导游讲解是导游人员以丰富多彩的社会生活和璀璨壮丽的自然美景为题材，以兴趣爱好不同、审美情趣各异的游客为对象，对自己掌握的各类知识进行整理、加工和提炼，用简要明快的语言进行的一种意境的再创造。在旅游界有这样的说法："没有导游的旅行是不完美的旅行，甚至是没有灵魂的旅行。"所以导游的讲解对游客的旅游参观起到了重要的影响。

景区导游带领游客进行参观、游览，并对景区的景观进行讲解，因此景区导游要有以下的能力。

（1）景区导游要有引导游客寻觅美、发现美、享受美的能力。

在旅游时，导游常说"三分形象，七分想象"，这七分的想象就需要导游的引导。不同的角度、不同的距离、不同的天气，看到的景致是不一样的。所谓"横看成岭侧成峰，远近高低各不同"，庐山的五老峰正面看是五位老者坐着谈笑风生，侧面看却是一朵怒放的硕大莲花；黄山的莲花峰，这边看像莲花，那边看却像巨鳌。当游客在景观前拍照时，导游要了解景观最美的一面在哪里，游客站在哪个位置拍照效果更佳。例如，游客游览三亚的大小洞天景区，在慈禧太后的"寿字碑"前拍照留念时，有一定美学能力的导游会建议游客要两人一起拍照，两人站在"寿字碑"与其右边的"南山"摩崖石刻的中间，往"南山"石刻方向同时抬手抬脚，这样拍在相片中的两人就成为一个"比"字，与风景融为一体，意为"寿比南山"，这样游客在留下美好瞬间的同时，也把景区的美好内涵保留在了相片中。

（2）景区导游要有深厚的景点知识储备和良好的语言表达能力。

导游在进行景观讲解，尤其是历史古迹类的讲解时，就要储备丰富的景点知识，注意把握"六要素"。

① 历史背景，即景点建于何时，当时的历史条件是什么，社会状况如何。我国大量的旅游资源有其发展的特殊历史背景，而这些背景有助于人们了解景区景点。

② 景点用途，即为何而建，是为纪念名人，还是为欣赏风光；是当时的宫殿，还是大人物的府宅；是为保护文物，还是为教育后人，等等。在实际导游服务项目中，导游可用历史点出景点、景物之真，引导游客近中华古老文化之博、深，寻历史之谜，发思古之幽情。

③ 景点特色，即景点的独到之处，建筑结构、布局有何特点，风光山水有何奇趣。如北京颐和园中的"园中园"——谐趣园内便有水趣、桥趣等"八趣"。了解这些，便于探索

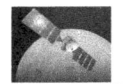

其中美的内涵。

④ 景点地位，即景点在世界上是否属于"人类共同文化遗产"，在国际、国内、省内、市内处于何地位，是哪一类的文物保护单位和景区等级等。

⑤ 景点价值，即历史价值、文物价值、旅游价值、欣赏价值，如果再了解一下景点接待人数情况就更好了。

⑥ 名人评论，即要了解历史名人、世界名人、国家领导人、著名文人、社会名流参观后有何评论，从这些评论中我们能受到什么启迪，以此来加深对景点的了解。

（3）景区导游要有较强的控团能力。

景区导游与游客的接触时间是短暂的，往往就是一两个小时，要在这么短的时间内让游客想跟着你游览，在规定的时间内把所有游客带到地陪要求的集合地点，那么景区导游就要有较强的控团能力。

① 导游要根据游客的兴趣、爱好，进行有针对性的讲解。在导游按照自己的思路津津有味、滔滔不绝地讲解，而游客对别的事情的兴趣大大超过听导游讲解内容的兴趣时，导游应随机应变，改变原有的思路，干净利落地转到游客所感兴趣的问题上来。

一位景区导游正在豫园九曲桥旁向游客介绍湖心亭的建筑特点和中国民间风俗。忽然，一边传来了悠扬动听的唢呐声，只见 6 位穿着民族服装的抬轿人，他们随着唢呐声吆喝着，翩翩起舞着，轿内那位游客乐得笑个不停。这位导游深知游客的兴趣已转移到花轿上，自己的讲解时间越长其效果就越差，倒不如顺水推舟，想到这儿，导游干脆领着游客来到花轿旁说：各位来宾，这就是中国古代的"的士"，世界上第一辆汽车诞生时远远不如它那么漂亮。说完，他走到花轿旁，学着那抬轿夫的姿势边跳舞边吆喝着，游客如梦方醒，拍着手哈哈大笑起来。事后游客都拍着导游的肩膀说："了不起，短短一席话使我们了解了中国民间风俗的一个侧面。"导游这番介绍只有 34 个字，用了不到 10 秒钟，却给游客留下了深刻的印象，取得了较好的效果。

要做到能根据游客的兴趣、爱好，进行有针对性的讲解，这就需要导游必须具备渊博的知识、宽广的知识面，在运用到自己掌握的知识时能做到游刃有余。

② 导游讲解时要善于控制讲解的时间，选择合适的讲解内容。讲解内容一般要以短小精悍为宜，时间过长和内容干瘪的介绍只能让游客产生疲劳和厌倦情绪。经验丰富的导游时常有这样一种感觉，在对景点进行介绍时，时间过长，游客的兴趣会大打折扣，即使是在听讲的游客注意力也会下降。游客注意力往往集中在对新事物的开头，而不是末尾。导游对某一景点的讲解最佳时间控制在 10 分钟之内，如果天气异常冷（热），那么讲解时间还要缩短。

一个炎热的夏天，导游在上海带领着一群兴致勃勃的游客参观游览龙华古寺，在宝塔下他滔滔不绝地讲解着。开始时，游客们津津有味地听着，10 分钟后，游客走掉三分之一，15 分钟后，游客又走掉一半，当他讲解了 20 分钟后，身旁的游客已寥寥无几，这时，有几位游客在一旁的遮阳处大声叫喊起来：导游，差不多了，有人要中暑了。

显而易见，那位导游的目的是希望通过自己丰富而又全面的讲解，让游客获得更多的知识，但由于不顾天气炎热，让游客在太阳底下直晒，再加上滔滔不绝地讲个没完，结果事与愿违，这群游客原来是兴致勃勃的，后来纷纷离去，不但没有听完介绍，反而在一边的遮阳处大声劝阻导游继续讲解。

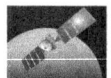

这个例子提醒我们，介绍和讲解时一定要注意和讲究控制，任何长篇大论和不切实际的做法都不会起到应有的效果。换言之，导游要善于控制讲解的时间，要尽可能地精练简洁和恰到好处。

③ 在讲解过程中，导游要保证游客的安全。导游应自始至终与游客在一起活动；注意随时清点人数，以防游客走失；注意游客的安全，留意游客的动向，随时做好安全提示，以防意外事故发生；在带团过程中，不能轻易答应游客自由活动的请求。

4. 景区购物服务

购物是游客旅游过程中的一个重要组成部分。游客总是喜欢购买一些当地有名的特产、旅游商品送给自己的亲朋好友。现在，各地的景区里都有一些旅游商店或旅游商品摊位，游客看到这些琳琅满目的旅游商品时，都会有购物的冲动。游客购物的一个重要特点是随机性较大，作为导游要把握好游客的购物心理，做到恰到好处地宣传、推销本地的旅游商品，这既符合游客的购买意愿也符合导游工作的要求。因此景区导游在服务过程中，对于游客的购物要做好以下工作。

（1）应当严格执行接待计划中的游览活动日程或与地陪商定的游览行程，带领游客到景区定点商店购物，杜绝导游人员与不法商贩勾结，欺骗、胁迫旅游者购买质次价高或假冒伪劣商品等违纪事件的发生。

（2）游览过程中，为了方便对游客的管理，要提醒游客不能离团自行购物。如时间允许，可以给游客留有时间，安排商店集中、旅游商品品种繁多、购物环境安全的地方让游客自行购物。导游要密切注意游客的动向，如发生纠纷，导游应立即前去解决处理，有效地保护游客的利益，避免不必要的麻烦。

（3）有义务提醒游客不要与当地小商小贩纠缠，如遇小贩强拉强卖，提醒客人不要上当受骗。

（4）应当熟悉本地旅游商品知识，当好游客购物参谋。

① 以地方特色作取舍。地方特色商品不仅具有纪念意义，而且正宗，有价格优势，消费者值得购买。特别是一些在其他地方买不到的当地土特产更是首选，无论是自己留作纪念还是送给亲朋好友都是非常有意义的。

② 以小型轻便为首选。有些特色商品体积笨重庞大，随身携带很不方便，不宜购买。

③ 切忌贪图便宜。

④ 相信自己的判断。有些定点购物点或景区内的旅游商店还是会有以次充好的情况，所以游客要相信自己的判断，管住自己的钱袋，学会自我保护，做个成熟的消费者。

5. 送别游客

在景区导游的带领下游客完成了对景区的游览，将前往下一目的地，这时导游要把游客带出景区，与游客告别。导游想让游客对景区留下更好的印象，加深游客不虚此行的感受，回家后能向亲朋好友推荐本景区，在送别游客时要做好以下工作。

（1）致欢送辞。致欢送辞是景区导游人员重要的工作内容之一，"欢送辞"是导游工作的小结，是导游接待工作的尾声。这时导游与游客已经熟悉，还有的成了朋友。如果说"欢迎辞"给游客留下美好的第一印象是重要的，那么在送别时致好"欢送辞"给游客留下最后

的印象将是深刻的、持久的、终生难忘的！好的"欢送辞"应包括以下五个要素：表示惜别，感谢合作，小结旅游，征求意见，期盼重逢。

"表示惜别"是指欢送辞中应含有对分别表示惋惜之情、留恋之意。讲此内容时，面部表情应深沉，不可嬉皮笑脸，要给客人留下"人走茶更热"之感。

"感谢合作"是指感谢在旅游中游客给予的支持、合作、帮助和谅解。

"小结旅游"是指与游客一起回忆一下这段时间所游览的项目、参加的活动，给游客一种归纳、总结之感，将许多感官的认识上升到理性的认识，帮助游客提高。

"征求意见"是告诉游客，我们本身有不足，经大家帮助，下一次接待会更好！

"期盼重逢"是指要表达对游客的情谊和自己的热情，希望游客成为回头客。

呀诺达景区导游欢送辞

今天呀诺达景区的游览就到此结束了，感谢大家对我工作的配合，欢迎大家给我的工作提出宝贵意见。我们虽然只是短暂的相识，但却一起领略了热带雨林的神奇，给我们留下了最珍贵的回忆。如果有机会，欢迎大家再次光临呀诺达景区，我非常乐意再次为大家当导游。祝大家旅行愉快，身体健康，工作顺利，谢谢大家。

（2）向游客赠送有关宣传资料或旅游纪念品。与游客告别时，可赠送一些景区的宣传资料或小的旅游纪念品，给他们留下更美好、更深刻的印象。如果在游览过程中游客对导游的工作不是很满意，向游客赠送旅游纪念品也可以弥补导游工作的不足。

（3）与游客告别。导游可用各种方式同游客告别，并将游客送上交通工具，等交通工具离开后，方可返回。有经验的地陪导游在带团话别游客之后，他们都会等"飞机上天，轮船离岸，火车出站，挥手告别"，才离开现场。所以景区导游也要等游客的交通工具离开后才能返回，"仓促挥手，扭头就走"，会给游客留下"是职业导游，不是有感情的导游"，是"人一走，茶就凉"的导游。

6. 总结与反馈

送走游客后，导游应按照本景点管理部门的要求认真填写接待记录，写好总结。要总结回顾自己在导游过程中的优点与不足，针对游客提出的问题和建议思考改进提高的措施，并向有关部门进行反馈。具体内容包括：

（1）接待游客的人数、抵离时间。若是旅游团队，还需记录团队的名称及旅行社的名称。

（2）游客成员的基本情况、背景及特点。

（3）重点游客的反映。尽量引用原文，如有游客的姓名和电话要注明清楚。

（4）游客对景区建设情况的感受和建议。

（5）对接待工作的反映。

（6）尚需办理的事情。

（7）自己的体会及对今后工作的建议。

（8）若发生重大问题，需另附专题报告。

二、景区导游语言的运用

语言是景区导游最重要的基本功之一。导游语言是一种口头语言，有"快、急、难、杂"

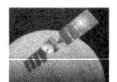

的特点，往往没有时间字斟句酌。然而，一名优秀的导游人员却能做到以准确、高雅的语言，生动形象地进行导游讲解，不但内容趣味无穷，而且修辞优美，语调富有感情，抑扬顿挫，速度适中，强弱相宜，高低和谐，转折自然。这样的导游讲解会使游客听了感到舒服，难以忘怀。要成为一名能进行高水平导游讲解的优秀导游人员，不仅要有坚实的语言功底，还要在运用语言时能遵循导游语言"四原则"和"八要素"。

1. 导游语言"四原则"

1）正确

正确即导游语言的规范性，是导游在讲解时必须遵循的基本原则。通过导游活动，导游向游客传播中华文明，传递审美信息，在这一活动中，"正确性"起着至关重要的作用。导游语言的学科性越强越能吸引游客的注意，越能满足他们的求知欲，导游也会受到更多的尊重。

导游语言的正确性主要表现在三个方面：

（1）语言、语调、语法、用词造句正确。外语导游要避免家乡音和汉语语法的影响。

（2）导游讲解的内容必须有根有据，正确无误，切忌胡编乱造、张冠李戴，即使是神话传说也应有所本源，不得信口开河，而且要和游览景点有密切联系。

（3）敬语和谦语有助于表达友谊和感情，但应注意对方的风俗及语言习惯。

2）清楚

清楚是导游语言科学性的又一体现，导游在导游讲解时要注意：

（1）口齿清晰、简洁明了、准确达意；措辞恰当、组合相宜、层次分明、逻辑性强。

（2）将文物的历史背景和文化价值、自然景观的成因及特征讲解清楚。

（3）使用通俗易懂的语言。

3）生动

生动形象、幽默诙谐是导游语言美之所在，是导游语言艺术性和趣味性的具体体现。语言的生动性不仅要考虑讲话的内容，也要考虑表达方式，还要力求与神态表情、手势动作及声调等和谐一致。生动形象、妙趣横生、发人深省的导游语言能起到引人入胜、情景交融的作用。所以导游语言应做到：

（1）使用形象化的语言，以求创造美的意境。

（2）使用生动流畅的语言。

（3）讲解要恰当比喻、以熟喻生。

（4）讲解要富有趣味性。

（5）讲解要富有幽默感。

（6）表情、手势动作及声音语调与讲解的内容、当时的气氛有机结合，和谐一致。

4）灵活

灵活即根据不同的对象和时空条件来进行讲解，注意因人而异、因地制宜。根据这一原则，在讲解中，导游要灵活地使用导游语言，使特定景点的讲解适用于不同的游客文化修养和审美观念，满足他们的审美要求。此外，讲解要与游客目光所触及的景象融为一体，使游客的注意力集中在导游的讲解之中，这是衡量导游讲解成功与否的标准之一。

2. 导游语言的"八要素"

1）言之有物

导游要对参观对象有一定的认识，讲解要以游客的了解、体验、审美为基础。导游讲解的内容要充实，有说服力；不讲空话、套话，不玩华丽辞藻，这样才能更好地让游客了解景点、景观。

2）言之有据

导游讲解要负责，切忌弄虚作假；导游讲解必须有根有据，令人信服，不得胡编乱造、张冠李戴。对于有多种解释和说法的事物，导游人员一般只介绍主流的观点，即使是神话、传说之类非现实的"虚构"，也要有所出处，有所依托，并向游客交代清楚。

3）言之有理

"全凭导游一张嘴，调动游客两条腿"。导游人员在交际中，说话办事要讲究情理、讲清道理，以理服人，让游客觉得可亲可近、心服口服；在导游讲解中，要注意以事实为依据，讲清楚事物的来龙去脉，原因结果，既合乎逻辑，又合情合理。

4）言之有情

"感人心者莫先乎情"。在日常交际中，导游人员的语言在措辞、声调及表情方面要表达出友好的感情，富有人情味，让听者感到亲切、温暖。在导游讲解中，导游要注意补充和利用有感情色彩的语言和素材，注入自己的情感，运用借物起兴、触景生情的讲解方法，让游客在观赏的同时获得情感体验，深入感受游览对象的内涵之美。

5）言之有礼

礼貌的语言会给游客带来亲切、温暖、愉快的感受，起到维护和改善人际关系的良好作用。导游讲话要语言文雅，谦虚敬人，有礼貌，合乎礼节。

6）言之有神

导游语言应当努力做到言者有神、言必传神。言者有神，是指导游要注意自己的精神面貌、气质、风度，在交际和导游讲解时要精神饱满，声音传神。言必传神，是指导游在交际和讲解中，要讲究语言的技巧和艺术性，开展有声有色、引人入胜的讲解。

7）言之有趣

导游说话诙谐、幽默、风趣，令人愉悦，会使旅游活动变得轻松愉快，气氛活跃，游兴提高。在某种意义上，导游风趣幽默的语言给游客带来的乐趣还要赛过美丽的景色，风趣的语言也会使游客更好地接受导游的建议和要求。

8）言之有喻

所谓言之有喻，就是要适当运用比喻，让游客倍感亲切，并对生疏的事物很快地理解，并留下深刻的美好印象。"言之有喻"要注意以熟喻生，比喻要恰当、明白、易懂，否则，以生喻生，越听越糊涂。

"八要素"从另一个角度揭示了导游语言的运用原则，其中言之有理体现了导游语言的思想性（也称哲理性）；言之有物、言之有据是导游语言的知识性和科学性；言之有情、言之有礼则是导游的道德修养在导游讲解中的具体体现；言之有神、言之有趣、言之有喻是导游语言的艺术性和趣味性的体现。

三、景区导游讲解技能

为了使自己成为游客的注意中心，将他们吸引在自己周围，导游必须讲究导游讲解的方式、方法，要善于设计故事情节，结合游览活动的内容，解疑释惑，制造悬念，引人入胜；要有的放矢、启发联想、触景生情；要有选择地介绍，采用有效方法努力将游客导入最佳的旅游审美意境。

1. 分段讲解法

规模较大的旅游景点包含的知识丰富，涉及的内容广泛，讲解时难以面面俱到，因而不宜平铺直叙地进行全面介绍，而应采用分段讲解的方法。所谓"分段讲解法"，就是将一处大景点分为前后衔接的若干部分来讲解。也就是说，在参观一个大的、重要的游览点之前，先概括地介绍此游览点的基本情况，包括历史沿革、占地面积、欣赏价值等，使游客对即将游览的景点有个初步的印象。然后，导游再带团依次参观，边看边讲，将游客导入审美对象的意境。如介绍杭州西湖时，一般先从其概况、传说、成因开始讲起，继而带出"一山、二堤、三岛""西湖新旧十景"等具体景点的讲解，游客边欣赏沿途美景，边倾听导游有声有色、层次分明、环环相扣的讲解，定会心旷神怡，获得美的享受。

2. 突出重点法

突出重点法就是导游讲解时避免面面俱到，而是着重介绍参观游览点的特点和与众不同之处的方法。一处景点，往往内容很多，导游必须根据不同的时空条件和对象区别对待。做到轻重搭配，详略得当，必要时去粗取精，去伪存真，由此及彼，由表及里，并着力从以下几个方面把握其脉络。

1）突出大景点中具有代表性的景观

大的游览景点，导游必须根据这些景点的特征进行重点讲解。如去花港观鱼的游览，主要是参观红鱼池和牡丹园，并加以重点介绍，不仅能让游客了解景点全貌，还能让他们领略公园的园林艺术和花卉知识，从中得到美的享受。

2）突出景点的特征及与众不同之处

游客在游览过程中会发觉很多同类的东西，如同样的园林建筑、同样的佛教寺院。俗话说："内行看门道、外行看热闹"，即使是同一佛教宗派的寺院，其历史、规模、结构、建筑艺术、供奉的佛像也各不相同，导游在讲解时必须讲清其特征及与众不同之处，才能使游客避免枯燥乏味地游览，增加知识情趣，提高旅游兴趣。

3）突出旅游者感兴趣的内容

旅游者来自各个层面，兴趣各不相同，但有一点是相同的，即大家出来旅游都是为了寻找快乐。如果导游能对他们的背景有所了解，认真研究游客的喜好，努力做到投其所好，便能博得大多数游客的青睐。

突出旅游者感兴趣的内容就是要提高讲解层次，吸引旅游者注意力。如介绍建筑，仅仅讲其布局、特征往往觉得很抽象，如果能引经据典加以比较，就会显得层次丰富，内容厚实，因为建筑的外表不仅是房屋或办公场所而已。一幢漂亮的建筑其造型本来就是"凝固的音乐"，反之，不讲设计的幢幢高楼就会变成"水泥森林"。导游只有将其丰富的内涵介绍给游

客，才能使游客叹服。

4）突出"……之最"

对于某一景点，导游只要根据实际情况介绍这是世界（中国、某省、某市、某地）最大（最长、最古老、最高、甚至可以说明最小）的……因为这也可以说是景点的特征，能够提高游客的兴致。有时在讲解一个景点时也要避轻就重，如杭州飞来峰，洞窟岩壁上分布着五代到宋、元时期的石窟造像338尊，导游不可能面面俱到，只能择其重点，将"最大、最早、雕刻最细腻"的三处佛像细述，其余概述即可。

3. 触景生情法

触景生情法是指见物生情、借题发挥的导游讲解方法。在导游讲解时，导游不能就事论事地介绍景物，而是要借题发挥，利用所见景物制造意境，引人入胜，使游客产生联想，从而领略其中之妙趣。如到西安旅游，当下飞机从咸阳国际机场前往市区的时候，途中看到一座座陵墓，导游便即景生情地讲道："中国的景观各有特色，北京看墙头，桂林看山头，上海看人头，到了西安大伙儿看的就是各种各样的坟头"，一席话说得非常形象，给大家留下深刻的印象。

触景生情法的第二个含义是导游讲解的内容要与所见景物和谐统一，使其情景交融，让游客感到景中有情，情中有景。如旅游团在参观海南三亚亚龙湾景区时，导游结合电影《一声叹息》的场景，给他们做了生动的描绘，游客望着无垠的海滩、蔚蓝的天空，从影片中的人生感悟生活中的人生，发出了很多联想。

触景生情贵在发挥，要自然、正确、切题地发挥。导游要通过生动形象的讲解、有趣而感人的语言，赋予没有生命的景物以活力，注入情感，引导游客进入审美对象的特定意境，从而使他们获得更多知识和美的享受。

4. 虚实结合法

虚实结合法就是在导游讲解中将典故、传说与景物介绍有机结合，即编织故事情节的导游手法。也就是说，导游讲解要故事化，以求产生艺术感染力，努力避免平淡的、枯燥乏味的、就事论事的讲解方法。

虚实结合法中的"实"是指景观的实体、实物、史实、艺术价值等，而"虚"则指与景观有关的民间传说、神话故事、趣闻逸事等。"虚"与"实"必须有机结合，但以"实"为主，以"虚"为辅，"虚"为"实"服务，以"虚"烘托情节，以"虚"加深"实"的存在，努力将无情的景物变成有情的导游讲解。如讲解杭州断桥时，结合白娘子和许仙在断桥上"千年等一回"的故事，一定会显得更加风趣生动。再如一座雷峰塔本来显得很平常，由于民间故事的介入，白娘子、许仙、法海等人物穿插其中，导游一加渲染就会激起游客的极大兴趣。当然，导游在讲解时选择"虚"的内容要"精"、要"活"。所谓"精"，就是所选传说是精华，与讲解的景观密切相关；所谓"活"，就是使用时要灵活，见景而用，即兴而发。

总之，讲解每一个景点，导游应编织故事情节，先讲什么，后讲什么，中间穿插什么典故、传说，心中都应有数。加上形象风趣的语言、起伏变化的语调，导游讲解就会产生艺术吸引力，受到游客的欢迎。

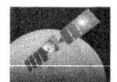

5. 问答法

问答法就是在导游讲解时，导游向游客提问题或启发他们提问题的方法。使用问答法的目的是为了活跃游览气氛，激发游客的想象力，促使游客与导游之间产生思想交流，使游客获得参与感或自我成就感，也可避免导游唱独角戏的灌输式讲解。

1）自问自答法

导游自己提出问题，并作适当停顿，让游客猜想，但并不期待他们回答，只是为了吸引他们的注意力，促使他们思考，激起兴趣，然后做简洁明了的回答或生动形象的介绍，还可借题发挥，给游客留下深刻的印象。例如，导游在讲解六和塔时，讲到塔的高度、外观层数时就可用自问自答法，这样定会大大加强导游效果。

2）我问客答法

导游要善于提问题，但要从实际出发，适当运用。希望游客回答的问题要提得恰当，估计他们不会毫无所知，也要估计到会有不同答案。导游要诱导游客回答，但不要强迫他们回答，以免使其感到尴尬。游客的回答不论对还是错，导游都不应打断，更不能笑话，而要给予鼓励。最后由导游讲解，并引出更多、更广的话题。

3）客问我答法

导游要善于调动游客的积极性和想象思维，欢迎他们提问题。游客提出问题，证明他们对某一景物产生了兴趣，进入了审美角色。对于他们提出的问题，即使是幼稚可笑的，导游也绝不能置若罔闻，千万不要笑话他们，更不能表示出不耐烦，而是要有选择地将回答和讲解有机地结合起来。不过，对游客的提问，导游不要他们问什么就回答什么，一般只回答一些与景点有关的问题，注意不要让他们的提问冲击你的讲解，打乱你的安排。在长期的导游实践中，导游要学会认真倾听游客的提问，善于思考，掌握他们提问的一般规律，并总结出一套相应的"客问我答"的导游技巧，以求随时满足游客的好奇心。

6. 制造悬念法

导游在讲解时提出令人感兴趣的话题，但故意引而不发，激起游客的好奇心，进而主动探索思考答案，进入对旅游景点的主动审视之中，最后由导游根据游客的答案做补充说明和引申讲解。这种讲解方法叫作"制造悬念法"，俗称"吊胃口、卖关子"，是一种常用的导游手法。制造悬念法，通常是导游先提起话题或提出问题，激起游客的兴趣，但不告知下文或暂不回答，让他们去思考、去琢磨、去判断，最后才讲出结果。这是一种"先藏后露、欲扬先抑、引而不发"的手法，一旦"发（讲）"出来，会给游客留下特别深刻的印象，而且导游可始终处于主导地位，成为游客的注意中心。

制造悬念的方法很多，如引而不发法、引人入胜法等都可能激起游客对某一景物的兴趣，激发遐想，使他们急于知道结果，从而制造出悬念。如游览杭州西湖三潭印月，只见三个石塔矗立在盈盈碧水之间，塔高2米，每个石塔中间各有5个小孔，导游讲道：每到农历八月中秋，人们在塔中点上蜡烛，洞口蒙上薄纸，烛光倒映在湖中，形成了"天上月一轮，水中影成三"的绮丽景色，可以看见32个月亮（也有说33个月亮）。当游客在思索三潭五孔倒映水面总共也只有30个月亮，此时导游再点破：天上一个，手中一个（手中还有一个月饼），不就成了32（33）个月亮？游客在恍然大悟之余，一定会赞叹前人构思之巧妙。

制造悬念是导游讲解的重要手法，在活跃气氛、制造意境、提高游客游兴、提高导游讲解效果诸方面往往都能起到重要的作用，所以导游都比较喜欢用这一手法。但是，再好的导游方法都不能滥用，"悬念"不能乱造，以免起反作用，使旅游者以为你在故意卖弄。

7. 类比法

所谓"类比法"，就是以熟喻生，达到类比旁通的导游手法。导游用游客熟悉的事物与眼前景物比较，便于他们理解，使他们感到亲切，从而达到事半功倍的效果。

类比法分为同类相似类比和同类相异类比两种，不仅可在物与物之间进行比较，还可作时间上的比较。

1）同类相似类比

将相似的两物进行比较，便于游客理解并使其产生亲切感。如将北京的王府井比作日本东京的银座、法国巴黎的香榭丽舍大街；参观苏州时，可将其称作"东方威尼斯"；讲到梁山伯和祝英台或《白蛇传》中许仙和白娘子的故事时，可以将其称为中国的罗密欧和朱丽叶等。

2）同类相异类比

这种类比法可将两种景物比出规模、质量、风格、水平、价值等方面的不同。例如，在规模上将唐代长安城与东罗马帝国的首都君士坦丁堡相比；在价值上将秦始皇陵地宫宝藏同古埃及第十八朝法老图但卡蒙陵墓的宝藏相比；在宫殿建筑和皇家园林风格与艺术上，将北京故宫和巴黎附近的凡尔赛宫相比，将颐和园与凡尔赛宫花园相比等，不仅使游客对中国悠久的历史文化有较深的了解，而且对东西方文化传统的差异有进一步的认识。

3）时代之比

在游览故宫时，导游若说故宫建于明永乐十八年，不会有几个外国游客知道这究竟是哪一年，如果说故宫建成于公元 1420 年，就会给人以历史久远的印象。但如果说在哥伦布发现新大陆前 72 年、莎士比亚诞生前 144 年中国人就建成了面前的宏伟宫殿建筑群，这不仅便于外国游客记住中国故宫的修建年代，给他们留下深刻印象，还会使外国游客产生中国人了不起、中华文明历史悠久的感觉。又如，参观故宫，导游一般都会讲到康熙皇帝，但外国游客大都不知道他是哪个时代的中国皇帝，如果导游对法国人说康熙与路易十四同一时代，对俄罗斯人说他与彼得大帝同代，还可加上一句，他们在本国历史上都是很有作为的君主。这样介绍便于游客认识康熙，他们也会感到高兴。

要正确、熟练地使用类比法，要求导游掌握丰富的知识，熟悉客源国，对相比较的事物有比较深刻的了解。面对来自不同国家和地区的游客，要将他们知道的风物与眼前的景物相比较，切忌不相宜的比较。正确运用类比法，可提高导游讲解的层次，加强导游效果，反之，则会惹游客耻笑。

8. 画龙点睛法

用凝练的词句概括所游览景点的独特之处，给游客留下突出印象的导游手法称为"画龙点睛法"。导游在讲解中以简练的语言点出景物精华之所在，帮助游客进一步领略其奥妙，让他们获得更多更高的精神享受。例如，旅游团游览海南后，导游则可用"椰风海韵春常在，请到天涯海角来"来赞美海南风光；游览丝绸之路时，可用"西风古道，沙漠情韵"来概括；

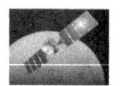

游览青岛时又可以"蓝天、绿树、红瓦、沙滩、碧海"五种景观来叙述；讲解山水时，又可以'黄山归来不看山，九寨归来不看水'来赞赏，这种画龙点睛的介绍方法，使游客在游览中得到了知识的启迪，获得了美感欣赏。

综上所述，景区导游在带团过程中，要熟悉服务的流程，使用规范的导游语言，灵活的导游讲解技巧，安排好旅游线路，组织好旅游活动，让游客获得旅游的乐趣和美的享受。

任务执行

1. 任务发布
选择附近的一个景区，以小组为单位，利用周末给游客义务当景区导游。

2. 任务分析
这是一个真实环境下的导游任务，同学们首先要用自己的真诚去寻找可以给你导游机会的游客，通过这样的任务来锻炼同学们的导游讲解能力及对景区导游服务流程的熟悉。

3. 任务实施
（1）划分小组，各小组做好上岗前的各种准备工作。
（2）以小组为单位给游客义务讲解，小组成员承担不同景观的讲解。
（3）请游客为自己的讲解打分，并提出建议（见表6-2）。

表6-2 如何做一名真正的景区导游任务成果书

任务	到附近的景区，利用周末给游客义务当景区导游
任务性质	小组任务
成果名称	如何做一名真正的景区导游
成果要求	（1）阶段成果：做好景区导游上岗前的准备工作。 （2）最终成果：能够完整地为游客进行景区的导游讲解服务
成果形式	实践小结（格式规范，不少于1000字）

任务三 自助式解说服务

导引案例

灵隐景区自助导游讲解器今起试运行

自2009年1月起"西湖通"自助导游系统正式在灵隐景区试运行。自此前来景区游玩的游客们只需在胸前挂一块类似工作证大小的讲解器，并戴上耳麦，即可以在景区内游玩之时准确而详尽地了解到该景区的情况。"西湖通"自助导游系统一经推出就有上百名游客对此十分感兴趣，并亲身体验了智能化自助讲解器为旅程带来的便捷与自由。

来自苏州的游客朱先生对记者说，"这样的自助导游系统之前在北京故宫使用过，游览

过程中既有专业的景区讲解，又不会影响他人，能使旅程变得更轻松和自主。"山东中国旅行社的邵红总经理趁元旦期间与家人前来杭州游玩，也租用了"西湖通"自助导游讲解器，并表示该系统提高了游客的旅游质量，也提升了杭州的国际化形象，很有必要在国内景区中大力推广。

资料来源：http://www.hangzhou.com.cn/20081222/ca1629781.htm（有删减）。

思考：（1）相对于导游讲解，自助导游讲解器在游客旅游的过程中有哪些优势？
（2）是不是今后的旅游发展过程中，类似自助导游讲解器式的自助解说服务可以代替导游人员的服务？

知识准备

在传统的旅游模式中，人们在旅游过程中更多的会通过导游的讲解来了解景区的相关信息，但这种模式发展到现在，已经被众多的自游行的游客所唾弃，觉得它有以下的一些弊端：

第一，空间受限。游客必须位于导游身边一定范围内，不能任意走动或随意观看，旅游路线和节奏必须与导游同步，而且这个空间的大小还与导游自身解说的声音大小或所携带的扩音设备的质量有关。

第二，时间受限。游客在景区游览的时间是有限的，接收信息的有效时间更有限。如果对导游的解说一次没有听清或因为其他原因没有听到，则无法再要求重新解说；获得解说服务的时间也是完全按导游的计划，不能随游客的要求获得。

第三，费用受限。由于聘用导游需要一定的费用，这些费用也成为直接影响游客使用导游解说服务的意愿。另外，各景区导游解说水平参差不齐，游客所获得的导游解说服务的效果也是不一样的，如果遇到水平较低的导游，则对游客的旅游质量可能起到不好的影响。

从以上分析可以看出，游客在旅游过程中存在着一方面希望得到导游解说和景点文化的熏陶，另一方面却又没有选择导游进行解说的矛盾。这一矛盾如果能得到较好的解决，将较大地提高游客对于旅游过程的满意程度，并间接刺激对下一次旅游的兴趣，进而使旅游市场得到持续增长。

现在自助旅游迅猛发展，自助游的游客在景区游客中所占的比重越来越大，而自助游的游客在选择接受景区讲解的模式时，由于上述所列举的导游讲解的种种限制，自助式解说服务就受到了自助游游客的青睐，自助式解说服务也就成了景区解说服务的有力补充。

一、自助式解说服务的定义

自助式解说服务是由书面材料、标准公共信息图形符号、语音等无生命设施、设备向游客提供静态的、被动的信息服务。它的形式多样，包括牌示、解说手册、导游图、语音解说、录像带、幻灯片等，其中，牌示是最主要的表达方式。

自助式解说服务向游客提供的是静态的、被动的信息服务，属于单向性传播类型，其解说的内容要经过精心的挑选及设计，具有较强的科学性和权威性。游客获取自助式解说服务提供的信息，没有时间上的限制，他们可以根据自己的爱好、兴趣和体力自由决定获取信息的时间长短和进入深度。

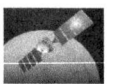

二、自助式解说服务的类型

1. 标志牌解说

景区标志牌是一种载有图案、标记符号、文字说明等内容，能够起到解释、标记、指引、装饰等作用的功能牌，它从游客角度出发，对景区内各个景点、公共设施及服务设施的方位及线路进行标志。景区标志牌也是传递景区信息的服务系统，是景区使用功能、服务功能及游览信息的载体，可以提高景区的服务效率，是景区设施完善不可或缺的一部分。

在我国，一般景区解说标志牌按解说对象和内容可分为五大类：等级性、形象性标志牌，导向性、指示性标志牌，知识性、解说性标志牌，提示性、警示性标志牌，趣味性、教育性标志牌。其中各大类中又包含几个小类，如景区名牌及介绍牌、交通标志牌、自然解说标志牌、安全管理标志牌等。

1）等级性、形象性标志牌

等级性、形象性标志牌反映了一个景区的等级，是景区的"身份象征"和形象标志。此类标志牌非常常见，而且类别较多，如国家级自然保护区标志牌、联合国"人与生物圈"网络保护区标志牌、世界遗产标志牌、世界地质公园标志牌、国际重要湿地标志牌等。这类标志牌一般应设置在景区或景点的入口处较醒目的地方。它既是景区形象的标志，同时也可以为游客提供拍照留念的场所。

2）导向性、指示性标志牌

导向性、指示性标志牌用于提供路线指南、服务向导，让游客对景区的资源、景观、路线和服务点一目了然，帮助他们寻找目标。规划设计侧重于景区景点指示、游览线路、服务设施。这类标志牌一般设置在景区的入口和游览线路上，可以分为全景导游牌、线路导引牌、设施服务牌。

（1）全景导游牌：全景导游牌是景区整体形象面对游客的第一次展现，因而也就是策划、设计的重点，耗资较多、制作精致。一般的全景导游标志牌应该能反映景区的总体结构、特色和景点、道路、服务设施的位置、分布情况，可以用平面图、鸟瞰图、简介文字等表现形式。全景导游牌一般设置在观光游览区的大门口，有时会在景区内主要道路旁侧。有时还会在游览沿途若干处设立标明所在位。设置的导游图，它除了包含一个全园景区示意图应有的内容外，还会用一个特殊的图形表示您的位置，帮助游客快速确定自己的位置，并获得自己所需要的信息。

（2）线路导引牌：向游客清晰、直接地表示出方向、前方目标、距离、旅行时间等要素，有时可以包含一个或多个目标地的信息。这类标志牌一般设在观光游览线路上。

（3）服务设施牌：主要指用来指示、引导车站、游船码头、停车场等交通设施，宾馆、旅馆等接待设施，游客中心、展览、商店、餐饮、医疗等服务设施，娱乐、健身、康复、体育等游娱设施，以及其他相关设施的标志牌。这类标志牌一般设置在游客集散中心、交通节点等地方。

3）知识性、解说性标志牌

在生态景区这一类标志牌应该成为区别于其他类型景区的特色之一，这类标志牌的内容

包括自然生态知识解说、民族文化知识解说、地质地貌知识解说、特殊环境知识解说、珍稀动植物知识解说等。通过这类标志牌系统为游客传达景观、景点的性质、历史、内涵等信息，可以体现标志牌系统的教育功能，特别是为自助游游客提供了了解自然知识与文化知识的有效途径。解说性标志牌还对景区内的生态系统与生态环境因子进行科学解释、介绍，如对景区独特的山势山体、气象现象、土壤特征、古老的珍稀保护植物、常见动物等进行科学解释、介绍，以帮助游客认识大自然。此类标志牌设置在被解释对象旁边较合适的位置，便于对号入座。当被解释对象重复出现时，选择比较典型的、游客比较容易看到的地点。

4）提示性、警示性标志牌

在游道的岔路口或有可能出现安全问题的地段，或提醒游客应特别注意的地方设置此种标志牌。这类标志牌又可以分为提示性标志牌和警示性标志牌。

（1）提示性标志牌：揭示景区规章制度，规范游客行为。设置在休息点与主要出入口等游客比较集中、难以回避的地点。通过这类标志牌，提醒游客注意自己的责任，使游客的行为符合生态旅游的原则。标志牌的内容明确清楚，措辞明确、一目了然。

（2）警示性标志牌：既告知游客各种安全注意事项，又禁止游客各种不良行为的牌示。此种牌示颜色多鲜艳，以"游客须知""注意事项"等形式设立。

5）趣味性、教育性标志牌

现在的景区都提倡生态旅游、文明旅游，所以很多景区有一些宣传环保、生态旅游理念、可持续发展思想的标志牌，这些标志牌营造人与自然相和谐的旅游氛围，体现人文关怀和自然关怀。其设置地点主要在景区出入口、休息点、观景台等较为显眼、醒目处，以及原始丛林、陡坡、水体等生态系统敏感地域。标志牌语言亲切感人，生动有趣，引导游客与山峰、历史、自然进行沟通、对话，达到陶冶情操，增加环境意识的目的。例如，"保护野生动物的野性"劝导游客不要给野生动物喂食；"大树也懂痛，不要伤害它""小草微微笑，请您旁边绕"引导游客与自然进行沟通、对话；"除了脚印什么也别留下，除了照片什么都别带走"体现自然关怀。

标志牌解说作为景区设施系统的一部分，有着形象直观、简便实用、简洁易记的特点。好的标志牌可以向游客提供游览信息，增强知识的积累，对保护景区环境资源、丰富游客游览体验有着重要的意义。

2. 印刷品解说

景区产品有着不可移动性的特征，游客是否购买景区产品完全取决于他们对于产品的感觉和偏好。在旅游界有着"酒香也怕巷子深"的说法，再美的景区、景点也需要各种方式的宣传。宣传资料的设计是至关重要的，有关景区介绍的印刷品就是其中的一种重要类型。

景区印刷品解说主要包括导游图、交通图、导游手册、景区服务指南、景区旅游风光图片、书籍、画册，以及有关新开发的旅游产品、专项旅游活动的宣传品、广告、招贴等，具有保留时间长、阅读层次面广等特点，是旅游宣传的主要手段。

3. 信息技术解说

信息技术解说是指应用现代先进的科学信息技术对景区的解说内容进行物理处理制作而成的自助式服务设备，可以让游客在参观游览的过程中，通过自行操作控制来选择聆听景

物或展品的介绍。信息技术解说是景区产品高科技化的主要表现，是景区解说服务的重要组成部分，当前我国各景区信息技术解说主要有以下几种模式。

1）影视解说

影视解说就是对某一事物、景观应用拍摄、录制影视视频的方式来介绍，游客通过形象、生动的图文声像来了解所要参观或想要了解的事物。其包括电影片、录像片、电视片、光盘、广播宣传等音像制品，形式多样，内容直观且生动活泼，具有较高的旅游参考和宣传价值。

影视解说适合解说特定的主题，在景区中可用于介绍一些生疏的题材和复杂的景观，往往影视解说比较适合于展馆类的景观，通过在某一固定位置的循环播放或游客触屏播放的方式来解说某一景观或事物，也可以通过光盘等便携储存器送给游客。如南京大屠杀纪念馆就运用影视解说的方式来揭露日本侵略者的惨无人道；海南省博物馆也运用影视解说的方式来反映1605年海南琼北大地震的悲惨。

2）电子导游解说

在景区推出电子导游，自动讲解，标准化服务，是目前国内不少知名景区普遍采用的方式。如故宫、颐和园、天坛、北京动物园、西湖、海南呀诺达等景区均已推出电子导游系统，即自助导游解说器。在海南省的呀诺达文化旅游区，每一位进入景区的游客都配备一个电子导游解说器，游客走到景区内的任何一处景观，无须进行操作，讲解器会自动感应，把相关的景观信息通过优美的系统语言传递给游客。除了自动讲解，有些电子导游还具有语音指路功能，即在重要的道路上或十字路口时，具有语音指路的功能，自动提示游客每条道路的走向。导游图与语音同步显示及引导，电子导游解说器面板包含了景区导览图，在播放语音的同时，导览图上同步显示位置信息；电子导游解说还有多语种导游功能，一台电子导游解说器可以提供几种讲解语音，满足不同国籍游客需求，解决小语种导游人才匮乏问题。这样就可避免由于导游个人因素带来的服务质量的不稳定性，从而为游客提供更加全面客观和标准化的服务。

电子导游解说充分体现了景区以人为本的理念，游客再也不是只能跟着讲解员才能聆听解说内容，而是可以走到哪里听到哪里。游客使用电子导游解说，可以不受限制，完全按照自己的个人意愿进行自由游览。

3）手机客户端解说

移动出行时代，手机已成为旅游途中必不可少的伙伴，曾经复杂的景点查询、出行攻略制定、路线规划、买票入场等环节全部集成于方寸之间，目前"一部手机游景区"的新趋势在国内多个游玩景点都可见到。

手机客户端解说是景区智慧旅游的一种新的体验。在景区游览过程中，包括3D手绘地图、智能语音讲解、线路必玩推荐及景区游戏等模块，通过手机客户端解说，游客能更便捷、深入地游览景区自然景观、了解历史文化背景。

（1）3D手绘地图。3D手绘地图精致还原景区原貌，大到景点，小到卫生间一应俱全，游客在景区内所需要的一切都能找到。

（2）智能语音讲解。智能导游讲解结合景区自然景观、历史文化背景，由专业导游撰写，专业主播录制，为游客展现景区优美自然风光、生动历史内容，让游客边走边听。

（3）线路推荐与必玩清单。通过线路推荐，让游客根据自己的情况智能规划游玩行程，不错过景区的每个必玩推荐项目。

4. 展示陈列解说

展示陈列是科普教育常用的方法，特别是在一些遗址、故居及博物馆或技术性比较强的景区被广泛使用。它采用真实实物配以照片、图表、模型和沙盘的形式集中展示。

例如，北京故宫博物院常年推出十余个常设和临时展览。如常设展：宫廷原状陈列、《故宫藏历代书画展》（武英殿）、《故宫藏历代陶瓷展》（文华殿）、《盛世琳琅：故宫博物院藏乾隆朝玉器精品展》（钟粹宫）、《金昭银辉：清代皇家金银器特展》（景阳宫）、《故宫藏西洋钟表展》（奉先殿）、《天府永藏展》（保和殿西庑）、《龙凤呈祥：清帝大婚庆典展》（乾清宫东庑）、宁寿宫区展览（珍宝馆、石鼓馆、戏曲馆）。这些展览让全世界的游客充分领略到了中国文化的博大精深，也充分展现了中国古代文化艺术的璀璨夺目。

5. 网络展示解说

据统计，中国游客通过互联网获取旅游信息占总游客量的58%，越来越多的人通过网络获取旅游目的地信息，做好出游的攻略；通过网络购买机票、门票、住宿等服务；通过网络分享旅游体验。所以景区应该依靠互联网，利用互联网中的搜索、贴吧、百科、微博、博客、论坛、视频、团购，或者建立自己景区的专业网站来解说、推销自己的景区，让游客了解自己的景区。

现在，我国许多比较大的景区都已经建立了自己的专业旅游网站，包括景区情况及特点介绍、网络信息实时发布、提供专业旅游预订服务等多方面内容，如安徽黄山、山西五台山、四川九寨沟、云南石林等。

景区专业性网站在推广景区品牌和形象，加强网络信息时代景区整体运营能力的提升方面，都有积极而巨大的意义。景区可以利用互联网的特性，不受地域和时间的限制，将景区产品向游客进行直接的展示和宣传，尤其可以使用三维虚拟技术，将不可移动的景区景观和产品，变成一幅幅在互联网上流动的风景，使点击者仿佛置身于景区现场一样，深化游客对景区的了解，激发游客的兴趣。

任务执行

1. 任务发布

利用周末到周边景区内调查该景区为游客提供了哪些类型的自助式解说服务。

2. 任务分析

选择附近的 1~2 个景区，以小组为单位，调查该景区为游客提供了哪些类型的自助式解说服务。

3. 任务实施

（1）划分小组，各小组做好调查前的各种准备工作。
（2）小组成员进入景区，调查具体的自助式解说服务类型，并拍照或录像。
（3）根据小组的调查，制作调查报告，以制作PPT方式呈现（见表6-3）。

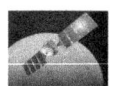

表 6-3 ××景区提供的自助解说服务类型任务成果书

任务	到周边景区内调查该景区为游客提供了哪些类型的自助式解说服务
任务性质	小组任务
成果名称	××景区提供的自助解说服务类型
成果要求	（1）阶段成果：调查景区具体的自助式解说服务的类型。 （2）最终成果：制作调查报告
成果形式	PPT方式呈现（格式规范）

项目小结

景区解说服务是通过导游或其他的媒介让游客认识景区、了解景区，旨在为游客提供游览的方便，增强游览的体验，获取游览的见识。优质的解说服务能增加游客的游览兴趣、有效地提高游客的满意度，是景区产品的核心组成部分，是传播文化的重要渠道。

景区解说包括引导游客游览景区过程中的所有服务，类型丰富，既有人员导游，也有实物导游。从景区解说服务向游客提供信息服务的方式来分析，景区解说服务的类型可以分为导游解说和自助式解说两种，本项目就重点介绍了这两种解说方式。

导游解说服务主要介绍了景区导游解说服务流程、景区导游语言的运用和景区导游讲解技能三个内容。景区导游在带团过程中，要熟悉服务的流程，使用规范的导游语言，灵活的导游讲解技巧，安排好旅游线路，组织好旅游活动，让游客获得旅游的乐趣和美的享受。

自助式解说服务主要剖析自助式解说服务的定义和自助式解说服务的类型两个内容。随着今后自助游更加普及和智慧景区的更加完善，这种模式的解说服务将会被更多的游客所接受。

同步练习

一、名词解释

1．景区解说服务的概念
2．自助式解说服务的概念

二、填空题

1．景区导游上岗前的准备包括_____、_____和_____。
2．导游在进行景观讲解时，尤其是历史古迹类讲解，要注意把握_____、_____、_____、_____、_____和_____"六要素"。
3．影视解说适合解说_____主题，在景区中可用于介绍一些生疏的题材和复杂的景观，往往影视解说比较适合于_____景观。
4．景区标志牌是一种载有_____、_____、_____等内容，能够起到_____、_____、

_____等作用的功能牌。

5．景区导游运用语言时要遵循"_____、_____、_____、_____"四原则。

三、选择题

1．景区导游工作可能时常会受到委屈，工作中各种诱惑也特别多，对游客的批评、挑剔、反驳和诱惑，要有正确的态度，要做好（　　）准备。

　　A．身体　　　　　　B．心理　　　　　　C．思想　　　　　　D．知识

2．接到游客后，给游客留下良好的印象非常重要，（　　）是导游给客人留下"第一印象"的极佳机会。

　　A．致欢迎辞　　　　B．商定游览线路　　C．提醒注意事项　　D．景点概况介绍

3．购物是游客旅游过程中的一个重要组成部分，景区导游对于游客购物的态度，下列的选项错误的是（　　）。

　　A．要提醒游客不能离团自行购物

　　B．应当熟悉本地旅游商品知识，当好游客购物参谋

　　C．有义务提醒游客不要与当地小商小贩纠缠

　　D．带领游客到自己关系较好的、质量保证的商店购物

4．言之有情、（　　）是导游人员的道德修养在导游讲解中的具体体现。

　　A．言之有物　　　　B．言之有礼　　　　C．言之有喻　　　　D．言之有神

5．景区讲解员讲解杭州断桥时，结合白娘子和许仙在断桥上"千年等一回"的故事来介绍断桥，会让讲解显得更加风趣生动，这种讲解方法是（　　）。

　　A．突出重点法　　　B．虚实结合法　　　C．制造悬念法　　　D．类比法

四、判断题（正确的打"√"，错误的打"×"）

1．自助式解说向游客提供的是动态的、主动的信息服务，形式多样，属于单向性传播类型。（　　）

2．导游可用各种方式同游客告别，并将游客送上交通工具，等交通工具离开后，方可返回。（　　）

3．不管游客反应如何，导游都应按照自己的思路津津有味、滔滔不绝地讲解。（　　）

4．"除了脚印什么也别留下，除了照片什么都别带走"这内容的标志牌是属于趣味性、教育性标志牌。（　　）

5．展示陈列是科普教育常用的方法，特别是在一些遗址、故居及博物馆或技术性比较强的景区被广泛使用。（　　）

五、简答题

1．景区解说服务有哪些功能？

2．随着旅游的发展，今后自助式解说服务可以代替导游人员的服务吗？

项目七

景区交通服务

知识目标

1. 了解景区交通服务的相关概念。
2. 理解景区交通服务的主要构成和对景区发展的重要作用。
3. 掌握景区游览路线设计内容。

能力目标

1. 能设计景区交通游览路线。
2. 能从事交通运转的服务和管理工作。

项目七　景区交通服务

任务一　认知景区交通服务

导引案例

南湖（唐山世园会）加速提升景区交通服务

环渤海新闻网消息（记者　郑芃芃　通讯员　于倩　李斌阳）"听您的！南湖（唐山世园会）面向社会征集园内交通运营良策"，近日，南湖（唐山世园会）打破传统的景区经营理念，面向广大游客公开征集景区交通运营建议，让游客变成景区经营的主人，以游客的名义，加速提升景区内交通服务，让游客通过便捷的交通、温馨的服务畅游南湖（唐山世园会）。

此次征集活动得到了广大游客的积极响应。游客通过微信、电子邮件等方式，向南湖（唐山世园会）提供近200项建议。南湖（唐山世园会）充分研究和整合了游客的建议，将景区内观光车运营路线进行全面调整，将原来相对简单的交通体系调整为多样性、个性化的多条交通路线，覆盖景区各主要道路及景观、景点。

同时，南湖（唐山世园会）在日常交通服务上也充分以游客为本，不断自我加压、精益求精，交通服务人员每天利用夜间停运时期对电瓶车车身进行清洗，对电瓶车内部顶棚、座椅底部等卫生死角进行擦拭，做到每日一清，保证随时为游客提供干净整洁的乘车环境。还按照"五星级"服务标准，通过课堂培训和现场实训相结合的方式，对交通服务人员进行培训，实施规范化管理，不断提升服务品质。推行全员咨询负责制，为游客解答各类游园问题，做到"人人都是主人翁、个个都是讲解员"。"微笑服务、贴心关怀、温声细语、认真聆听"，这是南湖景区交通服务人员的基本行为准则。特别是在恶劣天气情况下，"雷锋号"电瓶车不间断地在景区各处巡查，时刻准备为老人、儿童及有困难的游客提供帮助。

南湖（唐山世园会）将进一步以游客的名义，针对景区服务倾听游客的建议，让游客参与景区管理，支持景区发展，共同将景区打造成为"城市会客厅"和城市中央旅游胜地。

资料来源： 环渤海闻网，http://tangshan.huanbohainews.com.cn/system/2017/04/24/011742930.shtml。

思考： 本案例中提到的景区交通服务发挥了哪些作用？

知识准备

一、景区交通服务的概念

景区交通服务，是景区借助交通设施为游客在景区内实现空间位移以及满足游客在位移过程中的享受而提供的服务，具体是指道路、工具、站点、引导等方面的服务。

二、景区交通服务设施的构成

景区交通服务设施的完善程度不仅影响旅游者的决策和体验，也会影响景区的发展。景区交通服务设施的构成有很多，主要有以下几种。

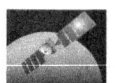

1. 景区交通道路

景区交通道路是指供游人游览同时兼顾景区内外生产、安全、消防等运输作用的道路，是景区规划设计的核心内容之一。

2. 景区交通工具

景区交通工具是由自行车、畜力交通工具、机动车（包括公共汽车、小汽车、景区管理部门车辆、旅游观光车辆、少数物资运输车辆等）组成的，而公共汽车、小汽车为景区交通的主要构成。

3. 景区交通标志

景区交通标志包含常规交通标志、景区特定交通标志等。景区特定交通标志传递了特定的交通信息，便于景区交通管理，保证交通畅通与游览安全。

4. 景区交通站点

景区交通站点是指景区内各种交通运输的起点、途中换乘站和终点，以及停车场，也是游客的集散地。交通站点为游客在景区内游览提供便捷、及时、舒适的交通服务，而且车站、港口、渡口、码头等可以设计与环境相协调的特殊建筑外观，提供高科技、高水平的服务设施，营造幽雅环境，这些都可以成为吸引人们前来参观游览的因素。

三、景区交通服务的作用

1. 指导作用

景区交通服务以指导景区交通服务运作为目标，为旅游者提供及时的旅游交通信息，使旅游者在选择景区和交通方式时做出恰当的选择，同时为景区交通服务提供切实可行的服务标准和规范，提升景区交通服务质量。

2. 调控作用

景区交通服务以交通服务为纽带，调动景区的各方力量，调节景区交通服务结构，控制景区交通服务水平，使旅游需求和景区服务在供需上达到平衡。优质的景区交通服务可以使景区能够满足旅游者"进得来、散得开、出得去"的要求，提高景区资源的利用率，提升景区的交通服务水准，使景区各项交通服务形成良性互动，进而提高景区的综合效益。

3. 评价监督作用

景区交通服务水平的提高不仅依赖于相关部门及法规政策的指导，更有赖于景区管理部门的评价与监督。有序的景区交通服务有限规范景区交通服务供给者的各项行为，并通过评比形成良好的激励机制，维护景区交通服务秩序，提高处理交通问题的能力和水平，塑造景区优质的交通服务形象。

四、景区交通服务的要求

1. 安全至上

安全性是游客最关注的出游要素。游客出门旅游是为了获得非惯常环境下的体验和享受，而不希望发生任何意外。因此，游客往往会充分考虑景区交通的安全性，如道路的安全程度、交通工具的安全程度，以及途径区域的安全程度等。

2. 高效便捷

高效便捷是指景区交通项目建成后使用频率高，通行效果好。

3. 舒适有趣

交通本身具有体验性的特征，游客在交通方面较一般的旅行者更注重交通过程的舒适性和趣味性。因此，在进行景区交通项目设计时，要充分考虑交通道路、交通工具的形式和等级，以及交通服务质量标准等方面的舒适性和趣味性要求，使之更加符合游客的需要。

4. 兼顾游憩

在规划景区交通时，除了要突出其传统的交通运输功能外，还要兼顾游客的游憩需求。

5. 突出特色

景区交通规划与设计要突出景区自身的个性和特色，充分考虑景区的自然和人文环境特征，宜采用本地特有的材质建设道路，选用本地特有的交通工具，按照本地特有的社会文化风情设计沿线景观，使交通与景区个性文化融为一体。

任务执行

1. 任务发布

分析景区交通服务的构成、作用及要求。

2. 任务分析

通过调查周边 1~2 个景区，分析景区交通服务的构成、作用及要求。

3. 任务实施

（1）调查景区的交通服务情况。
（2）分析景区交通服务的构成、作用及要求，并形成任务成果书（见表 7-1）。

表 7-1 景区交通服务的构成、作用及要求任务成果书

任 务	分析景区交通服务的构成、作用及要求
任务性质	小组任务
成果名称	景区交通服务的构成、作用及要求
成果要求	（1）阶段成果：调查周边一个景区 （2）最终成果：景区交通服务的构成、作用及要求
成果形式	一览表（将景区交通服务的构成和作用制作成表格）

任务二　设计开发景区游览路线书

导引案例

赏湖景山色　北京雁栖湖夜游重新开航

4万盏灯将雁栖湖周边12座山峰点亮。20日晚，雁栖湖夜航正式重新启动，约30分钟的航程，游客可在游船上与家人、朋友共同欣赏雁栖湖的湖景山色，欣赏APEC峰会、"一带一路"峰会会址绚丽的夜景。

雁栖湖夜晚景观独具魅力，乘坐游船夜晚游览，别有一番风韵。借"一带一路"峰会的东风，雁栖湖成功完成全球最大的灯光山水秀——雁栖湖山水夜景照明工程。雁栖湖山水夜景照明是文化创意与照明设计创新的力作，它充分借鉴了国画的染、皴、勾等绘画手法，总体表现出"大山大水，水墨画卷"的效果。

雁栖湖水上夜航游览线路，是怀柔景区的第一次夜游项目尝试。30分钟的航程中，游客可近距离欣赏雁栖湖国际会议中心、贵宾别墅、雁栖酒店、雁栖塔和日出东方酒店等建筑，感受到APEC峰会及"一带一路"峰会召开时的盛况。

如果说白天的雁栖湖是一幅江南水乡永恒的画面，那么夜晚的雁栖湖绝对是美轮美奂的天堂。

2017年雁栖湖景区以"激情盛夏、干杯雁栖湖"为主题，举办第二届啤酒文化季，打造出美食美酒体验区、水幕激光秀欣赏区、啤酒文化展示区、儿童游玩区、激情演艺区五大主题功能区。

资料来源：人民网，http://travel.people.com.cn/n1/2017/0522/c41570-29290104.html（有删减）

思考：在本案例中，雁栖湖水上夜航游览路线设计对景区发展有哪些影响？

知识准备

景区游览路线，是在景区特定的地域空间上为方便游客观赏行为而设计的行动路线。科学合理的游览路线设计是景区吸引游客前来参观的重要条件，应从景区资源设计合理安排的角度出发，突出景区特色。

一、景区游览路线的功能

1. 分割和连接景点、服务点

景点和服务点是分散布局的，各点之间存在一定的空间范围和距离。游览路线既能分割景区空间、区分旅游功能，又能够将不同的景点与服务点连接起来，形成一个有机整体。

2. 引导游览过程

游览路线是显而易见的实物，并且路旁多有标志和指示牌，游客借此到达想去之处。此外，游览的过程会经历开始、展开、高潮、结束等不同阶段，游览路线能够将这些不同的阶段进行有机组合，引导一个完美的情景交融的游览体验过程。

3. 限定游客与景物的距离

景区的有些景区需要保护，不能近距离接触，还有一些景物要间隔适当距离观赏才有最佳效果，游览路线可以限定游客与景物间的距离，以达到最佳体验。

4. 构成景区吸引物

游览路线随景区自然地形布设，因地制宜，与景区自然风光和谐相融，构成景区吸引力的一部分。

二、景区游览路线规划设计的原则

1. 连接相通原则

景区游览线路设计的首要任务是保证景区内各项旅游活动顺畅进行。景区内所有景点和服务点都应有便捷顺畅的道路能够抵达，大型景区还应配置对应的交通工具。各区域的游览路线自成体系，各区域之间要保持最大的连接相通。

2. 安全便捷原则

旅游安全是景区管理工作的重要方面，其中交通道路和设施是安全事故易发之地。在设计游览线路时必须考虑游客在区内活动的安全便捷的需要，要在正确预测景区高峰游客流量的前提下，科学设计游路的长短宽窄，布设多种交通方式，以确保游客能够"进得来，散得开，出得去"，在道路易发生掉落、滚石等危险处安装防护栏杆和安全警示牌，保证游客在景区内活动安全。

3. 主题突出原则

景区游览路线规划设计，要突出景区主题，以游客驻足观景为依据，为游客提供最佳的位置和视角，使旅游路本身具有观赏性。

4. 协调整齐原则

景区游览路线设计要与景观环境相协调，可进入性良好，维护景观质量，保留沿线及视域范围内自然与人文景观的原始风貌，做到道路、设施与景观协调整齐。

三、景区交通线路规划的层次

1. 硬质游线规划

硬质游线是指由水泥、木材、土地、景区交通工具组成的内部道路系统。硬质游线规划包括景区道路系统的规划和景区交通工具的规划。景区道路系统的规划在基础设施规划中综合统筹考虑，景区交通工具规划设计时要融入特色和个性，如果能有当地的文化紧密联系则更佳。

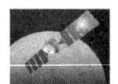

2. 软质游线规划

软质游线规划是对游客游览过程中的视线设计与规划。景区的交通项目规划，必须使硬质游线与软质游线相互配合才能产生较为理想的效果。软质游线设计就是通过实现的引导和设计为游客提供视觉享受，增添旅游过程的乐趣。软质游线设计要与景区的景观设计紧密结合，通过构景元素的合理应用，达到科学组合游客动线和视线的目的。

四、景区游览路线规划设计

1. 处理好游赏空间和过渡空间的关系

游览路线是连接旅游点的纽带，一般由两部分组成：游赏空间和过渡空间。过渡空间应保持一定的长度，如长度过长，则易导致游客产生疲劳和单调的感觉；如长度太短，又起不到良好的空间转换作用。如果两个游赏空间之间的距离太长，这时可以在过渡空间采取配置各种园林等方式来弥补游览线上的情景空缺。

2. 给游客带来最大信息量

景区内各景点的风格不尽一致，游览路线的组织，就应该尽可能地穿越不同的景观界面，同时也要尽可能地把景区内最具风景特征的景点连接起来，使游客空间观赏信息感受量最强、最大、构成系列，烘托游览路线的总体特色。

3. 景物欣赏应有层次感和变化感

游览路线上，反映主题的景物，要安排多处观景点，从不同角度、不同高度、不同层次重复加强。同时，对于具有个性的景点，也要有机组合，体现游览路线的变化和层次。

4. 富有节奏和韵律，动静皆宜

游览路线的组织，既要避免平铺直叙，又要避免精华景点过于集中，让游客眼花缭乱。景点安排要体现游览过程的入景、展开、高潮、尾声段落。

5. 减弱游线对环境的干扰

在进行游览路线设计时，要考虑将来步道建设及游客对资源环境的影响。例如，游线可以考虑避开一些环境敏感地带，交通引导标志要明白无误地传递路线信息等。

任务执行

1. 任务发布

了解当地某个景区的游览路线，针对不同的游客设计个性化游览路线。

2. 任务分析

通过分析导引案例，再调查周边的景区，了解当地某个景区的游览路线，针对不同的游客设计个性化游览路线。

3. 任务实施

（1）调查周边一个景区的游览路线。

（2）了解当地某个景区的游览路线，针对不同的游客设计个性化游览路线，并形成任务成果书（见表 7-2）。

表 7-2　景区个性化游览路线任务成果书

任务	归纳总结景区游览路线
任务性质	小组任务
成果名称	景区个性化游览路线
成果要求	（1）阶段成果：调查周边一个景区的游览路线 （2）最终成果：个性化游览路线
成果形式	一份针对不同游客的个性化游览路线方案

任务三　景区交通运转

导引案例

往昔堵车揪心，如今省事舒心　记者体验韶山景区交通换乘

停车场停车、游客中心换票、换乘旅游环保车、5 分钟到毛泽东广场站，下车步行不到 10 分钟，即到毛泽东同志故居参观游览。9 月 25 日，是韶山景区交通换乘管理试运行半年的日子，记者体验了一次省力省心的换乘管理。

实施景区交通换乘是国内 5A 景区服务质量和环境质量评定标准的明确要求。从 2016 年 3 月 25 日韶山核心景区交通换乘试运行以来，韶山景区共发放车票 289 万张，运输游客 289 万人，日均接待 16 052 人，共换乘游客自驾车辆 60.1 万辆次，景区交通畅通快捷，换乘效果明显。

通过实施换乘，进入景区车辆大幅减少，原来景区内人车混合混乱、喇叭乱响、车辆拥堵的"一锅粥"现象不见了，秩序井然，环境整洁。"换乘后，整个景区管理也将更规范、更到位，有利于景区旅游资源保护。"韶山市旅游局负责人说，韶山将以换乘为契机，对核心景区进行集约化管理，对旅游资源进行合理规划和保护，还将在核心景区外科学规划和建设集中规范的商业服务设施。景区内商业色彩将逐步淡化，景区历史原貌将得到恢复和保护。

资料来源：凤凰网资讯，http://news.ifeng.com/a/20160927/50030911_0.shtml（有删减）。

思考：（1）本案例中韶山景区在交通运转方面做了哪些工作？

（2）景区在交通运转方面采取的措施给景区带来了哪些影响？

知识准备

景区交通运转，是指景区通过采取有效的管理方式、方法和手段进行交通组织调度，保证游客通行道路桥梁、消费交通旅游产品等活动安全、顺利地进行。

一、景区交通运转计划

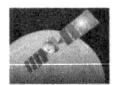

景区交通运转计划，是指在景区总体管理方针指导下，根据景区客源调查所收集的游客对景区旅游产品消费的需求及景区现有交通状况而编制的交通工具运量、运力、班次运营计划。景区通过制订和执行交通运转计划，保证区内游览活动顺利进行。

1. 景区客源调查

景区客源调查，是指运用科学的方法和手段，在收集、分析和研究有关旅游客源信息的基础上，得出调查结论和写出调查报告，并以此作为制订旅游运营计划和做出旅游运营决策的依据。

2. 制订科学合理的运量、运力、班次计划

景区交通运量计划，是指景区对不同交通工具一定时期运送游客数量和完成游客周转量所做的安排。可采取一定的预测方法先确定各个始发站和中途停靠站的客运量，再汇总计算出整个景区的计划客运量数值。

景区交通运力，是指景区交通工具运送游客的能力。运力计划，是实现客运量计划的保证，也是整个交通运转计划的重要组成部分。它主要是通过对景区内交通的数量、座位、种类进行规划和安排，从而使现有运力得到合理、充分的利用，保证广大游客对交通旅游产品消费的需求。

运行班次计划，是指在客源调查的基础上，根据运行区域内各条线路，以及线路上各个区域客流量、流向、流时数基本规律，确定运转线路、运行班次、停靠站，并编制运行班次时刻表。

运量、运力、班次计划制订后，景区要在日常运转过程中实施有效的调度和指挥，综合平衡，全面安排，保证交通运转活动有条不紊地进行。

二、景区交通运转意义

1. 缓解交通压力

做好景区交通运转工作，通过售票使交通工具的座位得到合理、充分的利用和控制；通过对交通工具的乘坐进行查验和引导，保证交通工具的承载安全。旅游高峰时段对游客车辆进行分流引导停放，景区环保车同步接驳，方便游客乘坐环保车进入景区。环保车错峰停靠，实现对游客有效组织和引导，景点超负荷接待、人员过度拥挤的问题得到有效缓解。

2. 净化景区环境

做好交通运转工作，减少汽车尾气排放，景区生态环境得到进一步保护。改善了生态环境，改善了景区内居民居住环境，也优化了旅游环境。例如，很多景区摆摊设点、围追兜售、喊客拉客等不文明行为时有发生，现在通过合理的交通运转，景区在各交通运输站点设置统一的商铺，方便游客游、购、娱。

3. 提升游客体验

做好景区交通运转，是为了服务好每位游客，让他们高兴而来，满意而归。通过对道路、桥梁入口处进行人数控制，保证游客在道路、桥梁上以合理流量安全通行，增强服务游客能力。此外，通过交通道路和交通工具旅游产品的设计，打造新的消费亮点，为游客提供更优质、周到的服务。

三、景区交通运转服务管理

景区交通运转服务管理的主要内容，一是提高景区服务质量，为广大游客提供主动、热情、礼貌、周到的服务，以取得最佳的社会效益；二是树立良好的形象，提高运转效率，吸引更多的游客，以实现最佳的经济效益。

1. 各站点的服务管理

各站点是游客在景区活动过程中的集散地，要布局合理，创造清洁舒适的休息环境，帮助游客解决旅途中的疑难问题。

2. 交通工具的服务管理

首先，要保证交通工具乘坐的安全。交通工具的安全服务管理，要贯彻"预防为主"的方针，杜绝交通事故的隐患。一方面，要加强对司乘人员的安全教育，司机手中的方向盘，直接决定旅客安全。交通安全法规要"上墙"，更要"走心"。司乘人员要不折不扣地执行各种安全规章制度，保证交通工具安全运行；另一方面要通过多种渠道向游客宣传安全常识，提高游客在特殊情况下的自我保护能力。

其次，要维护交通工具乘坐的秩序，避免在上下交通工具时发生拥挤、踩踏或超载事件。

最后，使用清洁能源交通工具，并保证整洁、卫生。

任务执行

1. 任务发布
了解当地某个景区的交通运转情况。

2. 任务分析
通过分析导引案例，再调查周边的景区，了解当地某个景区的交通运转情况。

3. 任务实施
（1）调查周边一个景区的交通运转情况。
（2）归纳景区的交通运转情况，并形成任务成果书（见表7-3）。

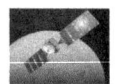

表 7-3 景区交通运转情况任务成果书

任务	归纳总结景区交通运转情况
任务性质	小组任务
成果名称	景区交通运转情况
成果要求	（1）阶段成果：调查周边一个景区的交通运转情况 （2）最终成果：景区的交通运转情况归纳总结
成果形式	一份关于景区交通运转情况的调查小结

项目小结

景区交通服务，是景区借助交通设施为游客在景区内实现空间位移，以及满足游客在位移过程中的享受而提供的服务，具体是指道路、工具、站点、引导等方面的服务。

景区交通线路设计应当遵循连接相通、安全便捷、主题突出、协调整齐的原则，处理好游赏空间和过渡空间的关系，给游客带来最大信息量。景物欣赏应有层次感和变化感，设计富有节奏和韵律，动静皆宜，同时减弱游线对环境的干扰，便于游客在景区中的游览和体验。

景区交通运转关系到游客在景区的体验满意度，景区要采取有效的管理方式、方法和手段进行组织调度，保证游客通行、游览等活动安全、顺利地进行。景区交通运转可以缓解交通压力、净化景区环境、提升游客体验。

景区交通运转服务管理包括各站点的服务管理和交通工具的服务管理。

同步练习

一、名词解释

1. 景区交通服务
2. 景区游览路线

二、填空题

1. 景区交通服务的设施主要包括有_____、_____、_____和_____等。
2. 景区交通线路规划的层次主要有_____、_____两类。
3. 景区交通运转计划，是指在景区总体管理方针指导下，根据_____所收集的游客对景区旅游产品消费的需求及景区现有交通状况而编制的_____。

三、选择题

1. 景区交通服务的作用有（　　）。
   A．指导作用　　　　B．调控作用　　　　C．评价监督作用　　　　D．协调作用
2. 景区交通规划设计的要求有（　　）。

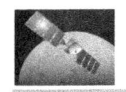

A. 安全至上　　　　　B. 高效快捷　　　　　C. 舒适有趣　　　　　D. 兼顾游憩
E. 突出特色
3. 景区游览路线规划设计的原则有（　　）。
A. 连接相通　　　　　B. 安全便捷　　　　　C. 主题突出　　　　　D. 协调整齐
4. 景区交通运转的意义有（　　）。
A. 增加游客人数　　　B. 缓解交通压力　　　C. 净化景区环境　　　D. 提升游客体验

四、判断题（正确的打"√"，错误的打"×"）

1. 景区交通服务设施的完善程度仅仅影响旅游者的决策和体验。（　　）
2. 安全性是游客最关注的出游因素，因此，游客往往会充分考虑景区的安全性。（　　）
3. 游览路线既能分割景区空间、区分旅游功能，又能将不同的景点与服务点连接起来，形成一个有机的整体。（　　）

五、简答题

1. 景区游览路线规划设计的步骤有哪些？
2. 景区交通运转服务管理有哪些方面的内容？

阅读材料

人在旅途 安全为先

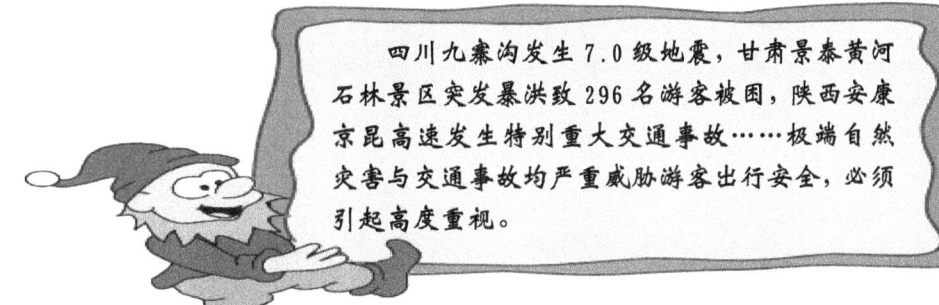

四川九寨沟发生7.0级地震，甘肃景泰黄河石林景区突发暴洪致296名游客被困，陕西安康京昆高速发生特别重大交通事故……极端自然灾害与交通事故均严重威胁游客出行安全，必须引起高度重视。

司乘人员是保障旅客安全的重点环节。司机手中的方向盘，直接决定旅客安全。心存侥幸、有禁不止，往往是引发安全事故的祸根。交通安全法规要"上墙"，更要"走心"。司乘人员要不折不扣地执行各种安全规章制度，不应以任何理由超载、超速、疲劳驾驶。相关管理部门应严查司乘人员落实安全规章的情况，对违法违规者从重处罚。

针对近期极端自然灾害多发的情况，各级政府部门应着力提升应急能力。相关部门需进一步完善应急预案、组织应急演练；气象、地震部门要加强预警和监测，密切防范各类灾害；灾害发生后应秉持"救援为主，疏散为重"的理念对游客进行救援、疏散，最大限度减少人员伤亡。

珍爱生命，从我做起，这是保障个人安全的重点。广大游客要增强安全观念、树立风险

意识，严格遵守各类规章制度；发现违规司乘人员和各类安全隐患，要敢于说"不"，勇于举报，切实维护自身权益。

安全只有起点，没有终点。只有全社会齐心合力，"人人保安全，个个讲规矩"，方能筑牢安全之堤，铺就平安旅途。

资料来源：人民网——旅游频道。

项目八
景区商业服务

知识目标
1. 了解商业服务的要求。
2. 掌握娱乐服务、购物服务、餐饮服务、景区客房服务的内容。

能力目标
1. 能掌握景区购物行为的特点和购物服务程序。
2. 能提供景区的各项商业服务。

任务一　景区娱乐服务

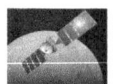

导引案例

2017年2月3日14时20分左右，丰都县朝华公园内一女性市民在乘坐游乐设施"遨游太空"时发生意外被甩出，送医院抢救无效死亡。

经专家现场勘验，事故原因查明：因该游乐场相关人员未按规范操作，乘坐者就座后，压肩护胸安全压杠未推到位，没有压实，安全带未系紧，在设备运转中造成乘坐者在离心力作用下，从压肩护胸安全压杠下滑出、拉断安全带甩落导致游客甩出死亡。

思考：景区娱乐活动应该如何保证游客安全？

知识准备

一、景区娱乐服务概述

1. 景区娱乐服务的概念

景区娱乐服务，是指景区通过一定的活动设施和工作人员向游客提供的表演欣赏和参与性活动，使游客获得视觉及心理愉悦，通常表现为非物质形态的旅游体验。景区娱乐活动涉及体育、文艺、保健等领域。景区娱乐范围越来越广，许多体力劳动也可以成为景区的娱乐项目，如在农家乐中，游客亲手采摘农家果蔬等。

2. 景区娱乐服务的内容

景区娱乐服务内容纷繁复杂，一般按照三种分类方法来划分。

（1）按照其产生的时间和主题划分。从娱乐活动产生的时间和主题来看，景区娱乐服务可以分为传统娱乐活动和现代娱乐活动两大类。

例如，彝族的"火把节"、傣族的"泼水节"、蒙古族的"那达慕"等传统节庆娱乐活动至今有上百年的历史，是民族文化的积淀。而哈尔滨的"冰雪节"、青岛"啤酒节"等现代的娱乐活动也常办常新，非常吸引旅游者的目光。

（2）按照活动的规模划分。按照活动规模可划分为小型常规娱乐和大型主题娱乐。

小型常规娱乐，是指景区长期提供的娱乐设施和活动。由于其规模较小，占用的员工也少，游客每次得到的娱乐时间不长。这种娱乐项目又可以分为三类：表演演示类、游戏游艺类和参与健身类。

大型主题娱乐，是指景区经过精心策划组织、动用大量设备和员工推出的大型娱乐活动，常常能吸引大批游客前来一睹为快，如杭州宋城的大型歌舞秀"宋城千古情"，以神话传说为基点，融合世界歌舞、杂技，运用现代高科技手段营造如梦似幻的意境，给人强烈的视觉冲击。

（3）按照场地划分。按照场地划分，可分为舞台类、广场类、村寨类、街头类、流动类

和特有类。

舞台类是利用舞台展示景区特有的文化内涵和民族风情，丰富游客的旅游体验。目前一些景区大型的实景演出不断涌现，如大型桂林山水实景演出"印象刘三姐"。

广场类是景区最早采用的娱乐形式，以中小规模为主，由游客参与的娱乐活动，如篝火晚会等。

村寨类主要是为了保持传统民族文化，少数民族地区建立以民族村寨为特色的景区，景区提供的民族娱乐活动让游客体验到传统的民族风情。

街头类主要源于过去或新兴的街头娱乐项目，如捏面人、套圈、剪纸、射击等。

流动类没有具体的地点，表演时间短，如马戏团、杂技等。

特有类主要是景区为适用现代人的娱乐需求而推出的新型娱乐活动，如蹦极、攀岩等。

二、景区娱乐服务的基本要求

1. 保证游客的人身和财务安全

（1）营业场所的环境应干净整齐，客用设备及用具必须定期清洗消毒。

（2）要强调游客注意人身和财物安全，制定具体的保护措施，例如对游客的物品寄存设立寄存处或保险箱，并且规范寄存管理制度。

（3）每天接待游客前应对机械类设施进行测量和检查。服务人员在服务过程中要不厌其烦地向客人讲解设备正确的操作方法，为游客进行必要的安全装置检查及必要的运动保护。某些娱乐项目对游客的健康有要求的，应在该项目活动入门处以"警告"方式予以公告。

2. 做好各项娱乐项目的配套服务

服务人员应耐心、细致地为游客提供相应的配套服务和帮助。例如，观看四维电影时提供专用眼镜，打保龄球时提供专用鞋袜等。

3. 培养服务人员的服务意识

服务人员应具备良好的职业道德、文明素质、娴熟的技能和良好的心理素质，为游客提供热情、周到的服务，满足游客的需求，为游客提供美好的体验。

4. 提供清洁、卫生的娱乐环境

服务人员应该保持娱乐项目所在地的清洁、卫生，时刻保持场所干净，给游客提供一个好的体验。

三、景区娱乐服务的原则

1. 休闲性

社会生活的快节奏使人们的身心压力巨大，人们通过外出旅游来追求内心的放松，因此，景区在设计娱乐项目时要营造一个轻松愉快的氛围。

2. 新颖性

随着社会的发展，旅游已经变成人们最爱的休闲活动之一，旅游者在不断追寻令自己感到新奇的东西，人们的视野逐渐开阔，景区只有不断推陈出新，才能使游客们常玩常新，进而延长景区的生命周期。

3. 刺激性

刺激的娱乐项目是年轻人最喜欢参加的活动，人们从惊心动魄的娱乐活动中挑战极限，追寻刺激。景区这一类的娱乐项目很受追捧，如蹦极、直上云霄和过山车等。

4. 时代性

景区娱乐服务要顺应时代的发展，已经老旧的娱乐项目要及时淘汰，推出当今人们期待的新型娱乐项目，如满足现代人的探奇心理而开设探险类娱乐项目、穿越时空娱乐项目，营造真实可感的氛围，使游客获得激发能量的体验空间。

四、景区娱乐服务的注意事项

景区娱乐活动给景区带来丰厚的经济收益，但也带来许多隐患。这些隐患如果不引起重视，会严重威胁景区的可持续性发展。因此，景区在提供娱乐活动的同时也要防患于未然，将娱乐活动的隐患降到最低。

1. 减少负面影响

景区提供娱乐服务的同时，会带给景区一些负面影响，如街头类娱乐项目捏面人、射击、转糖等活动，在吸引游客体验的同时，也会制造许多垃圾，如果不及时处理垃圾，会给景区内的环境造成极大污染。因此，景区在提供娱乐服务的同时要尽量使用对环境无污染的用具，在景区内加强垃圾桶的安放，增加清洁人员，也可通过张贴保护环境温馨提示牌、广播播放等方式加强对旅游者的教育。

2. 做好善后工作

娱乐活动能够给旅游者带来美好体验，但是也有可能存在不同程度的风险。因此，景区工作人员要积极做好善后工作，使得娱乐项目在为游客带来欢愉体验时不要留下遗憾。

任务执行

1. 任务发布

总结景区娱乐服务的基本要求。

2. 任务分析

对武汉市某景区娱乐服务进行深入调查分析，注意在娱乐服务的过程中的质量标准控制。

3. 任务实施

（1）结合景区实际情况，总结景区娱乐服务的基本要求。

（2）结合景区实际情况，总结景区娱乐服务的基本要求，并形成任务成果书（见表8-1）。

表 8-1　景区娱乐服务的基本要求及注意事项任务成果书

任务	总结景区娱乐服务的基本要求、注意事项
任务性质	小组任务
成果名称	景区娱乐服务的基本要求及注意事项
成果要求	（1）阶段成果：调查周边一个景区的娱乐服务质量 （2）最终成果：景区娱乐服务的基本要求的归纳总结
成果形式	调查小结（格式规范，不少于 600 字）

任务二　景区购物服务

导引案例

一位旅客到达北京，在参观某景点时，对所在景区购物店的服务员说："我是第一次来北京，明天想到某某地方办事，我想买一张地图？"服务员说："好的。请您稍等一下，我马上拿给您。"过了一会儿，服务员拿来一张地图，微笑着说："北京的交通线路比较复杂，我给您说说比较方便的行走路线，好吗？"旅客当然求之不得。于是，服务员将地图摊放在茶几上，先用铅笔标出酒店所在的位置，再标出客人想去的位置，然后告诉他，哪几路公交车可以到达，并且建议他走一条比较远的路，因为近路红灯多、塞车多，远路比较通畅，用时反而较少。第二天，这位旅客按照服务员指点的路线坐车，非常顺利。办完事后，他有意从另一条路返回，果然一路红灯不断，多花了将近1小时。要是去的时候走这条路，对办事多少会有影响。他由衷地感到服务员"用心"的服务，心里充满了感激！

思考：为什么游客会对景区购物店的服务员充满感激？

知识准备

一、景区购物服务概述

旅游购物是指游客在旅游目的地或在旅游过程中购买商品的活动，以及在此过程中附带产生的参观、游览、品尝、餐饮等一切行为。旅游购物不是单纯的购买商品的行为，还包括旅游中一切与购物相关的行为总和。

二、景区购物服务与管理

1. 景区购物行为特点

（1）旅游购物行为的随意性。旅游购物为非基本消费，旅游者通常不会事先设立固定的购物计划，即使有事先的购物意向和计划，如果景区供应的商品缺乏特色，与旅游者的期望

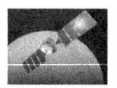

值差距很大，旅游者也不会购买。相反，旅游者在没有固定购物计划也没有既定购物意向的情况下，当遇到旅游商品特色鲜明且购物环境舒适时，旅游者也会因此产生购买行为，说明旅游者的购物行为具有一定的随意性。景区的购物服务工作人员应善于把握和利用这一机会，积极引导旅游者购物。

（2）旅游购物的仓促性。由于旅游时间较短，受旅游活动安排的限制和旅游活动动态性的影响，一般旅游者来不及也无法对产品仔细鉴别，同时旅游者相对缺乏对该产品的专业知识，因此，旅游购物具有仓促性。

（3）旅游购物的从众性。旅游者大多数是结伴而行，往往团队中少数人购买旅游商品的行为，就会调动他人的购买欲望，引发集体购物行为，这就是所谓的从众性。

2. 景区购物服务程序

（1）服务前：

① 营造景区良好的购物环境。

② 合理布局旅游购物网店。

③ 科学规划购物建筑及周边环境。

④ 有效安排旅游购物商店内部环境。

⑤ 严格选售景区购物商品。

（2）服务中：

① 给客人提供热情细致的服务。

② 准确推荐商品。

③ 帮助游客决策。

（3）服务后：

① 完善旅游购物售后服务。

② 旅游购物商店应提供售后服务。

③ 景区主管部门要及时处理顾客的售后问题。

3. 景区购物服务技巧

（1）善于接触客人。掌握好接触客人的时机，注意讲好第一句话的艺术。当客人走进商店时，服务人员要精神饱满，做好服务准备，寻找接触客人的最佳时机。

（2）及时展示商品。接待客人时服务人员要热情、主动地向客人展示商品，使客人通过接触商品，对商品产生信任感，最后做出购买决策。

（3）介绍商品，促进信任。侧重介绍商品的成分、性能。对有特殊效能商品的介绍，应从其成分、结构讲起，再转到其效能。例如，介绍无锡宜兴的紫砂壶，侧重介绍其成分和性能。

侧重介绍商品的造型、花色、式样。工艺品、玻璃器皿、丝绸等商品，往往造型别致、别具风格，在介绍这些商品时宜侧重介绍其风格特点、艺术价值。

侧重介绍商品的质量特点。对一些高档商品，服务人员要抓住构成商品质量的主要因素、商品质量的标准等给予积极引导。

侧重介绍名牌商品的特点。对享有盛誉的名牌品牌，应该对其传统文化和底蕴加以说明。

例如，醴陵的瓷器、湖南的湘绣、贵州的茅台，都是享誉世界的名牌产品。服务人员应就这些产品的产地、历史、工艺等进行介绍。

侧重介绍商品的独特风格及风味。有些商品具有独特的风格，有些商品具有独特的性能，有些商品具有独特的风味。在介绍时，要侧重介绍这些商品独特的风格、性能或风味，以引起客人的兴趣，促使客人购买。

侧重介绍商品的用途。旅游者购买商品的目的是使用，因此，服务人员应对商品的用途向客人进行介绍。介绍时要注意措辞得当，有的放矢地诱导客人，切忌强行推销商品。

介绍商品的相关知识。为了增加客人的信任，促使客人购买，服务人员在介绍商品时还应介绍商品的使用、辨别等相关知识。商品使用方法是否得当，直接影响商品的使用效果及使用寿命，因此，服务人员在向客人推销商品时，还应向客人介绍商品的正确使用方法。同时要介绍商品的真伪辨别方法，服务人员要向客人介绍如何辨别商品真假或等级，增强客人的信任。例如，在海南买珍珠，一些购物店会把真假不同、级别不同的珍珠商品放在一起向客人展示并介绍如何辨别。

任务执行

1. 任务发布

模拟景区购物服务程序，掌握购物服务程序的服务标准和服务技巧。

2. 任务分析

调查周边景区购物服务的现状，通过模拟景区购物服务全过程，总结出景区购物服务程序的服务标准和服务技巧。

3. 任务实施

（1）调查周边景区购物服务的现状。
（2）模拟景区购物服务全过程。
（3）归纳景区购物服务程序的服务标准和服务技巧，并形成任务成果书（见表8-2）。

表8-2 景区购物服务程序的服务标准和服务技巧任务成果书

任务	模拟景区购物服务程序
任务性质	小组任务
成果名称	景区购物服务程序的服务标准和服务技巧
成果要求	（1）阶段成果：调查周边一个景区购物服务的现状 （2）最终成果：归纳景区购物服务程序的服务标准和服务技巧
成果形式	调查小结（格式规范，不少于600字）

任务三　景区食宿服务

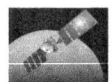

导引案例

旅游点住宿条件太差　旅行社遭投诉

2013年10月，福州市某旅行社组织了一个庐山四日游的旅游团，共由35名游客组成。该旅行社与游客协商一致后订立了旅游合同，约定每人旅游费用1 800元。团队往返乘坐硬卧火车，住宿标准为二星级饭店，餐饮标准是四菜一汤，不含酒水，安排游览庐山等6个景点。该旅行团到达目的地后，在导游的带领下抵达饭店，导游称下榻的是评上二星很多年的一家老饭店，希望游客放心入住。但其中有5位客人认为该饭店设施老化、服务有限，不符合二星级饭店的标准，拒绝入住，要求更换饭店。导游和旅行社经理联系后向游客解释说正值庐山旅游旺季饭店紧张，他们已尽全力才订到房间，希望客人谅解并愿意对饭店未达到服务质量标准的部分给予每人50元的补偿。但5名客人拒绝接受旅行社的意见，决定解除旅游合同，自行返回。

思考：客人为什么如此不满，坚决要求解除合同，自行返回？

知识准备

一、景区餐饮服务概述

餐饮服务是满足旅游者旅游需求的最根本要求，是景区服务的重要组成部分，是旅游活动得以进行的必要手段。餐饮服务的质量水平和风格特色在很大程度上反映了景区经营的总体质量水平和风格特色。

1. 景区餐饮服务的特点

（1）消费层次高。景区因客流量大及地理位置特殊，人均消费比一般餐饮店高。随着人民收入逐渐提高，游客对餐饮服务质量的要求会越来越高。

（2）经营方式灵活。景区餐饮服务的经营方式具有灵活性，主要有景区自助经营、承包经营、特许经营等多种经营方式。

（3）管理难度大。景区餐饮服务因其经营方式灵活，缺乏有效的管理制度，所以管理难度很大。景区的小餐饮店多数为夫妻店或家庭作坊，产品粗糙，环境卫生得不到保证，质量控制随意性强，从而使很多顾客望而却步。管理制度不健全就会造成管理混乱，食品加工、储存和运送食品的工具卫生得不到保障，会直接影响食品的新鲜度。如果食品的新鲜度差，极易造成食物中毒。餐饮业的管理制度急需加强，因为目前景区餐饮行业存在低值高价、偷工减料、以次充好的问题，这使游客消费时缺少安全感。

2. 景区餐饮服务的要求

（1）安全卫生。安全卫士是游客的基本要求，因此，景区的餐饮服务同其他餐饮服务业一样，要把食品安全工作放在首位。游客进入餐厅就会自觉或不自觉地观察和判断各方

面的卫士情况，一旦发现餐厅存在不清洁地方，食物烹制不卫生，服务人员不注意卫生、整洁，游客会非常反感。如果发生食物中毒，不仅会给客人带来痛苦，也会严重影响景区的声誉。

（2）服务效率。现代生活的快节奏使人们形成一种对时间的紧迫感，养成了快速的心理定式。当旅游者饥肠辘辘地来到餐厅用餐时，总是希望餐厅能够提供快速而有效的服务。否则，处于饥饿状态的人是容易发怒的。这就要求景区在提供餐饮服务时一定要保证做到：客人一进餐厅，服务员马上主动迎接并为客人安排座位，递上菜单让客人点菜；用餐过程中，服务人员要反应迅速，时刻关注客人的需求；用餐结束后，账单及时送到客人手上。

（3）价格合理。一般来说，游客都希望以合理的费用得到相应满意的饮食和服务，能获得"物有所值"或"物超所值"的效果，特别是许多经济型的游客，由于受消费能力的限制，在消费时非常注重产品或服务的价格，所以景区提供的餐饮服务应做到质价相符。

（4）服务周到。游客的需求是景区餐饮业存在的生命线，作为餐饮服务人员，在服务中要贯彻"宾客至上"的原则，满足客人用餐时求尊重的心理需求，时刻关心客人的需求，提供周到、及时的服务。

（5）特色鲜明。游客在旅游过程中对于"吃"已经不仅仅满足于填饱肚子了，更是为了获得一种特殊的体验，希望品尝到平时吃不到的东西。为了满足游客在餐饮方面这种求新、求奇、求异的需求，景区餐饮在做到卫生、可口的前提下，还要做到特色鲜明。

3. 景区餐饮服务的对策

（1）重视餐饮卫生安全。景区在为游客提供的餐饮服务中应把卫生安全工作放在首位。提供的食品原料要处于良好的卫生状态，没有腐败变质和污染；食品的加工和存放，要注意冷热、生熟、荤素分开，防止交叉污染；各种餐具要由专人洗涤保管，消毒彻底，摆放整齐，取用方便，保证餐具、酒具等光洁明亮，完好无损；保持餐厅地毯或地板整洁卫生，桌布、口布等棉织品洗涤彻底。

（2）营造舒适的就餐环境，完善就餐设备设施。景区内餐饮设施的规模和数量应与接待游客规模相适应。规模过小或数量过少无法满足大量游客的就餐要求，反之，规模过大或数量过多又会造成资源浪费；就餐环境应整洁优美，通风良好，空气清新，同时与提供的菜品服务相协调。可以增加就餐环境的文化内涵——从餐厅外在的有形店景文化到餐厅的功能布局、设计装饰、环境烘托、灯饰小品、挂件寓意都能体现文化主题和内涵。景区的餐饮服务要配备消毒设施，避免使用对环境造成污染的一次性餐具。

（3）制定合理餐饮价格。客人对酒店所付的价格要和酒店所提供的有形及无形的服务相吻合，要注重菜品的数量和质量，符合客人所支付的餐费。服务要做到使客人满意而归，永远把服务做在客人开口之前，使之没有受亏待或冷落的感觉。此外，为宾客提供完美的服务产品，即"色、香、味、形、质、器、名"俱佳的菜品，菜肴色泽鲜艳、香气扑鼻、口味纯正、造型别致、选料讲究、器具配套、取名耐人寻味，使人感到"物有所值"。

（4）提供良好的服务。餐厅的服务人员应根据就餐客人的特点，有针对性地提供热情、周到的服务。景区内的餐厅为游客提供的餐饮服务主要有两种方式：零点用餐服务和团队用餐服务。

零点用餐服务是针对散客用餐，随点随吃，吃完自行结账的服务方式。由于接待散客就餐，宾客人数多，构成复杂，客人的口味需求不同，到达时间不一样，所以要求服务人员在提供零点用餐服务时，主动、周到、反应灵敏，能够根据当天厨房的供应情况、菜式烹调的基本方法和客人的需求，向客人推荐合适的菜式，以最佳的服务适应和满足不同客人的不同需求。

团队用餐服务是针对团体客人就餐，按照每人每餐的用餐标准及要求提供膳食和服务。团队用餐由于用餐时间统一，人数集中，所以提供服务时，要注意集中人力做好餐前准备工作，尽力缩短客人的候餐时间，迅速上菜。另外，尽管团队餐的用餐标准统一、菜式品种也不多，但是也要注意科学合理的搭配，确保餐饮服务质量。

（5）积极开发特色餐饮。旅游业的发展已经进入了大众化时代，旅游者的需求已不再仅仅是满足其审美和愉悦的需求，而更多的是满足其追新求奇的愿望，为此，应有针对性地开发景区的餐饮产品。富有特色的餐饮产品能满足旅游者求新、求奇的心理需要，同时也是弘扬地方饮食文化和特色餐饮的需要。

二、景区客房服务概述

1. 景区客房服务的概念

景区的客房服务主要是指景区的住宿服务。它是指景区服务人员向游客提供的住宿设施和服务项目，以满足游客在景区内的住宿、休息等需求，同时也满足游客其他相关需求。

2. 景区客房服务的目的和意义

景区客房服务与景区的娱乐服务、餐饮服务等相互陪护，为游客在景区内的旅游活动提供了最基本保障，并使他们获得心理上的安全感。设施齐全、高质量的客房服务可以为客人带来美好体验，延长游客在景区内的停留时间，提高游客的满意度。

3. 景区客房服务的基本要求

（1）安全。安全是愉快感、舒适感和满足感的前提。安全是旅游当中最为重要的因素，安全不仅仅限于卫生方面，还包括防火、防盗和防人身意外伤害等。因此，景区的客房服务要把安全放在首位，完善安全措施，健全安全规章制度，专设安保人员，加强对全体员工的安全教育并及时对客人的安全做提醒等，以保障游客的住宿安全。

（2）清洁。客房清洁卫生是每位客人普遍的心理状态。清洁卫生是反应客房服务质量的一项重要内容，服务人员在整理房间时，要做好清洁卫生工作，做到客房内外清洁整齐，使客人产生信赖感、舒适感、安全感，让客人能够放心使用客房设施设备。

（3）亲切。客人入住酒店后，客房服务是必不可少的一部分。客人希望自己能够受到尊重和重视，能够看到服务人员真诚的微笑，听到服务人员真诚的话语，得到服务人员热情的服务，在入住期间能够体验到"宾至如归"的感觉。

服务人员亲切的服务态度，能够最大限度地消除客人的陌生感、距离感等不安情绪，缩短客人与服务人员之间情感上的距离，增进彼此的信赖感。

4. 景区客房服务的对策

（1）服务设施规格化。服务设施是提供优质服务的物质基础。景区要保证客房设施设备的性能良好、运行正常，方便客人的使用。而且客房设施设备的质量和档次要与景区的规模和等级相匹配。

（2）服务用品标准化。客房服务用品是直接提供给客人消耗的物品，如果服务用品配备不齐、质量低劣，客房服务就会大打折扣。所以客用物品必须按规格配备，及时补充，保证需要。

（3）软件服务规范化。培养员工的服务意识，服务意识是客房部员工应具备的基本素质之一，也是提高服务质量的根本保证。首先，应做好客房部员工岗前及岗位培训，让员工树立规范操作、自检自查的岗位责任感。其次，要树立为客人提供个性化服务的意识，为其提供相应的个性化服务，这样才能提高客人的满意度。最后，还要加强员工礼貌礼节的培训，客房员工在日常工作中的礼节礼貌代表着员工的精神状态和文明程度，也直接关系着服务质量和管理水平。

任务执行

1. 任务发布

总结景区餐饮、住宿服务的基本要求并制定出服务对策。

2. 任务分析

对景区的餐饮、住宿服务质量要求进行深入分析，制定出景区餐饮服务和住宿服务的服务对策。

3. 任务实施

（1）总结景区餐饮、住宿服务的基本要求。

（2）归纳景区餐饮服务和住宿服务的服务对策，并形成任务成果书（见表8-3）。

表 8-3　景区餐饮及住宿服务对策分析任务成果书

任务	总结景区餐饮、住宿服务的基本要求并制定出服务对策
任务性质	小组任务
成果名称	景区餐饮及住宿服务对策分析
成果要求	（1）阶段成果：调查周边一个景区的餐饮、住宿服务的状况 （2）最终成果：总结景区餐饮、住宿服务的基本要求及服务对策
成果形式	调查小结（格式规范，不少于 600 字）

项目小结

本章主要介绍了景区各项商业服务的概述、基本要求等。主要介绍了景区的娱乐服

务内容、要求、旅游者购物的行为特点、景区购物服务的程序及技巧；此外还介绍了景区餐饮服务的特点、要求及服务对策；最后还分析了客房服务的要求并提出来相应对策。

同步练习

一、名词解释

景区娱乐服务

二、填空题

1. 从娱乐活动产生的时间和主题来看，景区娱乐服务可以分为传统娱乐服务_____和_____。
2. 景区娱乐服务的原则有_____、_____、_____、_____。
3. 景区购物行为特点有_____、_____、_____。

三、选择题

1. 以下哪类属于按场地划分的景区娱乐服务（   ）。
   A. 广场类　　　　　B. 村寨类　　　　　C. 街头类　　　　　D. 花会队列类
2. 旅游者购物的行为特点包括（   ）。
   A. 随意性　　　　　B. 仓促性　　　　　C. 从众性　　　　　D. 科学性
3. 景区餐饮服务的特点有（   ）。
   A. 消费层次高　　　B. 经营方式灵活　　C. 管理难度大　　　D. 游客需求多
4. 景区客房服务的基本要求有（   ）。
   A. 安全　　　　　　B. 清洁　　　　　　C. 亲切　　　　　　D. 温暖

四、判断题（正确的打"√"，错误的打"×"）

1. 景区娱乐活动按照活动规模可划分为小型常规娱乐、中型常规娱乐和大型主题娱乐。（   ）
2. 为了增加客人的信任，促使客人购买，服务人员在介绍商品还应介绍商品的使用、辨别等相关知识。（   ）
3. 优质的服务和优秀的服务人员也可以成为景区的旅游吸引物。（   ）
4. 旅游功能是景区吸引力的主要体现，是景区价值基础。（   ）

五、简答题

1. 景区餐饮服务的要求是什么？
2. 景区客房服务的目的和意义是什么？

阅读材料

在万里之遥的毛里求斯吃中餐馆 五味杂陈

能在万里之遥的旅游胜地毛里求斯岛找到中餐馆，本是一件令人欣喜的事。可当记者回味用餐经历时，更多的只能用"迷惑""诧异"和"不适应"等字眼来形容。或许应该说，记者吃到的是一顿"毛里求斯式中餐"。

毛里求斯的中餐馆大多有十分古典和传统的中式门面：红墙黄瓦、狮子牌坊再加上几个汉字，让人一眼就能辨认出来。餐馆里供奉着财神、关二爷或福、禄、寿星，看上去，分明就是地地道道的中餐馆。然而，轮到点餐、吃饭环节，你就会发觉，毛里求斯的中餐并没有想象那么"中"。选中餐这件事，对中国人也构成了不小的挑战。

首先很多餐馆的侍者是印度裔和非裔，不说中文，交流不方便。菜单也用法语、英语标注，非常难找到和国内家常菜的对应名称。在塔玛蓝镇的一家中餐馆，记者凭着英、法文的注解很快找到了糖醋鱼、蚝油鸡、广东炒饭等，"倒扣的碗"动动脑筋也猜出是"盖浇饭"。然而在海外中餐招牌菜 Chop suey（李鸿章杂碎）之外，其他很多菜名要大费一番工夫"解密"才能知道是什么。拿"Fooyang 虾"来说，经记者反复询问侍者，了解到是一道用鸡蛋、蘑菇、竹笋、胡萝卜和虾仁制作的菜，它的真名应该是芙蓉虾仁。但是使用原料和拉丁字母拼写和国内区别太大。接下来的"Meenfoon 炒""Mine 炒"，有谁能想到他们分别代表炒米粉和炒面呢？不单发音难以联系，语法上动词和宾语倒置的写法也让人一头雾水。最难猜的菜是"Shi Thuan 鸡"，记者特意请来餐馆华裔老板解释，才明白这是"四川辣子鸡"。过了点菜关，终于可以开吃了，但是餐具里没有筷子。上每道菜都搭配勺子和叉子，连米饭也不例外。侍者还为每桌送来免费辣酱：用碾碎的生辣椒混合植物油而制成。其颜色鲜绿，吃下一小口，记者的整张脸都绿了。实在太辣了！原来这是源自印度、很受当地人喜欢的毛里求斯辣酱。就这样，在餐厅播放的美国歌星"水果姐"凯蒂·佩里嘹亮歌声的掩盖下，记者吸溜着嘴巴吃完了一餐。

毛里求斯华裔的祖先大多是 19 世纪前来务工的广东客家人，如今当地不少中餐馆是由这些华裔的第三、四代传人经营。他们几乎不会说中文，几乎从未去过中国。与其交流只能使用法语或英语。他们的菜单、烹饪法在保留中餐的基础上已经引进和适应了当地其他族裔的原料和口味，属于变通的"混搭中餐"。就连餐馆的经营理念也打上了法国殖民时期的烙印：当记者向老板抱怨周二吃饭遭遇闭门羹时，他居然说："开餐馆 7 天连轴转太累，我选择周二休息。"幸运的是，随着中国游客人数的猛增，岛内已经出现了几家新一代移民掌勺的新式中餐馆，在那儿游客可以尝到正宗的中国菜。

资料来源：环球时报——环球网，http://www.huanqiu.com/。

项目九

景区环境服务

知识目标

1. 掌握景区卫生管理内容。
2. 如何营造良好的旅游接待环境。
3. 根据当地特色保持独有的自然与人文环境。

能力目标

1. 能明确掌握景区的卫生管理内容。
2. 对营造良好的旅游接待环境有自己的见解。

任务一　创设景区的卫生环境

导引案例

为迎接"十一"国庆黄金周的到来，努力给游客营造出一个"景色美、秩序好、游客满意"的旅游环境，让外来游客在陡水湖景区游得安心、玩得舒心、吃得放心。县陡水湖景区管理处对各旅游景点开展了环境卫生整治、安全隐患大检查行动，提前对景区沿路台阶游步道、各景点码头、消防设备、景区观光车及游船等服务设施进行了全面检修，更换旅游标志牌 30 余个；对服务性摊点所售商品质量进行了检查，确保食品安全；对景区湖面漂浮物、杂物进行了清捞。

该管理处还紧扣"静谧陡水　生态养心"主题，在京明度假村举行了陡水湖"十一"国庆书画展，在坝面、度假村分别制作了景区介绍服务文化长廊，从 10 月 2 日至 5 日，该管理处每天在景区坝面举办 2 场地方采茶戏民俗表演，满足游客需求。同时陡水瀑布景点、青庐寺也将于每天早上 8:30 到下午 6 点全天免费开放。

资料来源：上犹新闻网，http://www.jxshangyou.com/xw/news/201410/t20141006_240787.htm。

思考：创设良好的景区卫生环境要做好哪些方面？

知识准备

景区服务，是指管理者和员工借助一定的旅游资源或环境、旅游服务设施及通过一定的手段向游客提供的各种直接和间接的方便利益，满足其旅游需要的过程和结果。

对于快速发展的旅游业，景区的环境是其赖以生存和发展的基础。好的卫生环境会使游客对景区留下良好的印象，在很大程度上会促进景区的发展，而差的环境则会影响游客对景区的印象，会严重阻碍景区的发展。

环境问题产生的原因多种多样，但总体来看有以下几个因素。一是自然因素的破坏，如风化、自然地质灾害、流水侵蚀等。二是人为活动的破坏。一方面表现为过度的经济活动，如乱砍滥伐、过度放牧等。另一方面表现为管理不当，包括管理者环境保护意识淡薄，不注意环境的保护；只注重眼前利益，不注重长远利益而忽视对环境的保护；认为环境保护方面投入成本太高，利益太小，从而忽视对环境的保护。三是游客的不正当游览行为。一些游客环保意识淡薄，在游览活动中随手乱扔垃圾。景区游客接待量有限，工作人员有限，在游览高峰期管理不过来。

一、景区的卫生管理内容

景区的卫生管理内容包括景区环境卫生管理（见图 9-1）和设备设施管理（见图 9-2）。

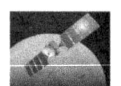

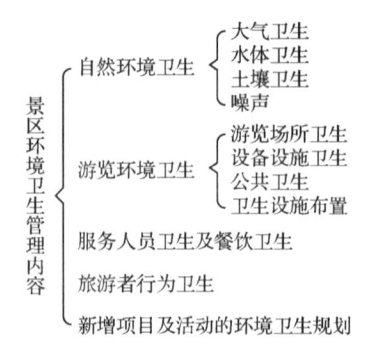

图 9-1 景区环境卫生管理

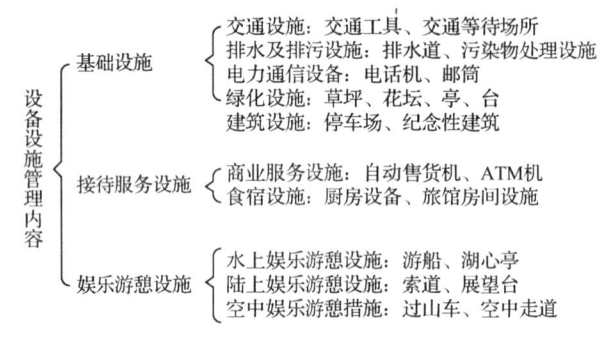

图 9-2 设备设施管理

二、环境与游客量的定性关系

环境与游客量的定性关系如图 9-3 所示。

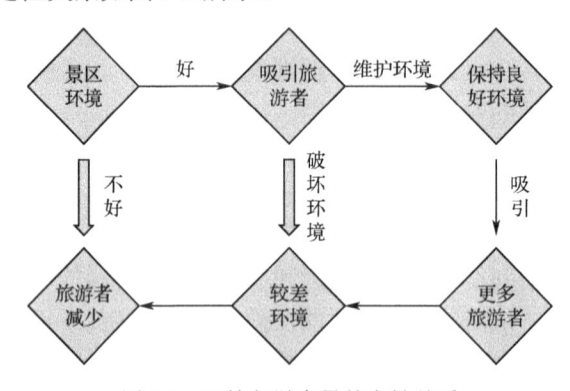

图 9-3 环境与游客量的定性关系

三、景区卫生管理特点

景区的卫生管理特点包括全面性、连续性、多样性、季节性、非常规性、超前性和及时性。

全面性，是指卫生的管理要囊括景区的各个方面，不仅仅是指景区的环境卫生，还包括设施设备卫生。抓好景区的每个死角，这是景区环境服务的基础。

连续性，是指卫生的保洁工作要持续性有人完成，不能有漏缺。因此，在景区制定管理制度时就要让员工知道责任，明白奖惩。

多样性，是指卫生种类的多样性，管理方法的多样性。

季节性，是指因为不同季节带来的天气变化，自然环境不同，游客数量不同，从而卫生环境也有所不同。管理上可以针对不同季节采取不同措施。

非常规性。根据非常规的卫生状况，可能采取非常规的方法治理。

超前性。根据以往的卫生管理经验，对可能出现的问题做一些预防。

及时性。景区的卫生管理部门应实时监控到位，对出现的卫生问题及时处理，确保景区卫生状况良好。

四、景区卫生管理基本要求

1. 领导重视，网络管理

景区领导应该对景区卫生高度重视，利用网络对卫生进行监控，确保卫生干净，无污染。

2. 分级归口，责任到人

根据不同的工作，分出不同的工作部门，实行分级归口。根据权和责相结合的原则，对各部门各级有关人员明确规定出管理工作权限和责任，纳入岗位责任制，责任到人。

3. 分门别类，制定标准

根据不同工作部门，不同工作种类，制定不同的标准。该标准是员工基本的工作目标，也是考核员工的内容之一。

4. 严格制度，奖勤罚懒

凡是3人以上的组织都必须建立奖勤罚懒的内部管理制度，按制度办事，用奖勤罚懒的内部管理制度来调动人的工作积极性。让勤劳者受益，懒惰者受损。鼓励勤劳人员，让景区中每个人员的能力，个人特长和潜能都得到充分发挥，景区就会出现勃勃生机，日益兴旺。

5. 游客监督，加强管理

鼓励游客对景区的环境卫生进行监督，设置建议簿，游客中心，网络平台等。虚心采纳游客的意见，对存在的问题进行改善，这样才有利于景区的持续性发展。

五、风景名胜区环境卫生管理标准

1. 组织管理

（1）风景名胜区主管单位设有环境卫生管理机构，根据国家有关规定，负责风景名胜区的环境卫生和饮食服务卫生管理工作。

（2）按照国务院《风景名胜区管理暂行条例》和有关环境卫生法规，制定出环境卫生管理办法和工作制度。

（3）有环境卫生专业队伍，负责环境卫生清扫、垃圾粪便的处理，以及对游人污染环境行为的管理。

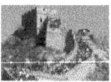

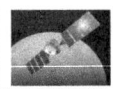

2. 环境卫生管理

（1）风景名胜区内按规划设置公共厕所、垃圾箱、果皮箱等公用设施。定期清理、保持清洁卫生。

（2）主要景点的公共厕所为深坑无害化厕所或水冲厕所，并有专人管理。做到基本无臭味、无蚊蝇、无蛆虫、无随地便溺现象。

（3）妥善处理粪便、污水，对垃圾等废弃物做到日产日清，对粪便和垃圾要设立处理场。

（4）风景名胜区的废水、废气、废渣等有害物质要按国家有关标准经过处理后排放，无随意排污现象。

（5）风景名胜区内道路完好、清洁。

（6）主要游览区无牲畜粪便，绿地中无垃圾和其他废弃物。

（7）驻景区单位、住户落实"门前三包"，经常保持周围环境整洁。门前无乱搭、乱建、乱堆、乱挂。

（8）驻景区居民有良好的卫生习惯，不随地吐痰，不乱丢污物，不乱倒垃圾，不乱泼污水，不随地大、小便。

3. 容貌管理

（1）各类自然景物、人文景物保存完好，无破败荒芜现象，周围环境经常保护整洁、清新，无损伤景物、污染环境和影响观瞻现象。

（2）景区内的道路、公共场地上无违章堆物、搭建，施工场地围栏作业，做到工完场清。

（3）景区内供游人游览、休息的设施、建设物保持完好、整洁、无残墙断壁。景点的山石、树木及各处墙壁上无乱刻、乱画、任意钉凿、涂抹迹象。

（4）景区内的景点介绍说明牌、标志牌需在指定地点设置。做到定期维修、油饰，保持图文清晰，清洁美观。

（5）景河、湖等各种水域无倾倒废物和超标排放污水现象。做到定期疏浚，保持水流畅通、水面清洁。

（6）景区内的工作人员及从业人员仪表端庄，衣着整洁。

4. 行业卫生管理

（1）风景名胜区内各行业环境清洁卫生，室外绿化、美化，室内地面、四壁、顶棚清洁，食堂卫生，厕所内外干净，粪便清运及时。

（2）饮食服务行业和食品加工单位严格执行《食品卫生法》及有关卫生管理条例，不出售有害、有毒、受污染及腐烂变质食品，无鼠害、虫害污染。经县以上卫生防疫部门检验，卫生合格率达90%以上，餐具、茶具消毒合格率达95%以上。

（3）饮用水要以过消毒、净化，达到国家生活饮用水标准。

（4）旅馆、招待所、客房各类用具有清洗消毒作业制度，室内无苍蝇、臭虫、虱子、跳蚤、蟑螂，被单、褥单、枕巾一客一换。

（5）个体摊贩要定点挂证经营，商品摆放整齐，经常保持摊位及周围清洁，无尘土污染和虫蝇。

（6）经允许进入景区的车、船等交通运输工具保持整洁容貌无漏油、排污等影响环境卫生现象。

六、旅游者行为卫生

1. 游客不良行为产生的原因

（1）道德约束弱化。由于当下道德教育强度低，网络信息影响，经济利益加剧等因素，导致一些游客道德约束弱化。出现一些乱丢垃圾、随地大小便、甚至破坏公物等自私行为。同时，人们进行旅游消费时是为了更好地享受一种休闲、放松的感受，这种心境之下的旅游者往往会放松对自己行为的约束，道德的约束力也容易被大幅度减弱。

（2）占有意识外显。主要表现为消费攀高、道德感弱化、文化干涉和物质摄取，从而产生了外部效应：既有经济的发展，也有文化的消融和同化；既有道德的败坏，也有自然文化遗产的破坏。

（3）传统教育缺失。我国的传统教育在不断地缺失，国人对传统文化淡漠和不了解，对于西方文化的推崇是我国传统文化缺失的重要原因。应理性地发展传统教育，学习传统文化的基本精神。

（4）基础设施不完善。景区基础设施不完善也是导致游客不良行为产生的原因之一，完善基础设施是预防游客不良卫生行为的一种方式。

（5）管理服务跟不上。景区可以采取对游客引导、宣传等方式进行游客管理，让游客有秩序地游览。

2. 引导游客的旅游行为和加强游客管理的措施

在游客为各景区物价高涨抱怨不已时，各景点管理部门也在抱怨游客的一些不良行为。随手扔垃圾，随处攀爬，扔钱图吉利，雕刻留念，游客吵架，大打出手，随处大小便，顺手牵羊，破坏景区明令禁止的规定，这些现象是景区常见的游客不良行为。此外，还有游人为了拍到好看的照片而踩踏花丛，或者在要求肃静的场所大声喧哗等不良行为。人们的不良行为往往都能愉悦或方便了自己，却没注意到对其他人和周围环境的影响。一人过，万人从，当别人看到他人的方便之后，就会因想着自己的方便而效仿，于是做出这种行为的人就会越来越多。或许一个人造成的影响微乎其微，但是当千万个人连在一起之后，这种影响就会急速扩大，造成严重的破坏。因此，要合理地引导游客的旅游行为，以下是加强游客管理的几条措施：

（1）制定游客行为规范，加大对游客的宣传教育。
（2）加强从业人员的培训和管理，提高从业人员的整体素质。
（3）采用"激发型"和"约束型"并举的游客管理措施，进一步约束游客行为。
（4）完善配套设施与管理，采用人性化的游客管理技巧。

任务执行

1. 任务发布

调查你所在地区的风景区环境卫生情况。

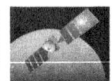

2. 任务分析

通过景区卫生环境的学习，调查周边至少一个景区，根据你的调查，小组讨论景区卫生管理任务。

3. 任务实施

（1）调查当地景区的环境卫生情况。

（2）归纳景区卫生管理任务，并形成任务成果书（见表9-1）。

表9-1 景区的卫生管理任务任务成果书

任务	归纳总结景区卫生管理任务
任务性质	小组任务
成果名称	景区的卫生管理任务
成果要求	（1）阶段成果：调查周边一个景区的环境卫生情况 （2）最终成果：景区的卫生管理任务总结
成果形式	调查小结（格式规范，不少于400字）

任务二 营造良好的旅游接待环境

导引案例

一路难寻指示牌 景区设施显陈旧 娄山关让人意犹未尽

金黔在线讯 "雄关漫道真如铁，而今迈步从头越"，对于毛泽东的名作《忆秦娥·娄山关》，中国人几乎都耳熟能详。到了遵义，不能不游娄山关，然而记者昨日在娄山关景区了解到，这个红色景点却极少接到团队游客。

上午九点，记者从遵义出发，沿遵崇高速公路前往娄山关。一路看不到有"娄山关"字样的路牌，数十千米的路程上，仅在一个岔道口有一张娄山关景区的宣传广告也早已褪色。来到娄山关记者首先参观的是已明显陈旧的历史文物陈列馆。工作人员介绍该馆建于20世纪70年代，沿用至今。馆里陈列着马灯、大刀等几件红军遗物，以及一些图片资料和史实介绍文章。资料有限，还没有占满陈列室里的两面墙壁。中间是一个娄山关地貌模型，从变色陈旧的材质来看，制作时间也有些年头了。陈列室里虽然干净，但给记者的感觉依旧是"破旧"：木质天花板部分已经脱落，日光灯管有几盏已经"罢工"了，墙面和窗体也已变色。

走出陈列馆，记者瞻仰了刻在210国道边石壁上的毛泽东名作《忆秦娥·娄山关》，却发现游客在此拍照留影，还得小心避让往来的车辆。

在娄山关小尖山战斗遗址，一位来自重庆的游客感慨，娄山关的雄奇壮美确实让他感觉不虚此行，但景区陈旧的设施及半小时就能看完的景观，又让他觉得意犹未尽。记者从景区管理处了解到，5月1日，该景区共接待游客1 000多人，大部分来自重庆和遵义周边县、市。按照以往经验接下来的几天将迎来一轮游客的小高潮。据了解，目前，来娄山关的游客是散客自驾游为主，极少有团队游客光顾。

资料来源：搜狐新闻，http://news.sohu.com/20060503/n243104801.shtml。

思考：要营造良好的旅游接待环境，需要做好哪些方面？

知识准备

一、旅游环境容量和旅游社会容量

旅游环境容量，是指在某一时期，游客的基本游览要求和景区的环境质量保护要求均得到满足的情况下，一个景区所能容纳的最大游客数量。

旅游社会容量，是指旅游接待地区的人口构成、宗教信仰、民情风俗、生活方式和社会开化程度等因素所决定的当地居民可以容忍的游客数量。

良好的旅游接待环境首先需要把游客数量控制在旅游环境容量和旅游社会容量范围内。

二、顾客满意度

顾客满意度是顾客的一种心理满足状态，往往通过顾客在消费产品或服务后的实际感受和其期望的差异程度来反映。一个良好的旅游接待环境就是要提高游客的满意度，让游客的实际感受和期望差距减小。

三、营造良好的接待氛围

1. 以游客为中心，提高顾客满意度

景区是为游客提供服务的单位，其产品的质量和组织的绩效是由游客来评价的，景区依存于游客，景区只有为游客创造价值，让他们满意，才能获得长足的发展。

2. 超越游客期望

景区实际提供的产品质量超越游客已形成的期望，会给游客创造惊喜，其产品质量会被游客所认同和称道。

3. 施行全面质量管理

（1）建立质量管理体系。建立并实施质量管理体系有利于提高环境质量，保护旅游者利益，提高景区可信程度。通过体系的有效应用，促进景区持续地改进环境服务，无疑是对旅游者利益的一种最有效保护。

（2）进行质量教育工作，培育全新服务理念。站在游客角度想问题，看问题，设身处地为游客着想，为游客提供用心、爱心、细心、耐心、诚心的服务。

（3）组织质量管理活动。以游客为关注点，领导确定组织的战略方针，全员参与质量管理活动，让质量管理活动落到实处。

（4）评价质量管理效果。要使景区始终保持稳定的质量，必须端正对质量管理体系认证的态度，克服各种外部因素的干扰，以"我"为主，从自身找问题，坚决贯彻以游客为中心，建立科学的质量管理目标体系，采用各种具有可实施型的评价方法，不断寻求自我改进，完

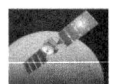

善景区质量体系，努力提高质量管理水平。这样景区实施质量管理体系的有效性才能达到，景区的质量管理工作才能走上良性循环的轨道。

四、围绕"六个"核心，营造良好旅游环境

六个核心，即"吃、住、行、游、购、娱"，抓住"六个"核心，创优旅游环境。

加大食品监管力度，让游客"吃"得放心。联合工商、卫生、质监、食药监、公安局等部门组成食品巡查队，开展取缔无证经营饮食店专项整治行动，加大食品安全宣传力度。开展病死牲畜肉专项整顿活动，督查各类市场、餐馆等重点场所，确保游客舌尖上的安全。

提高接待服务水平，让游客"住"得舒心。实施宾馆、饭店旅游标准化、示范化建设，制定统一的服务标准。加强监督住宿环境卫生和服务质量，提高管理人员和员工的素质及服务水平。

强化交通基础设施建设，让游客"行"得畅心。构建通畅便捷的交通网络。加强对旅游客运市场的建设与监督管理，建设自驾游、自助游、团队游车辆营地、帐篷营地，不断完善自驾游、停车、休闲、观景站点设施建设，让游客"行"得畅心。

健全一站管理机制，让游客"游"得省心。通过游客集散中心、旅游部门、旅游公司、连接各主要景区景点、涉旅服务企业，从网上推荐旅游产品，发布旅游信息，推动网上出游预订机票、住宿、门票、饭店、车辆等，让游客自由选择旅游方式和旅游目的地，促进自助游、自驾游、团队游的加快发展。加强对景区讲解员的培训，规范从业人员礼仪，熟悉讲解技巧，不断提高旅游接待质量。

加强购物设施配套建设，让游客"购"得顺心。建设城区及景区旅游购物中心，开辟旅游购物商业街、购物点或美食街，同时加大对特色产品商店、各超市的监督，让游客放心购物。

推动文化娱乐建设，让游客"娱"得尽心。重点打造适合当地的文化娱乐项目，增强旅游的娱乐性、参与性、体验性。规范演艺中心等旅游娱乐场所建设，加强监管，让游客在娱乐中体验当地文化生活。

任务执行

1. 任务发布

分享你接触过的或听说过的景区旅游接待环境存在问题的案例。

2. 任务分析

通过分享案例，总结出当下景区旅游接待环境存在的问题。

3. 任务实施

（1）讨论景区接待环境存在问题的案例。

（2）归纳景区接待环境存在的问题，并形成任务成果书（见表9-2）。

表9-2 景区接待环境存在的问题任务成果书

任务	归纳总结景区接待环境存在的问题
任务性质	小组任务
成果名称	景区接待环境存在的问题
成果要求	（1）阶段成果：讨论你接触到或听说过的景区接待环境问题 （2）最终成果：景区接待环境存在问题的归纳总结
成果形式	调查小结（格式规范，不少于600字）

任务三 保持独有的自然与人文环境

导引案例

活态的文化遗产——云南红河哈尼梯田的生态与人文之美

哈尼梯田分布从山脚延伸至海拔2 000多米的山巅，级数最多可达3 700多级，规模宏大，气势磅礴。哈尼人利用"山有多高，水有多高"的自然条件，把终年不断的山泉溪流通过小水渠引入梯田，堪称世界奇观。

"红河哈尼梯田文化景观所体现的森林、水系、梯田和村寨'四度同构'系统符合世界遗产标准，其完美反映的精密复杂的农业、林业和水分配系统，通过长期以来形成的独特社会经济宗教体系得以加强，彰显了人与环境互动的一种重要模式。"

2013年6月22日，第37届世界遗产大会投票通过中国云南哈尼梯田列入联合国教科文组织世界遗产名录，成为第一个以民族名称命名的世界文化遗产。

哈尼梯田是"伟大的大地雕刻""农耕文明的典范""人与自然和谐的杰作"。

它既是哈尼人物质与精神生活的源泉，也是人类文化与自然山水融合的奇观。

它既是个充满活力的"世界文化遗产"，也是个享誉全球的"农业生态遗产"。

探索梯田的生态与人文之美，是比发现其审美价值更为惊心动魄的一趟旅程。

资料来源：DEEP探索发现的博客，http://blog.sina.com.cn/s/blog_621f6a010101lofl.html（有删减）。

思考：通过阅读案例，小组讨论红河哈尼梯田分别有哪些生态之美和人文之美？

知识准备

一、景区自然生态环境管理

1. 做好景区规划

首先，应该对景区的旅游景观进行功能分区，其目的是通过对游客的分流，避免旅游活动对景区资源造成破坏。

其次，从结构和功能上对旅游区进行景观生态规划，主要包括对旅游产品市场的需求及

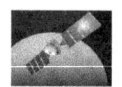

特征分析，对景区内的自然、社会要素等基础资料和相关资料的调查收集，对景观的分类及景观结构功能动态的诊断。

2. 景区设计

景观结构生态化设计。一是旅游消费场所的设计要与环境融为一体，二是充分利用自然现存的通道。

3. 景区管理

景区管理包括对游客的管理、当地居民的参与及对旅游企业的管理。

二、景区社会人文环境管理措施

1. 社区参与，回馈社会

景区往往曾是社区居民世世代代居住的家园，景区居民及其所负载的文化是景区的重要吸引力元素。景区在经营中必须鼓励社区参与决策，照顾社区的利益，为居民提供工作及商机。

2. 加强地域文化开发与保护

景区在地域文化旅游开发的过程中，要妥善保护文化古迹等有形资源。无形的民俗民风、传统表演艺术灯的开发要避免舞台化、商业化及对传统文化价值的贬低。

三、生态旅游资源开发的原则

1. 永续利用原则

"永续利用"是时代的产物，它是一种使人类在开发旅游资源时不但顾及当代人的经济需要，而且顾及不对后代人进一步需要构成威胁和危害的发展策略。尽管它不意味着为后代和将来提供一切，造就一切，但它通过对经济效益、社会效益、生态效益三者的协调，使当代人用最小的代价获取最大的旅游资源利用，造福子孙后代。

2. 保护性开发原则

要使旅游资源可持续利用，就必须加强对旅游资源的保护。针对生态旅游资源的开发而言，开发和保护的关系应体现的总原则是：开发应服从保护，在保护的前提下进行开发。资源得到妥善保护，开发才能得到收益；开发取得收益，反过来可促进保护工作。但是，一旦开发与保护出现矛盾，保护对开发拥有绝对否决权。

3. 特色性原则

旅游资源贵在稀有，其质量在很大程度上取决于它与众不同的独特程度，即特色。有特色，才有吸引力；有特色，才有竞争力。特色是旅游资源的灵魂。

4. 协调性原则

生态旅游资源开发必须与整个生态区的环境相协调，既有利于突出各旅游资源的特色，又可以构成集聚旅游资源的整体美，使游客观后感到舒适、自然。

5. 经济效益、社会效益和环境效益相统一的原则

市场经济就是追求效益最大化。生态旅游作为旅游的一种形式，也追求效益最大化，但这个效益不仅是指经济效益，还包括社会效益和生态效益，三者必须高度地协调统一。而当三者出现矛盾时，以生态效益和社会效益高于一切为指导原则，即经济效益必须从属于上述两种效益。实际上，当生态效益和社会效益达到最大化、最优化时，其经济效益肯定也是相当可观的。

任务执行

1. 任务发布
查找案例，就"保持了独有的自然与人文环境"举一个旅游景点的例子。

2. 任务分析
通过分享案例，总结当地为保持独特的自然与人文环境所采取的措施。

3. 任务实施
（1）查找旅游景点保持独有的自然与人文环境的案例。
（2）归纳当地为保持独有的自然与人文环境所采取的措施，并形成任务成果书（见表9-3）。

表9-3 保持独有的自然与人文环境所采取的措施任务成果书

任务	查找旅游景点保持独有的自然与人文环境的案例，归纳当地为保持独有的自然与人文环境所采取的措施
任务性质	小组任务
成果名称	保持独有的自然与人文环境所采取的措施
成果要求	（1）阶段成果：查找旅游景点保持独有的自然与人文环境的案例 （2）最终成果：归纳当地为保持独有的自然与人文环境所采取的措施
成果形式	调查小结（格式规范，不少于400字）

项目小结

景区环境服务涉及的学科面很广，在景区的开发和发展工作中，要做好景区的环境卫生，营造良好的旅游接待环境，保持景区独有的自然与人文环境。应开展多学科、深层次的调查研究，以便更科学地对旅游环境进行综合保护和治理，使旅游得以持续发展。一个良好的旅游风景区，必须是风光秀丽、环境未受破坏和污染，同时能满足旅游者观赏和行为心理活动的地区。

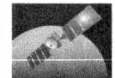

同步练习

一、名词解释

1. 景区服务
2. 旅游环境容量和旅游社会容量

二、填空题

1. 景区卫生管理特点包括全面性、_____、_____、季节性、非常规性、超前性和_____。
2. 景区卫生管理的自然环境卫生包括大气卫生、水体卫生、土壤卫生和_____。
3. _____是顾客的一种心理满足状态，往往通过顾客在消费产品或服务后的实际感受和其期望的差异程度来反映。
4. 风景名胜区环境卫生管理标准包括组织管理、环境卫生管理、容貌管理和_____。

三、选择题

1. 设备设施卫生属于景区环境卫生管理内容中的（　　）。
   A. 自然环境卫生　　　　　　　　　　B. 游览环境卫生
   C. 服务人员卫生及餐饮卫生　　　　　D. 旅游者行为卫生
2. 下列不属于旅游者不良行为产生原因的是（　　）。
   A. 道德约束弱化　　B. 占有意识外显　　C. 传统教育缺失　　D. 基础设施完善
3. 旅游资源贵在稀有，其质量在很大程度上取决于它与众不同的独特程度，即特色。这体现的是生态旅游资源开发的（　　）。
   A. 永续利用原则　　B. 保护性开发原则　　C. 特色性原则　　D. 协调性原则

四、判断题（正确的打"√"，错误的打"×"）

1. 创设景区的卫生环境就是搞好环境卫生。（　　）
2. 保持良好的环境可以吸引更多旅游者。（　　）
3. 以游客为中心就是凡事都要让游客满意。（　　）
4. 保持独有的自然与人文环境就是不开发。（　　）
5. 保护性开发原则指的是要使旅游资源可持续利用，就必须加强对旅游资源的保护。（　　）

五、简答题

1. 景区卫生管理基本要求是什么？
2. 如何营造良好的景区环境接待氛围？
3. 生态旅游资源开发的原则有哪些？

阅读材料

提供舒适旅游环境

十一黄金周期间，在丽江每个景区景点都有着多个部门协同管理的工作人员，他们各司其职，维持着旅游秩序，为来丽江的游客提供更多的便捷服务，玉龙雪山景区就是其中之一。

作为玉龙雪山景区的"第一站"，在黄金周期间，景区门票管理中心组织 160 名员工投入旅游接待工作之中。从 10 月 1 日起，门票管理中心的工作人员每天从 5 点 30 分开始上班，对进入景区大门的 5 个车道同时进行售检票工作，每台车均由两名工作人员同时完成基本售票检票工作流程，做到大车 1 分钟左右通行一辆，小车则控制在 2 分钟左右，大大缩短游客进山的排队时间。

玉龙雪山景区门票管理中心主任和春震说："以最好的服务态度、最优质的服务，让游客尽量缩短在收费站滞留的时间，能够顺利进入景区愉快地游玩。"

除了门票中心外，在各景点上，保障安全巡逻队也在为众多游客的旅游秩序、景点各项安全工作做出自己的努力。

玉龙雪山旅游安全巡逻队副队长张澄东说："我们巡逻队每天安排 30 个人在山上夜间值班，确保每个岗位在 6 点 30 分以前及时到岗，这样安排的目的就是在这个旅游黄金周，每天人数达到最高峰两万人左右时，也能使游客秩序井然。"

大量游客的涌入，对景区内的环境卫生造成较大压力。果皮纸屑、烟头、零食包装袋、氧气瓶等人为制造的垃圾增多，加重了景区环卫工作人员的负担。

玉龙雪山环境卫生管理所所长赵子荣说："原来甘海子这里也就是 10 个人，现在从各个地方增加了 16 个人。垃圾转运站这一块，为了减少垃圾量的过度存在，以及使垃圾不在景区存留时间过长，我们及时增加了 8 个清运组的人员。"

在全体工作人员的通力协作下，在十一旅游接待中，玉龙雪山景区为游人们提供了一个舒适旅游环境。

资料来源：丽江热线网。

项目十

景区安全管理

知识目标

1. 理解景区安全管理的概念、类型及内容。
2. 了解景区安全管理体系的构建。
3. 熟悉景区突发事件应急预案编制及应急响应程序。
4. 掌握常见景区安全事故的处理程序。

能力目标

1. 能判别景区安全事故的类型。
2. 能编制简单的景区突发事件应急预案。
3. 能处置景区常见安全事故。

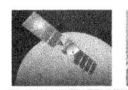

项目十　景区安全管理

任务一　景区安全管理认知

导引案例

2017年1月负面舆情热度较高省市热点事件

云南
1. 游客在丽江旅游时遭数名当地男子殴打
2. 百余老人购保健品获赠云南游　出车祸遭旅行社甩包袱
3. 万余游客元旦登轿子山留上吨垃圾

北京
1. 地坛庙会游客抄近道冰上走　安全成隐患
2. 京城体育休闲公园公厕成摆设
3. 北京：全家莫名"被预订"机票

浙江
1. 宁波一动物园老虎咬死逃票游客
2. 宁波方特乐园一游客排队昏迷死亡

河北
1. 河北崇礼三天两起滑雪事故
2. 邯郸丛台公园游客跌倒死亡

四川
1. 四川一景区被指上万人滞留山中
2. 30多名游客龙池赏雪　一人被落石击中身亡
3. 二郎山喇叭河红石滩遭游客刻划

上海
1. 携程云南游项目禁止记者报名　河南等多地人被限
2. 上海迪士尼游乐项目故障　游客悬空近半小时
3. 日媒记者游上海迪士尼：游客不文明行为随处可见

资料来源：中国国家旅游局官网。

思考：以上的旅游负面新闻事件中，哪些属于景区安全问题？

知识准备

一、景区安全问题的表现形态

旅游安全是旅游业的生命线。旅游安全问题，是指旅游活动中各种安全现象的具体表现。既包括旅游活动中各相关主体的安全思想、安全意识，也包括发生在旅游活动各环节和旅游活动各相关主体之间的具体安全事故或安全事件。

151

景区安全问题涉及的范围广、内容杂、层次多，其中最主要的有三方面，即游客的人身安全、财产安全和景区生态安全。

1. 自然灾害

自然灾害，是指由于自然异常变化造成的人员伤亡、财产损失、社会失稳、资源破坏等现象或一系列事件。

（1）地质地貌类旅游灾害，包括由地震引起的各种灾害及由地震诱发的各种次生灾害，如洪水、泥石流、地面沉降、森林大火、河流与水库决堤等，以及火山喷发、土地沙漠化、土地盐碱化、水土流失等。

（2）气象气候类旅游灾害，包括热带风暴、龙卷风、暴风雪、暴雨、雹灾等原生性灾害，以及由此引起的海啸等。

（3）生物类旅游灾害，包括病虫害、鼠害、病原微生物，以及其代谢产物、微生物和有毒植物、爬行动物、昆虫和动物等引起的传染性疾病。

2. 犯罪

旅游经济活动开展滋生了景区管理当地的刑事和社会治安问题，最为典型的是违法犯罪。

（1）侵犯公私财产类违法犯罪。这类犯罪数量较多，作案范围广，包括盗窃、欺骗、抢劫、敲诈勒索等。

（2）危害游客的人身安全与财产安全类违法犯罪。

（3）与性犯罪和毒品、赌博、淫秽有关的违法犯罪。主要表现在景区管理者与政府主管部门两方面。

3. 旅游交通安全事故

景区交通包括景区内交通和旅游景观交通。景区内交通，是指旅游者到达旅游目的地后，在不同景点内和各景点间的空间转移，具体的交通方式有各种游览车（船）、索道、飞行器（直升机、滑翔机、热气球）、代步工具等。景观交通同时具备观赏游玩性和空间转移的功能，其本身就是一种旅游项目，如张家界的玻璃栈道。

4. 旅游设施安全事故

景区内的各种娱乐项目、器械，由于操作不规范、超负荷运转、游客身体心理承受能力不够等原因都有可能造成安全事故。

5. 疾病

疾病包括生物影响（病原微生物及其代谢产物、微生物和有毒植物、爬行动物、昆虫和动物等引起的传染性疾病、动物伤害、食物中毒等）、辐射危害、化学危害（有毒、有刺激性的化学物质的影响）。

6. 其他旅游意外安全事故

其他旅游意外安全事故包括与当地居民的冲突、高风险的旅游行为、无意识的过错等。

二、景区安全事故的类型

1. 按照景区的类型分

按照景区的类型划分，景区安全事故主要表现为地文景观型景区安全事故、水域风光型景区安全事故、建筑与设施类景区安全事故、文物古迹类景区安全事故、冰雪类景区安全事故、游乐园安全事故等。

数据中心：2015年，中国景区安全形势呈良好状态。据不完全统计，2015年中国景区共发生安全突发事件105起，分布在28个省（自治区、直辖市），共造成689人死亡。2015年，景区安全突发事件中事故灾难发生的次数最多，地文景观类型景区的安全事故突发频率最高，其次是水域风光型、建筑与设施类等类型景区。

资料来源：品橙网

2. 按照主要责任方分

景区安全事故的责任方主要有景区经营管理者和政府主管部门、景区从业人员、旅游者等。

3. 按照旅游安全事故的危害等级划分

根据国务院2007年颁布的《生产安全事故报告和调查处理条例》规定，安全事故一般分为以下等级。

（1）特别重大事故，是指造成30人以上死亡，或者100人以上重伤（包括急性工业中毒），或者1亿元以上直接经济损失的事故。

（2）重大事故，是指造成10人以上30人以下死亡，或者50人以上100人以下重伤，或者5000万元以上1亿元以下直接经济损失的事故。

（3）较大事故，是指造成3人以上10人以下死亡，或者10人以上50人以下重伤，或者1 000万元以上5 000万元以下直接经济损失的事故。

（4）一般事故，是指造成3人以下死亡，或者10人以下重伤，或者1 000万元以下直接经济损失的事故。

三、景区安全事故发生的原因

1. 景区经营管理者因素

（1）景区管理者对安全管理的认识不足、安全管理专业人才较少、管理水平较低，导致预警体系、应对方案等管理机制不健全。

（2）政府和景区经营管理者过度追求经济效益，导致景区容量超载，旅游设施超负荷运行。

（3）高风险旅游项目增多，但相关配套安保设施未能跟上。

（4）景区管理中交通游线与旅游活动组织不合理，导致局部旅游节点过于拥挤，游客相互践踏，容易出现安全事故。

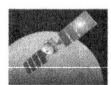

2. 景区从业者因素

(1) 景区旅游设施操作人员不严格按照规范进行操作，违章作业导致事故。例如，负责漂流的船工在急流转弯河段操作不当造成翻沉，负责客运索道的员工因操作不当导致停止运行，负责游船或大型游艺机的员工因操作不当而造成人员受伤等事故。

(2) 景区员工不按照既定的标准和流程操作，在服务提供过程中出现不安全行为。例如，在为游客提供餐饮、购物等过程中，造成客人烫伤、食物中毒或物品过期等事故。

3. 旅游者自身因素

旅游者自身安全意识薄弱，并且盲目追求个性体验，不遵守景区的安全管理提示与要求，导致各类突发安全事故。例如，不顾各种安全警示，跨越安全栏、随意攀爬、接近危险水源等；在漂流、滑草、泡温泉等过程中，不遵守相关的安全规定，不按照规定的操作执行等；不在指定的吸烟区域吸烟，或者在禁火的景区乱丢烟头等。

数据中心：一些"驴友"自身缺乏安全意识，与旅游目的地之间信息不对称，对突发性问题估计不足，安全事件频发。2015年2月2日，北京"驴友"余先生独自前往门头沟登山后失联，后被证实遇难。据统计，仅2009—2011年，全国就发生483起"驴友"旅行伤亡事故。

4. 不可抗力因素

日益加剧的全球气候变化直接引发了洪水、泥石流、地震、海啸等自然灾害，这些自然灾害对景区安全管理带来严重威胁，而当前许多景区对这些自然灾害的应对能力非常薄弱。

5. 其他因素

景区游览设施设备老化、配套不齐全、产品质量不合格；设施设备设计不合理，缺乏设施功能性、实用性考虑；景区游步道、护栏不安全等。

任务执行

1. 任务发布

调查景区安全事故的形态和类型，分析其发生的原因。

2. 任务分析

通过网络资料整理，现场调查的方式，调查周边1~2个A级景区安全事故的形态和类型，分析其发生的原因。

3. 任务实施

(1) 调查景区安全事故的形态和类型。

(2) 分析景区安全事故发生的原因，形成任务成果书（见表10-1）。

表 10-1 景区安全事故的类型和发生原因任务成果书

任务	分析景区安全事故发生的原因
任务性质	小组任务
成果名称	景区安全事故的类型和发生原因
成果要求	（1）阶段成果：景区安全事故的形态和类型 （2）最终成果：景区安全事故发生的原因
成果形式	一览表（将景区安全事故的形态、类型、发生的原因制成表格）

任务二 景区安全事故的防治与管理

导引案例

景区安全：从被猴子蹬掉石块砸中身亡看，游客如何防范景区里的意外伤害

冠生园前董事长在景区游玩被猴子蹬掉石块砸中身亡事件，成为热门话题。天有不测风云，人有旦夕祸福，意外伤亡事件让人感到惋惜的同时，也提醒游客要注意旅游安全。在出行前、旅游途中需要做出哪些防范呢？

1. 提前买保险，旅途不再有惊无"险"

《旅游法》规定，旅行社必须强制投保旅行社责任险。对于旅行社责任险，保险公司只对因旅行社自身过失对游客造成的损失承保。若游客在旅行过程中，由于自身的疏忽导致的各种意外事件，如果带队导游没有直接责任，便不在旅行社责任险赔付范围内。

目前，多数景区也会投保"公众责任险"，但其保障的主体不是游客，而是经营单位。也就是说，游客由于景区管理不善、设施缺陷所造成伤害事故，游客才能得到赔付，而游客在游玩过程中发生意外伤害，景区不存在直接责任时，游客便无法获取保险赔偿。

因此，游客在预订旅游产品时再添购一份旅游意外险是十分必要的，可在旅途发生意外时转嫁风险。

2. 避开危险物，安全早防范

在山水类景区，尤其要注意避开山脚、陡崖，以防止山崩、地裂、滚石、滑坡、泥石流等风险。在躲避山崩、滑坡、泥石流时，要向垂直于滚石前进方向跑，切不可顺着滚石方向往下跑；也可躲在结实的障碍物下，或者蹲在地沟、坎下，特别要保护好头部。随着气温升高，漂流、游泳、嬉水等夏季玩水活动也将进入旺季，游客一定要注意景区的安全提示，穿戴好应有的防护设备，不要前往危险水域。

除此之外，变压器、电线杆、广告牌、水塔、狭窄的街道、危旧的房屋、危墙、女儿墙、高门脸等有安全隐患的地方也不要长时间停留。

资料来源：执慧网，http://www.tripvivid.com/articles/6545。

思考：如何防范景区安全事故的发生？

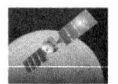

知识准备

一、景区安全管理的内容

我国旅游安全的管理方针是"安全第一，预防为主"，国家旅游安全施行"统一领导、分级管理、以基层为主"的管理体制。景区的管理机构和经营企业是景区安全管理的基层单位，景区的安全管理主要从建立安全管理组织机构、完善安全责任制度、加强安全教育培训、落实安全督导检查、制定安全应急预案、理顺应急响应机制等方面着手。

（1）全面分析景区安全事故和安全隐患发生的因素。
（2）确定治安保卫工作的重点地区。
（3）挑选和训练安全保卫人员。
（4）建立和健全安全管理体系。

二、景区安全管理体系

景区安全管理体系由预警系统，控制系统和保障系统组成。政策法规体系是景区安全管理的保障和依据，预警系统和控制系统属于事前的预防和事中的监管体系，旅游保险属于事后的补偿体系，安全救援是事中采取积极措施的重要保障。

1. 景区安全预警系统

景区的安全预警系统由信息系统和宣传教育部门组成。其主要任务是发布景区安全管理法规、条例，通过培训、教育从业者、旅游者、社区居民的安全知识，提高安全意识和安全防范能力。

（1）安全信息发布。政府应负责旅游安全信息收集、评判和发布。对旅游安全风险预警实行分级管理。同时，旅游主管部门与公安、消防、交通、卫生、气象等部门应建立信息共享平台，通过电视、网络、报刊等传统媒体，以及互联网、微博、微信等新媒体发布旅游安全预警，引导旅游市场主体科学决策。各景区采取预约门票等游客最大承载量限流分流措施，利用"互联网+"技术积极引导游客更好地游览。做好出游高峰时段景区游客流量的预警预报，落实游客分流预案，严防游客拥挤发生安全事故。

旅游沙龙：景区最大承载量

2015年4月，国家旅游局发布《景区最大承载量核定导则》，强调"景区应结合国家、地方和行业已颁布的相关法规、政策、标准，采用定量与定性、理论与经验相结合的方法核定最大承载量。"同年7月，国家旅游局向社会公布全国所有5A级景区的日最大承载量和瞬时最大承载量。随后，各省市区纷纷响应，陆续公布了部分4A级景区的最大承载量。

（2）安全教育培训工作。加强员工的安全意识与安全技能的培训。主要通过课堂讲授、现场示范、操作训练、经验分享等培训方式，提高安全操作技能，增强识别危险和自我保护能力，提高预防事故、处理故障和事故应急处理的能力。

(3)安全宣传与提示。旅游管理部门可以配合景区安全管理机构在车站、码头、酒店等旅游者集散地设置安全宣传栏和发放安全宣传手册,如《旅游突发事件应急手册》《游客乘车安全须知》《旅游安全公益宣传片》。在事故多发景区和地段设置安全提示,在旅游活动中适时提醒游客注意安全。例如,如实、详细告知旅游活动中存在的危险因素和相应的防范措施,个人防护用具和救生用具的正确使用方法,游乐活动的规则和安全注意事项,以及发生事故时的应急措施。

2. 景区安全控制系统

景区安全控制系统由景区安全管理队伍及其相应的一系列防控、管理活动组成。

(1)"旅游警察"。旅游警察的设立,首先,为游客带来了"安全感";其次,旅游警察具有行政处罚权,能够出具罚单,甚至吊销营业执照或从业资格,从而震慑旅游从业者或商家不敢欺客宰客;最后,旅游警察还可以直接进行失窃、抢劫案件的侦办,帮助快速恢复游客丢失的身份信息、个人信息及帮助冻结银行卡等。

旅游沙龙:"旅游警察"

"旅游警察"是一种综合执法模式,世界上多个国家,如俄罗斯、泰国、希腊、埃及等都实行了"旅游警察"制度。虽然各国"旅游警察"担负的职责和管辖的业务不尽相同,但都在整治旅游市场秩序、维护游客权益方面起到积极作用。

2015年10月10日,我国首支成建制的旅游警察支队在海南三亚正式挂牌成立。三亚旅游警察支队下设综合保障大队、侦查大队、业务指导大队、市场秩序管理大队,专职维护三亚市旅游市场秩序和旅游治安环境,接受游客的报警、求助,服务游客等工作。

(2)景区联合治安执法队伍。我国景区旅游综合执法队伍建设还在不断地探索完善过程中。目前一般采取由旅游监察大队与旅游警察大队、旅游市场监管大队、旅游巡回法庭合力组成的"1+3"模式。

"1+3"旅游综合管制体制始于2015年,是"515战略"实施以来,国家旅游局持续推进旅游综合改革,实现管理机制和改革布局新突破的一种旅游管理体制。

"1"是指进行旅游综合管理体制改革,成立旅游发展委员会。

"3"是指组建"旅游警察、旅游巡回法庭、工商局旅游分局"。

"+"有两层意思,其一是"旅游委+旅游警察、旅游巡回法庭、工商局旅游分局",旨在构建旅游市场监管的创新体系;其二是旅游市场秩序+公安、工商、法院等专属职能。

"旅游巡回法庭"专门受理游客在景区吃、住、行、游、购、娱过程中与旅游经营者和服务者发生的旅游纠纷。旅游巡回法庭接受市民、游客电话或短信起诉,并会在接诉后45分钟之内到达现场进行处置。

"1+3"模式在具体的实践过程中,各地不断探索,推出"1+3+N"模式,"N"是指政府有关职能部门。旅游、物价、交通运输、人力资源社会保障、文化、质监、食品药品监管、民族宗教、商务、地税、国税、通信等涉旅部门,根据各自职能职责,发挥专业监管和执法作用,积极承担旅游监管责任,共同维护旅游市场秩序。

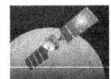

3. 景区安全控制的主要任务

景区安全控制主要包括监督景区内的分包经营活动，对景区内的各种旅游活动进行管理，景区内设施设备的日常检查，游客住宿、饮食安全的监督和管理等。

4. 景区安全保障系统

1）景区政策法规系统

景区政策法规系统包括国家、地方颁布的相关法律、法规、条例，以及景区自己制定的相关制度与规定。

（1）国家法规条例。国家法规条例包括《中华人民共和国治安管理处罚条例》《中华人民共和国旅游法》《旅游安全管理办法》《景区最大承载量核定导则》《旅游景区等级评定办法》《中华人民共和国安全生产法》《中华人民共和国突发事件应对法》《旅行社条例》《安全生产事故报告和调查处理条例》等法规条例。

旅游沙龙：国家旅游局，第41号令公布 旅游安全管理办法

《旅游安全管理办法》于2016年9月7日国家旅游局第11次局长办公会议审议通过，现予公布，自2016年12月1日起施行。

（2）地方法规条例。各地方旅游主管部门，依据国家相关法律法规和条例，结合自身情况，完善地方景区相关法规条例。

按照《旅游法》第七十六条规定，"县级以上人民政府统一负责旅游安全工作"，明确了政府必须管理旅游安全，旅游安全不仅仅是旅游部门的职责，也是各级政府应有的责任。此外，《旅游法》第七十九条、第八十条、第八十一条对旅游经营者的安全措施与应急管理提出了详细要求，进一步明确了旅游经营者应承担旅游安全的主体责任，落实各级政府旅游安全管理责任、旅游企业主体责任，确保安全责任和措施落实到位。

旅游沙龙：北京市，拟暂停新建玻璃栈道 监管责任尚不明确

近几年蜂拥而出的玻璃栈道由于存在监管责任尚不明确等问题，2017年2月15日，北京市旅游委主任宋宇在市旅游行业安全工作大会上表示，根据相关文件的要求，在玻璃栈道等这类景区安全管理措施还没有出台之前，相关企业要停止建设这类旅游设施。

（3）景区安全管理制度。景区安全管理制度主要包括安全岗位责任制、领导责任制、值班巡逻制度、设施设备维修和保养制度、消防管理制度、游客贵重物品管理制度等方面。

2）景区安全救援系统

景区安全救援系统由景区和当地社区的医院、消防、公安部门，以及景区安全资料与档案所组成。景区要设有救援机构和救援车，配备相关的救援设施设备，制定救援制度，设计演练救援方案。

同步案例：旅游安全，猛兽"虎视眈眈"游客安全"脱险"

2017年6月17日上午，在北京野生动物园猛兽体验区，一辆笼网载客观光车（即一号车辆）穿梭在棕熊、黑熊、非洲狮、东北虎和成群的大羚羊中，突然，车上一名游客发现身体不适，大声呼救！随车导立即通知司机停车，安置游客，并报告值班经理具体情况。此时，车内游客慌乱紧张，车外猛兽"虎视眈眈"……这十万火急的一幕发生在2017旅游安全宣传咨询日笼网车救援演练现场。

资料来源：http://www.pinchain.com/article/123248

3）景区保险系统

旅游保险属于事后补偿体系。目前我国的旅游保险制度在不断地完善过程中。

（1）旅行社责任保险。在中国保监会的大力支持下，国家旅游局推动实施了"旅行社责任保险统保示范项目"，采用"6+1"模式，选取全国最有实力的人保、太保、平安等6家财产保险公司进行全国统保，引入市场化的专业保险经纪人江泰保险经纪股份有限公司，进行了一系列产品、服务模式、制度等方面的创新，使其更加贴合旅游行业特点，初步解决了旅游行业在责任险方面索赔难、理赔慢等多年的痼疾，统保项目独有的动态优化机制确保示范项目成为保险市场上最好的旅行社责任保险产品。

（2）旅游意外险。随着旅游活动形式的多样化和各种旅游新业态的出现，旅游意外险的承保范围不断扩大，如潜水、跳伞、滑翔、登山、攀岩、探险、狩猎、蹦极、武术比赛、摔跤比赛、搏击、赛马、赛车等高风险项目。

4）景区安全管理机构

安全管理是一种全员、全方位、全过程的管理，工作面大，任务琐碎而繁重，必须成立相应的组织机构，为景区安全管理提供组织上的保障。

（1）景区安全管理机构的构成。由景区总经理或主要分管领导担任组织机构的主要负责人，各部门主要管理者为组织机构成员，特种旅游或特殊岗位需要配备专业的专职安全管理人员。一般设置景区安全管理委员会，下设巡逻组、护卫组、消防组、监察执行组。

（2）景区安全管理机构的主要职责。景区安全管理机构主要负责景区治安的维护和各类安全预案的制定和落实；对安全状况进行监控及突发事件的应急处理；负责景区游览项目设施和标志标牌等基础设施的制作、安装和检修；负责游客中心咨询服务，影视播放；负责游客电话咨询和投诉处理；负责受伤游客的救护和处理。

5）景区安全标志系统

景区安全标志系统由景区安全与消防安全两个子系统组成。

（1）引导指示性安全标志。引导指示性安全标志主要应用在景区的出入口和景区的各级道路上。

入口处安全标志，主要是为了避免游客将不符合景区安全规定的物品带入景区，造成对景区资源的危害。

出口处的安全标志，主要是提示游客查看自己的随身物品，或者领取之前寄存的随身物品等。

景区各级道路上，对游客在旅游活动时遇到的各种选择性的交叉路口给予指引，以及针对道路维护、道路湿滑、滑坡等各种道路状况和突发状况给予指引性的路线选择。

（2）提示性安全标志。安全提示以亲切的语言与图形提示游客在游览过程中获得更好的旅游体验。它包括各种体验型的旅游活动项目，应对项目的各种可能风险详尽的提示，对各种身体状况不适应本项目的游客做友情的风险提示。对景区内的海拔高度、温度、天气状况、动植物保护等做出相应的提示。消防设备提示标志（红色背景）有消防警铃、火警电话、地下消火栓、地上消火栓、消防水带、灭火器、消防水泵结合器，如图10-1所示。

（3）明确禁止性安全标志。明确禁止性安全标志的作用是禁止游客的各种危险行为。它

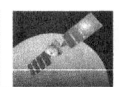

包括景区的消防安全标志、卫生安全标志、环保安全标志等。例如,"严禁烟火""请勿乱扔垃圾""请勿在名胜古迹上涂画"等,如图 10-2 所示。

图 10-1 提示性安全标志　　　　图 10-2 明确禁止性安全标志

（4）命令性安全标志。命令标志的含义是必须遵守。例如,必须戴安全帽、必须穿防护鞋、必须系安全带、必须戴防护眼镜等,如图 10-3 所示。

（5）警告性安全标志。警告标志的含义是警告人们可能发生的危险。例如,当心吊物、当心扎脚、当心落物、当心坠落等,如图 10-4 所示。

图 10-3 命令性安全标志　　　　图 10-4 警告性安全标志

三、景区突发事件应急准备与应急响应

根据国家旅游局颁发的《旅游安全管理条例》,旅游突发事件,是指突然发生,造成或可能造成旅游者人身伤亡、财产损失,需要采取应急处置措施予以应对的自然灾害、事故灾难、公共卫生事件和社会安全事件。

1. 制定应急预案（事前）

旅游经营者应当依法制定旅游突发事件应急预案,与所在地县级以上地方人民政府及其相关部门的应急预案相衔接,并定期组织演练。应急预案又称应急救援预案或应急计划,提供突发事件应对的标准化反应程序,是突发事件处置的基本规则和应急响应的操作指南。

1）景区应急预案体系

景区预案体系上级预案应为地方政府的《公共事件综合应急预案》,下级应急预案应包

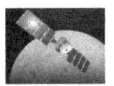

括各种专项事故应急预案如《火灾事故专项预案》《山体滑坡或落石事故专项预案》《交通安全事故应急预案》《各游乐项目事故专项预案》《公共卫生事件应急预案》等。

2）景区应急预案的内容

一个完整的应急预案一般应覆盖应急准备、应急响应、应急处置和应急恢复全过程，主要包括以下几方面内容。

（1）应急组织机构与职责。按照突发事件处置需要设立应急指挥机构，明确主要负责人、组成人员及相应的职责。

（2）预防预警机制。确定预警信息的监测、收集、报告、发布程序。按照突发事件严重性和紧急程度，预警级别分为一般（Ⅳ级）、较大（Ⅲ级）、重大（Ⅱ级）、特别重大（Ⅰ级）的4级预警，颜色依次为蓝色、黄色、橙色和红色。景区突发事件预警程序如图10-5所示。

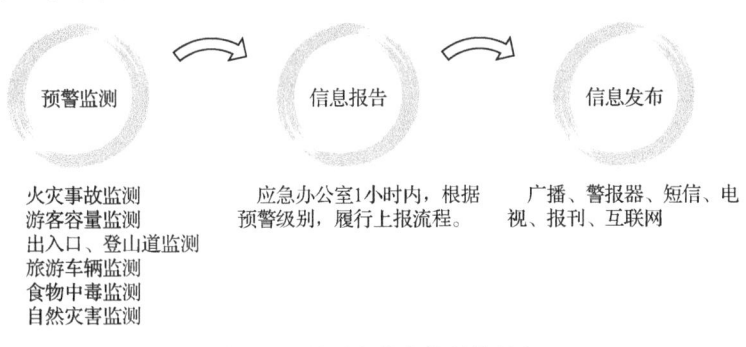

预警监测	信息报告	信息发布
火灾事故监测 游客容量监测 出入口、登山道监测 旅游车辆监测 食物中毒监测 自然灾害监测	应急办公室1小时内，根据预警级别，履行上报流程。	广播、警报器、短信、电视、报刊、互联网

图10-5 景区突发事件预警程序

（3）应急响应。根据突发事件的分级标准，确定相应的应急级别，采取应急响应行动，明确信息报送的程序，明确指挥机构的职能和任务，以及信息发布的内容、方式和程序。

旅游沙龙：北京旅游委启动旅游防汛应急响应 58个景区临时关闭

据北京市旅游委网站消息，根据北京市预警中心发布的暴雨黄色预警，北京市防汛指挥部于21日17时30分启动Ⅲ级应急响应，根据要求，北京市旅游委启动旅游防汛应急响应，北京市房山区和门头沟区境内共58个景区（点）临时关闭。

根据气象预报，今日至24日北京有一次明显强降雨天气过程，为保证广大游客生命财产安全，北京市旅游委提示，游客不要前往涉水景区，不参加漂流等涉水项目；山区涉及地质灾害的景区安全隐患较大，游客尽量不要前往游玩或露营。

北京市旅游委提示，6月21日至24日，北京市房山区和门头沟区境内共58个景区（点）临时关闭，恢复营业时间将另行通知。

（4）善后工作。明确善后处置、社会救助及后果评估。

（5）应急保障。确保落实财力、人力、物力、通信、医疗、技术、治安等各方面的准备预案。

（6）预案的监督管理。预案的监督管理包括应急预案的演练、宣传和培训。

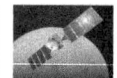

2. 应急响应机制（事后）

1）应急响应等级

根据国家旅游局第41号令：《旅游安全管理办法》规定，各类旅游突发事件按照其性质、严重程度、可控性和影响范围等因素，一般分为4个级别：Ⅰ级（特别重大）、Ⅱ级（重大）、Ⅲ级（较大）和Ⅳ级（一般）。

Ⅰ级（特别重大），造成或可能造成人员死亡（含失踪）30人以上或重伤100人以上；旅游者500人以上滞留超过24小时，并对当地生产生活秩序造成严重影响；其他在境内外产生特别重大影响，并对旅游者人身、财产安全造成特别重大威胁的事件。

Ⅱ级（重大），造成或可能造成人员死亡（含失踪）10人以上、30人以下或重伤50人以上、100人以下；旅游者200人以上滞留超过24小时，对当地生产生活秩序造成较严重影响；其他在境内外产生重大影响，并对旅游者人身、财产安全造成重大威胁的事件。

Ⅲ级（较大），造成或可能造成人员死亡（含失踪）3人以上10人以下或重伤10人以上、50人以下；旅游者50人以上、200人以下滞留超过24小时，并对当地生产生活秩序造成较大影响；其他在境内外产生较大影响，并对旅游者人身、财产安全造成较大威胁的事件。

Ⅳ级（一般），造成或可能造成人员死亡（含失踪）3人以下或重伤10人以下；旅游者50人以下滞留超过24小时，并对当地生产生活秩序造成一定影响；其他在境内外产生一定影响，并对旅游者人身、财产安全造成一定威胁的事件。

2）应急响应程序

Ⅰ、Ⅱ、Ⅲ级应急响应行动分别由国家旅游局、省级旅游主管部门、市级旅游主管部门有关部门组织实施。

若发生需Ⅰ、Ⅱ、Ⅲ级应急响应的事故灾难时，在国家、省、市预案正式启动前，由县政府和事发地镇政府（街道办）先行处置，防止事态扩大，同时逐级上报，逐级响应。

（1）上报制度。当发生旅游突发事件时，现场人员必须在第一时间将情况上报至旅游安全事故应急处置办公室。根据事故的大小、类别逐级报告相关单位。向上级旅游主管部门报告旅游突发事件，应当包括下列内容：事件发生的时间、地点、信息来源；简要经过、伤亡人数、影响范围；事件涉及的旅游经营者、其他有关单位的名称；事件发生原因及发展趋势的初步判断；采取的应急措施及处置情况；需要支持协助的事项；报告人姓名、单位及联系电话。重大旅游安全事故，除向当地有关部门报告外，应急指挥办公室应同时以电传、电话或其他有效方式直接向"中国旅游紧急救援协调机构"报告事故发生的情况。旅游突发事件发生后，当地旅游主管部门应当及时将有关信息通报相关行业主管部门。景区突发事件应急报告程序如图10-6所示。

（2）组织救援，保护现场。突发事件发生后，发生地县级以上旅游主管部门应当根据同级人民政府的要求和有关规定，启动旅游突发事件应急预案。医疗救护、资源调配、紧急救助等各保障小组立即到位，采取措施组织抢救。做好对事故现场的保护，杜绝故意破坏事故现场的事件发生。

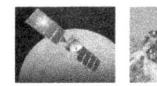

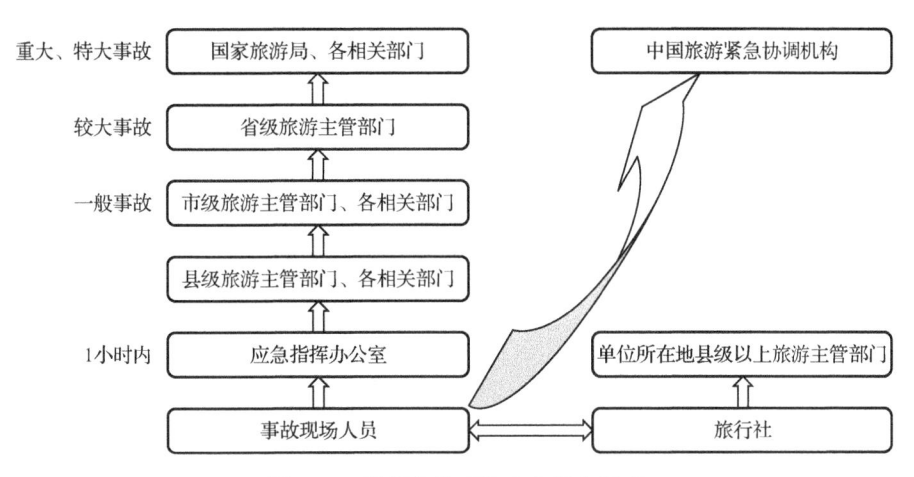

图 10-6 景区突发事件应急报告程序

（3）信息发布。景区应急指挥部通信联络组和景区市场部及时上报上级旅游主管部门事故进展，发生地县级以上旅游主管部门按照同级人民政府的要求，统一、准确、及时发布有关事态发展和应急处置工作的信息，并公布咨询电话。信息发布的形式包括授权发布、散发新闻稿、组织报道、接受记者采访、组织新闻发布会等。

（4）调查总结，追究责任。事故处置结束后，景区企业及管理部门应配合发生地县级以上旅游主管部门、应急指挥办公室及有关部门调查事故原因，追究事故责任。在 30 日内向县级、省级旅游主管部门提交总结报告。

（5）善后处理。发生地县级以上旅游主管部门应当根据同级人民政府的要求和有关规定协调医疗、救援和保险等机构对旅游者进行救助及善后处置，包括保险理赔、社会救助、安抚家属等。

（6）响应结束。突发事件处理工作基本完成，次生和衍生危害基本消除，应急响应处置工作基本完成，应急指挥中心宣布应急响应结束。一般事件由应急指挥部宣布结束，较大、重大、特大事件应报请由上级应急指挥部门批准后宣布结束。

旅游沙龙：携程旅游无损取消 3 日内出发订单

北京时间 8 月 8 日晚 21 时 19 分，在四川阿坝州九寨沟县（北纬 33.20 度，东经 103.82 度）发生 7.0 级地震，震源深度 20 千米。面对突发状况，各大旅游企业也纷纷启动应急机制，保障游客的安全，并提供力所能及的帮助。在地震发生后，携程旅游就启动了重大自然灾害应急处理机制和旅游保障金计划，以客户安全第一为原则安排目前仍在九寨沟地区的旅客，同时，3 天内即将出发的跟团游和自由行旅客将可以无损失取消行程，相关退订损失由携程旅游承担。因此次地震原因，取消前往地震地区行程的携程旅游度假旅客，都可以联系携程协商退订。

地震发生后携程旅游第一时间联系当地导游和合作伙伴，一一排查游客情况。由于地震发生在晚上，绝大部分旅客在酒店中，均相对安全。

同时，携程旅游迅速成立"九寨沟地震安全管理与应急处理小组"，与当地地接社、领队、导游等人员密切沟通，以全面处理旅客安全事宜。针对在当地的自由行旅客，也启动了

"微领队"和"全球旅行 SOS"支援服务，旅客可以通过微信或者携程 App 寻求帮助。

旅游科技：谷歌，推出旅游安全隐私 App Trusted Contacts

有时自然灾害、恐怖袭击或其他的可怕事件也会在旅游时不期而遇，Trusted Contacts 的诞生有效地让担心出游的用户平静下来，让他们瞬间能找到用户位置，同时解决隐私不受保护的问题。

Trusted Contacts App 的另一个强大功能是能够添加一个虚拟联系人，实时跟随用户前往不甚了解的城市。这些虚拟联系人将在用户漫步至潜在危险之地时获取你的位置，让你有一点安全感。

资料来源：品橙网

任务执行

1. 任务发布

分析景区安全管理体系构建，了解景区安全应急预案的编制和应急响应机制。

2. 任务分析

通过调查周边 A 级景区，了解景区的应急预案和应急响应制度，分析整理其景区的安全管理体系。

3. 任务实施

（1）调查周边 A 级景区的安全管理体系。
（2）编制景区应急预案，并形成任务成果书（见表 10-2）。

表 10-2　景区安全管理体系任务成果书

任务	景区安全管理体系
任务性质	小组任务
成果名称	景区安全管理体系
成果要求	（1）阶段成果：收集整理景区的安全预警内容及信息发布的方式、安全管理机构的构成、安全管理制度、安全标志系统、安全救援机构的构成、景区的应急预案 （2）最终成果：景区的应急预案
成果形式	（1）景区安全管理体系分析报告 （2）一份应急预案

任务三　景区常见安全事故的处理

导引案例

北京十渡游客蹦极触水　项目关闭整改

2017 年 8 月 19 日，一段"十渡游客蹦极落水"的视频受到广泛关注，视频中，一名游

客从蹦极平台上跳下，随后随绳索摆动，前两次下落后均正常弹起，但是第三次下落时游客突然呈直线坠落水中。该蹦极项目公司北京拒马娱乐有限公司 8 月 19 日下午发布声明称，视频中情况发生在 8 月 18 日 13 点 30 分，事情发生后，触水游客被马上送往房山区第一医院进行全面身体检查。目前该游客情况稳定，已无大碍，并转至中国人民解放军总医院接受进一步检查。北京市房山区十渡景区管委会表示，经质检部门现场勘查，蹦极设施设备没有安全问题，不存在断绳情况，游客落水主要由于蹦极绳放绳不当。经内部检查，是由于工作人员操作时上下手势沟通出现误差，从而导致游客触水。同时，十渡拒马乐园一负责人称，游客触水后负责操作的工作人员马上离岗，现在相关负责经理和工作人员已经停职。此外，从房山区安监局工作人员处得知，目前调查还在进行中，已通知景区在调查期间关闭蹦极项目。同时，十渡镇也于即日起对全镇所有景区进行安全设施大检查，防止类似事件发生。

思考：发生此类安全事故的处理程序是什么？

知识准备

一、景区一般、较大安全事故处理基本程序

1. 立即报告，协助处理

一般旅游安全事故逐级上报至设区的市级旅游主管部门，较大旅游安全事故逐级上报省级旅游主管部门。

2. 组织抢救，保护现场

应急指挥部组织各救援小组，医疗救护、资源调配、紧急救助各小组开展救援。现场有关人员在公安机关未进入前，因抢救工作需要移动物证时，需要做出标记，尽量保护事故发生地现场。

3. 分析原因，追究责任

旅游安全事故处置结束后，发生地旅游主管部门应当及时积极配合相关部门查明突发事件的发生经过和原因，依法对应当承担事件责任的旅游经营者及其责任人进行处理。

4. 总结经验，排查隐患

总结突发事件应急处置工作的经验教训，制定改进措施，并在 30 日内向县级、省级旅游主管部门提交总结报告。

二、景区重大安全事故处理基本程序

1. 立即报告
（1）重大和特别重大旅游突发事件逐级上报至国家旅游局。
（2）报告当地公安部门

2. 组织抢救、保护现场
（1）事故处理原则上由事故发生地区政府协调有关部门，及事故责任方和其主管部门负

责，必要时可成立事故处理领导小组。

（2）景区安全管理部门应立即派人赶赴现场，组织抢救工作，在公安部门人员未进入事故现场前，如因现场抢救工作需移动物证时，应做出标记，尽量保护事故现场的客观完整。

（3）有伤亡情况的，应立即组织医护人员进行抢救，并及时报告当地卫生部门。

3. 赔偿救助

（1）伤亡事故发生后，核查伤亡人员的团队名称、国籍、姓名、性别、年龄、护照号码及在国内外的保险情况，并进行登记。有死亡事故的应注意保护好遇难者的遗骸、遗体。对事故现场的行李和物品，要认真清理和保护，并逐项登记造册。

（2）伤亡人员中有海外游客的，责任方和报告单位在对伤亡人员核查清楚后，要及时报告当地外办和中国旅游紧急救援协调机构；由后者负责通知有关方面。

4. 总结报告

事故处理结束后，报告单位要和责任方及其他有关方面一起，认真总结经验教训。进一步改进和加强安全管理措施，防止类似事故的再次发生。

三、景区特别重大安全事故处理基本程序

对于特别重大的旅游安全事故的调查处理适用国务院发布的《特别重大事故调查程序暂行规定》。

（1）报告。发生特大事故时特大事故发生单位应立即将情况报告上级归口管理部门和事故发生地地方人民政府，并报告所在地的省、自治区、直辖市人民政府和国务院归口管理部门，并且在24小时内写出书面事故报告，报送上述部门。如涉及军民两个方面的特大事故，特大事故发生单位在事故发生后，必须立即将所发生特大事故的情况报告当地警备司令部或最高军事机关，并应当在24小时内写出事故报告，报送上述单位。省、自治区、直辖市人民政府和国务院归口管理部门，在接到特大事故报告后，应当立即向国务院汇报。

（2）现场保护。特大事故发生地公安部门在得知发生特大事故后，应当立即派人赶赴现场，负责事故现场的保护和证据收集工作。对于特大事故现场的勘查工作，由特大事故发生单位所在地方人民政府负责组织有关部门进行。

（3）调查。特大事故发生后，按照事故发生单位的隶属关系，由省、自治区、直辖市人民政府或国务院归口管理部门组织成立特大事故调查组，负责特大事故调查工作。此外，对于某些特大事故，国务院认为应当由国务院调查的，则可以决定由国务院或国务院授权的部门组织成立特大事故调查组。

四、景区常见安全事故处理

1. 意外伤害事故处理

意外伤害包括落石伤人、意外摔倒、跌倒、植物划伤等。

（1）立即报告。现场人员立即上报应急指挥办公室，报告内容包括事故发生内容、时间、地点、初步情况。指挥办公室根据事件的严重程度及发展趋势，逐级上报。

（2）组织抢救。现场人员要迅速为游客清理伤口消毒，及时止血，根据医疗常识采取紧急救护；伤势较重时，求助医务人员赶赴现场；伤势严重时，拨打120求助医疗救援。

（3）保护现场。现场有关人员在公安机关未进入前因抢救工作需要移动物证时，需要做出标记，尽量保护事故发生地现场。

（4）协调处理。景区安全负责部门应及时赶赴现场协调处理，配合有关部门开展保险理赔等方面的调查取证。

（5）总结报告。

（6）妥善处理善后事宜。

2. 景区自然灾害的处理

（1）应急疏散。所有应急工作人员立即到位；根据预警的级别确定景区内各项目和区域的开放程度；划定隔离区，实施封闭景区，转移当地居民和员工。

（2）立即报告。将景区地震造成的事故情况及进展立即逐级上报上级主管部门及旅游行政主管部门，在旅游主管部门的指导下，发布旅游预警信息。

（3）紧急抢救与转移。配合有关部门立即开展抢险救援，配合专业的应急救援队伍深入事发地抢救遇险游客。将受阻游客紧急转移至安全区域。

（4）开展环境整治。请求有关部门扑灭山火、治理水患、林业部门消除虫害或危险动物伤害。

（5）保险理赔、救助安抚。景区安全负责部门配合有关部门开展保险理赔等方面的调查取证，及时开展对伤亡人员的社会救助、灾后心理辅导。

（6）灾后重建。

（7）解除旅游禁令。

3. 景区火灾事故处理

（1）立即组织灭火。火势不大时，发现人应立即用附近的水灭火，若无其他灭火设施时，可用衣服或树枝进行灭火。

（2）立即报告。火势严重时，立即向景区应急指挥部报告，应急指挥部立即求助当地消防部门，并向县级旅游主管部门，安监部门报告。

（3）组织撤离、开展营救。

景区应急小组立即组织人员撤离游客至安全地带。协助专业的救援人员开展对游客的营救。

（4）调查原因，追究责任。组织相关部门调查起火原因，并做出技术鉴定。

（5）保险理赔、救助安抚。景区安全负责部门配合有关部门开展保险理赔等方面的调查取证，及时开展对伤亡人员的社会救助、灾后心理辅导。

（6）灾后重建。

（7）解除旅游禁令。

4. 景区交通事故处理

（1）立即报告。现场人员向景区管理部门报告，景区管理部门根据事故的严重程度，向

上级旅游主管部门、安监部门、交警部门、公安部门、消防部门、医疗卫生部门报告并请求救援。

（2）组织救援，保护现场。协同有关部门进行现场救援、勘察、车辆救援等工作，协助公安部门保护好现场。

（3）协助处理。配合有关部门开展调查取证、保险理赔、行政处罚、民事调解等工作。

（4）善后安抚。做好旅游者情绪安抚工作，积极开展善后救助。

（5）总结报告。

任务执行

1. 任务发布

调查并统计当地一家 A 级景区历年的安全事故情况。分析并总结其安全事故的处理程序。

2. 任务分析

通过网络资料收集整理，现场调查访问的形式，调查周边 A 级景区，统计当地一家 A 级景区历年的安全事故情况，分析并总结其安全事故的处理程序。

3. 任务实施

（1）调查并统计当地一家 A 级景区历年的安全事故情况，包括发生的时间、地点、事故的类型、伤亡情况、事故的等级等。

（2）分析并总结其安全事故的处理程序，并形成任务成果书（见表 10-3）。

表 10-3 景区旅游安全事故的处理程序任务成果书

任务	分析并总结其安全事故的处理程序
任务性质	小组任务
成果名称	景区旅游安全事故的处理程序
成果要求	（1）阶段成果：景区历年的安全事故情况 （2）最终成果：景区旅游安全事故的处理程序
成果形式	（1）一份关于景区历年的安全事故情况统计分析表 （2）一份景区旅游安全事故的处理程序分析

项目小结

旅游安全是旅游业的生命线。景区安全问题涉及的范围广、内容杂、层次多，其中最主要的有三方面，即游客的人身安全、财产安全和景区生态安全。

我国旅游安全的管理方针是"安全第一，预防为主"，国家旅游安全施行"统一领导、分级管理、以基层为主"的管理体制。景区的管理机构和经营企业是景区安全管理的基层单位。景区的安全管理主要从建立安全管理组织机构、完善安全责任制度、加强安全教育培训、

落实安全督导检查、制定安全应急预案、理顺应急响应机制等方面着手。

景区安全管理体系由预警系统，控制系统和保障系统组成。政策法规体系是景区安全管理的保障和依据，预警系统和控制系统属于事前的预防和事中的监管体系，旅游保险属于事后的补偿体系，安全救援是事中采取积极措施的重要保障。

景区安全事故处理的基本程序为立即报告，协助处理；组织抢救，保护现场；分析原因，追究责任；总结经验，排查隐患。

同步练习

一、名词解释

1. 景区安全问题
2. 景区安全管理体系

二、填空题

1. 景区安全问题涉及的范围广、内容杂、层次多，其中最主要的有三方面，即游客的_____、_____、和_____。
2. 自然灾害是指由于自然异常变化造成的_____、_____、_____、_____等现象或一系列事件。
3. 按照景区的类型划分，景区安全事故主要表现为_____、_____、_____、_____、冰雪类景区安全事故、游乐园安全事故等。
4. 景区安全标志系统由_____、与_____两个子系统组成。
5. 按照突发事件严重性和紧急程度，预警级别分为一般（Ⅳ级）、较大（Ⅲ级）、重大（Ⅱ级）、特别重大（Ⅰ级）的4级预警，颜色依次为_____、_____、_____、_____。

三、选择题

1. 旅游安全事故的表现形态（　　）。
   A. 犯罪　　　　　B. 自然灾害　　　　C. 旅游交通安全事故　　D. 旅游设施安全事故
2. 景区安全管理体系由（　　）构成。
   A. 预警系统　　　B. 控制系统　　　　C. 保障系统　　　　　　D. 财务系统
3. 区安全管理制度主要包括（　　）。
   A. 安全岗位责任制　　　　　　　　　B. 领导责任制
   C. 值班巡逻制度　　　　　　　　　　D. 设施设备维修和保养制度
4. 一般设置景区安全管理委员会，下设（　　）。
   A. 巡逻组　　　　B. 护卫组　　　　　C. 消防组　　　　　　　D. 监察执行组

四、判断题（正确的打"√"，错误的打"×"）

Ⅰ级（特别重大）旅游安全事故，是指造成或可能造成人员死亡（含失踪）30人以上或重伤100人以

169

上；旅游者 500 人以上滞留超过 24 小时，并对当地生产生活秩序造成严重影响；其他在境内外产生特别重大影响，并对旅游者人身、财产安全造成特别重大威胁的事件。（　　）

五、简答题

1. 景区突发事件应急预案的内容是什么？
2. 景区突发事件应急响应的程序是什么？
3. 景区安全事故处理的一般程序是什么？

阅读材料

景区"限流"要有预警机制

国家旅游局日前公布了《景区最大承载量核定导则》旅游行业标准，指导全国景区开展最大承载量核定工作。经景区主管部门核定，全国所有 5A 级景区现已完成最大承载量测算核定工作，并向社会公布。

公布全国 5A 级景区游客人数最大承载量，实际上是落实旅游法的一项细化措施。旅游法规定，景区应当公布最大承载量、景区接待旅游者不得超过最大承载量，要求旅游者数量可能达到最大承载量时景区要提前公告并及时采取疏导、分流等措施。可见，所有景区均应依法公布最大承载量，5A 级景区仅是先行了一步。

众所周知，庞大且持续增长的客流量，令一些热门景区在文物保护、古建维护、游客安全等方面承受巨大压力。因此，给景区设置最大承载量，并采取限流措施，既是保障景区安全的必然要求，也是文化遗产保护的不二选择。不可否认，景区限流，会有部分游客因被拒绝进入而乘兴而来、扫兴而归，对于他们来说是一种不公平。然而，与景区安全和文化遗产保护相比，这暂时的不公平又算得了什么？其实，景区"超载"，其后果就像汽车超载一样严重。如此看来，景区限流是有科学依据的，也是一道安全底线。

故宫是我国第一个公布最大承载量、并采取限流措施的景区。自 2015 年 6 月 13 日起，故宫启动单日接待游客不超过 8 万人次的限流方案，同时全面推行实名制售票，现场散客需持身份证才能购票，旅行社团队则要全部网络预订门票。7 月 11 日 14 时 30 分，故宫首次启动了止票限流措施，在余票数量为零后现场关闭售票窗口。故宫相关负责人表示，从现场看，限流的各项措施效果良好。

可见，景区限流应有预警机制。有关部门应尽早制定景区限流预警制度，根据各景区的特点和承载能力，在高峰时段密切关注接待人数，及时通过各种途径发布预警并停止接待，确保"限流"落到实处。同时，还可以发挥价格调节作用，通过淡季降价等方式分流游客。

资料来源：http://www.lvyoukan.com/34657.html。

项目十一

景区价值提升

知识目标

1. 了解景区财务管理的目标、内容、原则和方法。
2. 了解景区的盈利模式。
3. 了解景区品牌形象的概念和构成要素。
4. 了解景区品牌形象识别系统的构建和品牌传播的途径。

能力目标

1. 能通过分析景区的融资方式、收入构成,确定景区的盈利模式和财务目标。
2. 能通过调查分析明确景区的品牌形象识别系统及品牌传播策略。

任务一　景区财务管理

导引案例

门票禁涨令一年到期，多个景区被指光速涨价

国家发改委、国家旅游局 2015 年 9 月下发《关于开展景区门票为期一年的景区门票价格专项整治工作的通知》通知，提出在自 2015 年 9 月到 2016 年 8 月，全国开展为期一年的景区门票价格专项整治工作。其间，各地原则上不出台新的上调景区门票价格方案。但是，记者调查发现，据不完全统计，湖北、吉林、广东、福建、云南等至少 10 个省份的景区，自 2016 年以来已开启门票调价程序或已提出调价意向。"禁涨期"沦为多地景区的"备涨期"。一些景区听证会还存在新设"园中园"变相涨价、公示期"缩水"、超幅度涨价等涉嫌违规行为。

例如，湖北十堰市郧西县五龙河景区 2016 年 4 月举行听证会，拟从现行价格 80 元/人次调整到 100 元/人次。湖北十堰市旅游局有关负责人表示，这个调整是基于景区扩容，由此前沿岸 3.5 千米扩大到 10 千米，并增加了游船、小木屋等项目。"目前县政府还未批复，批复后公示半年执行。"

个别景区不仅走过了上述流程，还"光速"完成公示并执行上调后的票价。广东 5A 级大角湾景区 2016 年 5 月 18 日发布景区门票价格听证会公告，6 月中旬开听证会，7 月 18 日已正式上调票价。

资料来源：搜狐新闻，http://news.sohu.com/20161004/n469582518.shtml。

思考：景区门票如何"涨"与"降"？

知识准备

一、景区财务管理的内涵

景区财务管理，是指有关资金的筹集、运用和回收、分配等方面的工作。作为混合公共产品的景区承担更多的社会责任，景区财务管理在具备一般企业财务管理基本管理共性的同时，在管理目标上具有一定的差异性。

1. 景区财务管理与一般财务管理的共性

（1）财务管理功能的一致性。景区财务管理根据宏观经济规律和国家政策，通过对景区资金运动进行预测、决策、计划、控制和分析，保证有足够的资金维持其正常的运营，并能获得一定的财务回报。

（2）财务管理内容的一致性。景区财务管理包含景区资金的筹集、运用、回笼、控制及分配等方面的工作，是以筹资管理、投资管理、营运资金管理和利润分配管理为主要内容的综合管理活动。

2. 景区财务管理的特点

（1）景区市场价值最大化依然是景区财务管理的主要目标。景区的市场价值是由景区的盈利能力、发展前景、时间和风险等因素共同作用的结果，是市场对景区的综合评价。

景区作为法人实体，其生产过程为投资人、债权人带来投资收入，为员工带来工资收入，能消费供应商的商品，从而形成一个完整的筹资——生产——销售——利润分配价值链。这条价值链的价值最大化是最重要的理财目标，而最能反映这条价值链价值的是景区的市场价值。

（2）现代景区的人本化理财观念。首先，人本化的理财观念要求充分协调景区理财主体之间的财务关系，建立国家、地方政府、相关部门、投资者、经营者、顾客、社会公众组成的多元化的理财主体，实现多元财务主体的利益最大化。

其次，要实现财务责任的社会化。景区既要考虑资本投入者的财务要求，又要考虑自身履行社会责任的要求，实现两者之间的平衡，有助于实现景区经营目标的同时，树立良好的社会形象。

（3）不同类型景区财务管理目标的差异性。不同类型的景区其景区的管理目标是不同的，因此，在财务目标上也具有差异性。自然类景区、文物古迹型景区、遗产类景区因其有公共资源的属性、不可再生性等特点，景区的管理目标是在保护的前提下有限制地、分步骤地开发。因此，其财务目标是在确保资源保护的前提下，追求企业市场价值最大化。而主题型景区则是市场化运作，遵循"成本—效益"原则，其财务目标以利润最大化为主。

同步案例：去门票化"旅游经济"能否开启景区新局面

继杭州西湖景区全面免费之后，自2017年元旦起，国家5A级景区济南大明湖将全面免费开放，通过"还湖于民"拉动旅游经济整体发展。在国内众多景区仍乐此不疲于门票涨价的大背景下，像大明湖这样的5A级景区免费开放，能否进一步撬动我国景区免费名单"扩容"？

资料来源：http://www.lvyoukan.com/207499.html。

二、景区财务管理的原则

景区财务管理原则，是指组织景区财务管理活动和协调处理财务关系的基本准则，是对财务管理的基本要求。

1. 依法理财原则

景区作为市场经济主体，财务管理必须贯彻依法理财的原则。景区必须以《企业财务通则》和财务制度为依据，组织财务活动，建立健全财务管理制度，做好财务管理基础工作，依法筹资、纳税和分配利润等。

2. 风险—收益平衡原则

风险是指企业经营活动的不确定性所导致的财务成果的不确定性。企业在经营过程中应当权衡风险与收益，趋利避害，确保财务目标的实现。

3. 变现能力与盈利能力平衡原则

变现能力是指企业支付到期债务的能力。盈利能力是指企业获取利润的能力。增加资金资产有利于提高企业的变现能力，但是现金是非盈利资产，增加现金又会导致盈利能力某种程度的降低，因此，财务管理活动必须合理安排各种资金比例实现变现能力与盈利能力的平衡。

4. 相关利益集团的利益最大化原则

景区财务管理在遵循成本—价值最大的原则，实现知识资源和财务资源价值最大化的同时，要实现与景区利益相关集团如政府、相关部门、供应商、战略伙伴、社会公众、潜在投资者的利益最大化。成本—价值原则指导下的财务管理目标追求的是投资回报的最大化，而相关利益集团的利益最大化原则则是追求景区的可持续发展，是景区生存发展的根本。

三、景区财务管理的方法

1. 财务规划和预测

财务规划预测是在景区全局观念指导下，根据景区发展整体战略目标和规划，建立景区财务的战略和规划。

景区财务预测是根据景区财务活动的历史资料，结合现实的要求和条件，对景区未来的财务状况做出有科学依据的预计和推测。财务预测一般采用定性预测和定量预测两种方法，包括资金预测、成本费用预测、收益预测。

2. 财务决策

财务决策是指景区管理者为了实现预定的财务目标，根据财务预测资料，运用科学方法在若干个可供选择的方案中选择最优方案的过程，主要包括筹资决策、投资决策及收益分配决策。

3. 财务预算

财务预算是指运用科学的技术手段和数量方法，对未来财务活动的内容和指标所进行的的具体规划。它是落实财务决策的一种行动计划，将财务预测和财务决策数量化和具体化，是控制财务活动的依据，包括经营性预算、资本性预算、现金收支预算，以及编制预算表。

4. 财务控制

财务控制在财务活动过程通过检查、核算、监督、考核、调节和引导，保证景区的财务活动按照既定计划进行，是落实预算任务、保证预算实现的有效措施。财务控制包括收入控制和成本控制。

5. 财务分析

财务分析是根据核算资料，通过一定的财务指标进行分析，以评价景区过去的财务状况和经营成果，揭示未来财务活动趋势。

6. 财务审计

财务审计是景区依照相关规定和制度，采用专门的程序，对景区的财务收支及其经济活动进行审核，查明其是否具有合法性和效益性，并提出建议和意见，以加强景区经营管理，提高经济效益。财务审计包括资金审计、收支审计和经济收益审计。

四、景区财务管理的内容

景区的生产经营过程是一个资本不断运动变化的过程，也就是企业财务活动的过程，资本的运动过程和内容决定了财务活动的内容。景区的财务活动具体包括资金的筹集、运用、回收及分配等一系列行为。这些财务活动将景区财务管理的内容确定为以下几方面。

1. 景区筹资活动

筹资活动是为了满足景区经营活动、投资活动、资本结构管理和其他需要，通过各种融资渠道，筹措和获取所需资金的财务活动。

1）筹资渠道

（1）国家财政资金。国家财政资金是国家财政以直接拨款的方式形成的，也有是国家对企业的税前还贷或减免各种税款形成的。我国绝大多数的景区由政府成立的机构对景区进行经营管理，实行财政统收统支。武夷山风景区在申报世界自然遗产时国家给予 1 000 多万元的补贴。

（2）银行信贷资金。银行信贷资金是企业重要的资金来源。我国现有工商银行、农业银行、中国银行、建设银行等商业银行，并建立了国家开发银行、进出口信贷银行、中国农业发展银行等政策性银行。目前，我国景区的信贷要求开发商自有资本投入 25% 以上，并使用景区收益权或资产作为抵押或质押，向银行贷 75%。武夷山风景区用门票的经营权和收益权作为抵押，与农业银行达成合作，成功融资。后来，武夷山管委会不再使用门票抵押贷款，而是采用经营放贷，每家银行授信 1 亿元，充足的资金助推武夷山景区快速发展。

（3）非银行金融机构资金。非银行金融机构是指由各级政府及其他经济组织主办的，在经营范围上受到一定限制的金融企业，如保险公司、信托投资公司、信用合作社、租赁公司、企业集团的财务公司等。

（4）其他法人单位资金。其他法人单位包括企业法人单位和社会法人单位。企业法人单位和社会法人单位可以依法对生产经营过程中形成的暂时闲置资金进行相互投资。

（5）民间资本。民间资本是企业职工和城乡居民手中暂时不用的结余货币。企业可以利用发行公司债券、股票等方式，吸收其闲置资金。

（6）企业内部形成的资金。企业自留资金直接由内部转移而来，是企业根据现行法规规定的结算程序，在企业内部形成的一部分经常性延期支付的款项，主要由各项公积金、折旧和未分配的留存收益构成。

（7）境外资金。境外资金包括境外投资者投入资金和借用外资，如外商资本金、进出口物资、延期付款、补偿交易、国外贷款，以及在国外发行的债券等。

2）筹资方式

随着大众旅游时代的到来和国家全域旅游发展观的制定，景区融资发展备受关注。2015

年7月《关于进一步促进旅游投资和消费的若干意见》针对增强旅游投资和消费,提出加大改革创新力度,拓展旅游企业融资渠道等内容。

(1) 招商融资。景区通过协议的形式吸收国家、其他法人单位、个人和外商到企业直接投入资金,形成企业资本金的一种筹资方式。

(2) 政策支持性融资。充分利用旅游国债项目、扶贫基金支持、生态保护项目、文物保护项目、世界旅游组织规划支持、国家及省市旅游产业结构调整基金等国际、国家及省市鼓励政策进行政策支持性的信贷融资。

(3) 众筹模式。众筹模式依托于互联网,利用"互联网+"平台可以减少信息的不对称性,面向广大网民,分担融资风险,是被限制的民间资本快速进入景区新的投资渠道,是一种创新的"金融脱媒"方式。是中小型景区和起步初期较好的融资模式,也是一种极好的营销模式。可以充分解决中、小型景区或休闲项目融资困难的问题。

(4) PPP公私合营模式。将部分政府责任以特许经营模式方转移给景区开发企业,政府与企业建立"利益共享、风险共担、全程合作"的关系,政府的财政负担减轻,企业的投资风险减小,适用于未来投资收益稳定且可预期的新建景区项目。

(5) 其他筹资方式。上市、发行债券、银行信贷、私募资本融资、商业信用融资等。

同步案例1:张家界景区的筹资之路

张家界景区开发初期,由于资金有限,将天子山索道、黄石山索道、观光电梯等项目对外招商,利用投资商的资金开发建设,使景区的重大项目得以落地实施。目前天子山索道成为中国索道里面最赚钱的项目之一,每年收入达到一两亿元,成为景区成功招商的案例之一。

同步案例2:武夷山景区的筹资之路

武夷山景区在股份制改造前,负债2000多万元,景区管委会经过慎重考虑,综合多方利益,决定引进投资,实行股份制改造。在保证国有风景资源收益的前提下,将门票收入一分为二,50%作为资源使用费,归属武夷山景区管委会,另外50%作为公司的正常收入。内部管理上,坚持管委会为主、政府为辅的方式,在股份制改造时,管委会的国有股份占51%,另外管委会还考虑到员工的利益,让景区每个员工都持股,一股为15 000元,景区管理的高层、中层、一般员工都做分配,要求一般员工至少买一股。这种股份制改造,把国有资本、民间资本和员工利益有机地结合起来,是景区内部解决融资问题的可行渠道。

资料来源: 大地风景国际旅游研究院。

2. 景区投资活动

从资金的运动状态来看,投资是以回收现金并取得收益为目的而发生的现金流出。

1) 投资的种类

(1) 广义投资与狭义投资。广义投资是指企业将筹集的资金投入使用的过程,包括企业内部使用资金的过程和企业对外投放资金的过程。内部使用主要是通过购买原材料和机器设备、聘用员工、建造生产设施等行为将资金投放到生产经营中,形成各种生产资料,如流动资产、固定资产、无形资产和其他资产等,开展生产经营,最终使得这些耗费得以补偿,重回资金起点。狭义的投资仅指企业将现金、实物或无形资产等投放到企业外部其他企业或单位而形成的股权性投资或债权性投资。

(2) 短期投资与长期投资。根据投资时限，投资可分为短期投资与长期投资。短期投资是指可以随时兑换成现金并且持有时间不准备超过一年的投资，包括各种股票、债券、基金等。长期投资是指不准备在一年或长于一年的经营周期之内转变为现金的投资。长期投资按其性质分为长期股票投资、长期债券投资和其他长期投资。

(3) 固定资产投资与流动资产投资。固定资产投资包括基本建设投资和更新改造投资两部分。流动资产投资是对企业生产经营中所需劳动对象、工资和其他费用方面的货币的预先支付。

(4) 确定性投资与风险投资。广义的风险投资泛指一切具有高风险、高潜在收益的投资；狭义的风险投资是指以高新技术为基础，生产与经营技术密集型产品的投资。确定性投资是相对于风险投资而言的，收益有一定保证的投资。

2) 投资应考虑的因素

(1) 投资收益。尽管投资的目的多种多样，但是，根本动机是追求较多的投资收益和实现最大限度的投资增值。

(2) 投资风险。投资风险表现为未来收益和增值的不确定性。诱发投资风险的主要因素有政治因素、企业投资审批流程、经济因素、技术因素、自然因素和企业自身的因素，各种因素往往结合在一起共同发生影响。

(3) 投资弹性。投资弹性涉及两个方面：一是规模弹性，即投资企业必须根据自身资金的可供能力和市场供求状况，调整投资规模，或者收缩或者扩张；二是结构弹性，即投资企业必须根据市场的变化，及时调整投资结构，主要是调整现存投资结构，这种调整只有在投资结构具有弹性的情况下才能进行。

3. 景区资产管理

1) 资产的概念

资产是指由企业过去经营交易或各项事项形成的，由企业拥有或控制的，预期会给企业带来经济利益的资源。

2) 资产的分类

(1) 流动资产，是指可以在一年或超过一年的一个营业周期内变现或耗用的资产，一般包括现金及银行存款、短期投资、应收及预付款项、存货等。

(2) 长期投资，是指不准备在一年内变现的投资，包括股票投资、债券投资和其他投资。

(3) 固定资产，是指使用年限在一年以上，单位价值在规定标准以上，并在使用过程中保持原来物质形态的资产，包括房屋及建筑物、机器设备、运输设备、工具器具等。

(4) 无形资产，是指企业长期使用而没有实物形态的资产，包括专利权、非专利技术、商标权、著作权、土地使用权、商誉等。

(5) 递延资产，是指不能全部计入当期损益，应当在以后年度内分期摊销的各项费用，包括开办费、租入固定资产的改良支出等。

(6) 其他资产，是包括特种储备物资、银行冻结存款、银行冻结物资、涉及诉讼的财产等。

3) 固定资产管理

固定资产是指企业为生产产品、提供劳务、出租或经营管理而持有的、使用时间超过 12

个月的，价值达到一定标准的非货币性资产，包括房屋、建筑物、机器、机械、运输工具以及其他与生产经营活动有关的设备、器具、工具等。固定资产管理是指对固定资产的计划、购置、验收、登记、领用、使用、维修、报废等全过程的管理。

（1）固定资产的分类。固定资产可以按其经济用途、使用情况、产权归属、实物形态和使用期限进行分类核算。按经济用途可分为生产经营用和非生产经营用两类。生产经营用固定资产是指直接服务于生产经营全过程的固定资产，如厂房、机器设备、仓库、销售场所、运输车辆等。非生产经营用固定资产是指不直接服务于生产经营，而是为了满足职工物质文化、生活福利需要的固定资产，如职工宿舍、食堂、浴室、医务室、图书馆及科研等其他方面使用的房屋、设备等固定资产。按实物形态分为房屋及建筑物、机器设备、电子设备、运输设备及其他设备五大类。

（2）固定资产折旧。固定资产折旧是指在固定资产使用寿命内，按照确定的方法对应计折旧额进行系统分摊。使用寿命是指固定资产的预计寿命，或者该固定资产所能生产产品或提供劳务的数量。应计折旧额是指应计提折旧的固定资产的原价扣除其预计净残值后的金额。

固定资产折旧的常用方法有年平均法、工作量法、双倍余额递减法、年数总和法等，其中年平均法（直线法）是最常用的折旧方法。其计算方法为

$$年折旧率=（1-预计净残值率）÷预计使用寿命（年）×100\%$$

$$月折旧额=固定资产原价×年折旧率÷12$$

4）无形资产管理

一切与企业生产经营有关，能为企业带来经济效益的没有物质实体的资产，都属于无形资产。企业无形资产包括专利权、非专利技术、商标权、著作权、土地使用权、特许权、商誉等。我国景区开发经营过程中，政府通过土地使用权、特许权的转让，吸引企业投资，解决景区开发资金问题。

4. 景区营业收入与利润管理

1）景区营业收入构成

我国景区的盈利模式正在由门票经济转变为产业链经济。过去的景区都是"一票二道三餐四购"这种简单的收入模型，现在的景区需要转变为综合型的收入模型。

（1）门票收入。门票收入是指景区全部门票收入所得。

（2）景区交通收入。景区打造的"快进慢游"交通体系，包括索道、栈道、小火车、生态电瓶车、直升机等。

（3）景区内餐饮服务收入。景区内部所属餐厅的餐费、冷热饮收入。除了传统的景区内冷热饮小卖部外，还有生态餐厅、亲子厨房、岩洞餐厅等创新型餐饮。

（4）商品零售收入。商品零售收入是指本景区所属商店、小卖部等的商品零售收入，包括各种旅游纪念品、特产、文化创意产品的销售收入。

（5）娱乐与体育服务收入。景区内部各类娱乐体验类活动，如漂流、游乐园、水上乐园、休闲健身设施、体育娱乐项目、拓展训练等的营业收入。

（6）住宿服务收入。景区内部所属住宿设施有偿为顾客提供住宿的客房收入。例如，景

区依托资源打造的各种生态树箱、木屋营地、儿童主题酒店、帐篷营地等。

（7）其他服务项目收入。其他服务项目收入包括景区依托资源开发的养生旅游项目、体育旅游项目、文化演艺项目、科普教育项目、森林 SPA、禅意体验、林间瑜伽等收入。

2）景区利润管理

景区利润是景区在一定时期内全部收入减去全部支出后的余额，是景区在这个时期内经营活动的财务成果。

（1）景区利润的构成。

$$利润总额=营业利润+投资收益+营业外收入-营业外支出$$

（2）景区利润考核指标。

$$营业利润=主营业务利润+其他业务利润-营业费用-管理费用-财务费用$$

$$净利润=利润总额-所得税$$

$$资金利润率=利润总额/资金总额\times 100\%$$

$$成本利润率=利润总额/成本费用总额\times 100\%$$

3）景区盈利模式

"游"是旅游要素的核心组成部分，以"游"为核心的景区经营收益也是长期以来我国景区的主要收入。随着大众休闲旅游时代的到来，旅游者的旅游需求由以观光游览为主转变为对休闲度假、养生疗养、体育健身、探险、科学探索等综合性体验的追求。景区的盈利模式也在由单一的"门票经济"向景区全产业链的盈利模式转变。

（1）景区核心业务盈利模式。这种模式是指景区主要通过门票、游乐项目等核心业务进行盈利。

（2）价值链横向延伸模式。景区通过向旅游者提供旅游要素的相关延伸服务进行盈利。例如，向旅游者提供餐饮、住宿、交通、购物及旅行社的相关服务来获利。

（3）价值链纵向延伸模式。这是景区的增值业务盈利模式，是指景区经营企业通过产业融合，拓展旅游相关业务，如旅游地产、旅游影视、旅游会展、体育旅游等，通过承办赛事、节庆、演艺等各种融合业务，拓展盈利。

任务执行

1. 任务发布

分析景区筹资方式、收入构成、盈利模式及财务目标。

2. 任务分析

通过调查周边 1~2 个 A 级景区，分析景区筹资方式、收入构成、财务目标及盈利模式。

3. 任务实施

（1）调查景区的筹资方式、收入构成。

（2）分析景区的财务目标及盈利模式，并形成任务成果书（见表 11-1）。

表 11-1　景区筹资方式、收入构成、盈利模式及财务目标任务成果书

任务	分析景区筹资方式、收入构成、盈利模式及财务目标
任务性质	小组任务
成果名称	景区筹资方式、收入构成、盈利模式及财务目标
成果要求	（1）阶段成果：调查周边景区的出资方式、收入构成 （2）最终成果：景区的盈利模式和财务目标
成果形式	一览表（将景区的筹资方式、收入构成制成表格）、景区盈利模式分析

任务二　景区品牌形象提升

导引案例

老故宫的三招品牌升级之法

北京故宫已经有 600 年历史，被誉为世界五大宫之首，是世界文化遗产，国家 AAAAA 级景区。最近几年，故宫不断吸引着大众的眼球，成了新网红。故宫的这种网红变化，就是一次典型的品牌升级。

一、产品破局

故宫作为博物馆，其核心产品，当然是这 600 年的建筑群，再来就是 180 万件珍贵文物了。四合院，只能看，珍贵文物，更加只能远远地看。博物馆，就是高档大气上档次的女神，可远观而不可亵玩焉，这种距离感是消费者无法跨越的。一款故宫朝珠耳机、"朕就是这样汉子"折扇、顶戴花翎官帽伞……亮瞎了众人的眼睛，刚刚面市时，这些独具北京故宫文化创意产品在微信、微博上被大量转发，这些产品件件都带着故宫与生俱来的高贵气质，件件创意十足，关键是价格极其亲民，从几元到几万元，任由顾客挑选，网友纷纷在评论里留言说"萌萌哒""太有才了""买买买"。

二、互联网思维

《皇帝一日游》手游推出，不仅长知识，还很好玩，小皇帝的形象更是萌萌哒。接着，由故宫出品的一众 App 齐刷刷的亮相，《韩熙载夜宴图》《紫禁城祥瑞》《每日故宫》……每个 App 都称得上是精品，从画面到配乐都极其精美，再加上专业的解说，被一群网友盛赞。

三、立体式、拉式传播方式

《我在故宫修文物》纪录片火爆视频圈，不久上映的同名电影在豆瓣获得了 7.5 的评分。拥有 200 多万粉丝的故宫微博，定期投放各种故宫的信息……这种传播方式，就是立体式传播，这种立体式传播，就如一张无形的网，总能让新的故宫形象与消费者遇上。从其传播的内容上看，故宫建立了与消费者全新的品牌关系——所有的营销始于消费者，其传播的内容不像传统的品牌信息输出，其内容带着浓重体验式营销，极度注意与消费者的相互沟通，这就是一种全新拉式传播。

资料来源：搜狐旅游，http://www.sohu.com/a/126613337_542455。

思考：本案例中，故宫的品牌形象提升途径是什么？

知识准备

一、景区品牌形象的内涵

品牌是"消费者心中留下的烙印"，是商标、名称、包装、价格、历史、符号、广告风格的无形总和，是一个综合的、抽象的概念。景区品牌由品牌名称、品牌标志和商标三个方面组成。例如"迪士尼"是品牌名称，米老鼠是品牌标志，"迪士尼"乐园经过注册，就是商标，受到法律保护。

景区形象为一定时期和一定环境下社会公众（包括旅游者）对景区形成的一种总体印象与评价，表现为知名度、美誉度、可信度等。广义地讲景区形象应该包括能够被社会公众所感知的有关景区的各种外在表现，这种外在表现既包括有形的硬件设施，如景区的空间外观、标志、服务设施等，也包括无形的形象要素，如文化背景、人文环境、服务展示、公关活动等。

景区品牌形象是为了赢得顾客忠诚，从景区企业全面的经营管理运作中产生的自我认知到旅游者识别的具有差异性的形象系统。景区品牌形象建设是从单纯的形象塑造向景区品牌构建过渡中间环节。景区品牌形象的塑造主要决定于景区企业形象、旅游产品形象、旅游消费者形象三个方面。

二、景区品牌的类型

景区品牌是对景区整体的一种个性概括，它囊括了景区各个层面的内容，是景区品牌整体性的体现。在景区总品牌的涵盖之下，至少可分化出景区所在旅游地品牌、经营者品牌、旅游项目品牌和旅游资源品牌4个分支品牌。

1. 景区所在旅游地品牌

不少景区本身就具有景区与地名的双重身份，如九寨沟、故宫、黄山等，因此景区品牌往往具有比其他业态品牌更为明显的区域特征。

2. 经营者品牌

经营者品牌是景区经营权所有者的品牌，它的名号可与景区相同，也可单独拥有自身的名号，它的主体既可以是企业，也可以是个人经营者。

3. 旅游项目品牌

旅游项目品牌是景区旅游及相关活动的品牌，它既从属于景区总品牌，又与其相辅相成。旅游项目品牌是景区品牌给予游客利益的深化、细化与现实化的代表，是与景区品牌同体共生的，一旦它的影响力达到一定程度，便可以成为景区总品牌的"代言"。

4. 旅游资源品牌

旅游资源品牌与景区一脉共生，也可成为景区的"代言"，景区所拥有的自然或人文旅游资源的独特性，大多数知名景区的运营都依赖于旅游资源品牌。黄山景区的迎客松、八达岭景区的长城等，这些标志性景观，有的是景区的核心景观吸引物，是景区品牌的象征和吸引力的源泉，同时也是一个景区品牌有别于其他景区品牌的特质所在。

同步案例 1：主题公园品牌

TEA 与 AECOM 共同发布了《2016 全球主题公园和博物馆报告》中全球排名前十强的主题公园集团。这是 TEA 与 AECOM 连续第 11 年发布此报告，发展至今已成为检视全球主题公园和博物馆行业发展的风向标。

主题乐园的形式虽然多种多样，有游乐场、有水乐园、有演艺、有动物乐园等，但商业形态模式大致可以分为两类。

一类是主题公园（度假区）+IP，典型的如迪士尼、环球影城、华强方特，它们以 IP 为主打，专注于主题公园及配套领域，不开发任何形式的房地产。

另一类是主题公园+房地产，如华侨城、长隆、万达、宋城等，它们在建造主题公园的同时，以此为筹码在地方上低价圈地，然后以酒店度假村、商业地产、住宅地产、土地流转等形式，作为加速回款和增加收益的手段。

资料来源：劲旅网，http://www.ctcnn.com/html/2017-07-26/10190986.html#PPN=commentator

同步案例 2：国内五大主题（演艺）公园集团齐聚西安，陕西旅游新格局将被如何重新定义

作为旅游大省，前世遗留下的众多历史文化遗产成为陕西旅游的最大特色。争相入陕的国内主题公园旅游集团可谓"大咖云集"：既有半年前就布局西安的万达集团；也有"中国演艺第一股"的宋城演艺；还有借助"文化+旅游+城镇化"模式的华侨城集团；也有以主打"会跑"的演艺的华夏文旅集团；更有"围城"陕西旅游的华强方特集团。各家主打方向虽然不尽相同，但此次主打的方向出奇地一致：旅游文化和主题公园，最终的目标是打破陕西以观光旅游为主的现状，力争打造休闲度假的文化乐园。

资料来源：执慧网，http://www.tripvivid.com/articles/10723。

三、景区品牌形象定位

景区品牌形象定位以客源市场需求为导向，通过调查顾客对品牌形象的感知和评价，发掘景区文化特色，塑造具有差异性、个性鲜明的形象。

1. 景区目标市场定位

景区目标市场定位建立在对旅游资源、旅游客源、景区品牌充分分析的基础上，进行市场细分，确定核心目标市场、基本目标市场和机会目标市场。

（1）客源地分析。了解景区客源在地理区位上的散布情况。

（2）人口构成分析。人口构成分析包括男女比例、年龄层次等。

（3）人群结构分析。从客源中细分人群，如学生群体、商务人士、工薪阶层等。

（4）出行习惯分析。出行习惯分析包括出行方式、出行时节、同行者特点等。

（5）经济能力分析。通过对某一客源地的整体消费统计，分析消费习惯和消费能力等。

（6）政策导向。客源地政府、社会对旅游行为的导向与管制。

（7）旅游需求。旅游需求是旅游行为产生的基础，通过客源地游客的普遍旅游心理调查，

分析目标群体的旅游需求。

同步案例：携程营销变化　攻占细分市场展谋局与野望

在细分领域，携程在营销上的变化显著，抓住了目前消费者最普遍的消费习惯。

针对年轻用户的泛娱乐营销。此前携程赞助了因《太阳的后裔》而火爆亚洲的宋仲基亚洲巡回见面会，通过打包礼品卡、机票、火车票、用车、酒店、旅行等产品，为粉丝提供一站式的追星旅行服务，成功地打响了携程泛娱乐营销的第一枪。

针对学生群体的亚洲音乐节营销。携程将亚洲音乐节打造成了持续一个月的城市海滩、明星、娱乐、网红、美食、啤酒为主题的旅行音乐嘉年华，在 100 余所高校通过学生歌手大赛的方式，以晋级和 PK 机制最终在亚洲音乐节现场选出全国十强并进行表演，该表演也在 ME 直播上进行实时直播，而携程则通过偶像造星的养成计划吸引用户至景区。

针对足球爱好者的体育营销。携程旅行推出首档直播自制综艺《非常欧洲杯》，邀请 6 位明星独家专访 16 位球星（含影帝让·雷诺），在直播平台累计播放数过亿，成为欧洲杯期间一档最受关注的非电视类球星专访，在携程站内同样推出了针对欧洲旅行和体育旅行的定制化线路和打包服务，真正让用户实现现场看球的畅快。

资料来源：旅游刊，http://www.lvyoukan.com/128315.html。

2．景区品牌形象调查

景区品牌形象调查是了解旅游者对景区品牌形象的感知和评价。从旅游者对景区的了解程度、对景区的喜欢程度两方面进行，即知名度和美誉度。

（1）知名度。知名度是指旅游者对景区的识别、记忆情况。知名度没有好坏之分。

（2）美誉度。美誉度是旅游者对景区的褒贬情况。

（3）品牌形象。知名度和美誉度可以构成景区品牌形象的四种状态。

3．景区品牌形象定位

1）定位基础

旅游资源是景区形象塑造的物质基础。充分调查分析景区的地质地貌、水域风光、气候气象、动植物资源等自然资源，深度调查发掘景区的历史文化遗存、风俗民情、现代建设景观等人文旅游资源。景区品牌形象定位分级如图 11-1 所示。

Ⅰ：众人皆知的好印象。
Ⅱ：形象好，但是知名度不高。
Ⅲ：形象不好而且知道的人也不多。
Ⅳ：人尽皆知的负面形象。

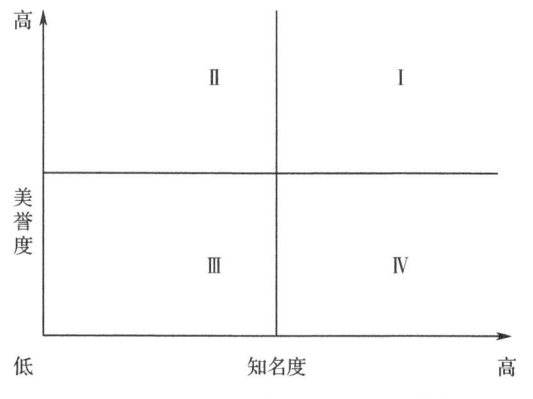

图 11-1　景区品牌形象定位分级

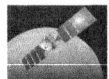

2）定位方法

（1）领先定位法。领先定位法的对象是具有独一无二和垄断性特征的景区，例如，八达岭长城、埃及金字塔等。

（2）比附定位法。景区企业在定位宣传当中避开第一位，采取"次优"原则，借助"第一"的优势和光芒，利用他人的声望抬高自己，扩大影响，从而获得了游客的广泛认知。

（3）特色定位法。特色定位法是指景区通过突出自己的资源特色、产品特色、把独特的自然景观、人文景观作为自己的卖点，并以这种特定的形象向社会公众展示、推介的方法。

（4）重新定位法。重新定位法并非一种独立的定位方法，而是适应景区发展周期和市场变化的一种再定位。

四、景区品牌形象塑造

1. 景区理念识别系统

景区理念识别系统贯穿于景区形象的三大支柱系统，是整个形象系统的灵魂和基石，是景区品牌形象塑造的前提。景区的理念识别内容包括景区组织的理念和景区经营管理的观念。

（1）景区使命。景区使命是景区开展经营活动所依托的社会使命，反映了社会对景区的要求，也体现了景区的社会价值观，是景区理念的基本出发点。

（2）经营观念。经营观念体现了经营企业的经营方针、服务理念和指导思想，具体表现在景区企业的企业精神、服务意识、职业道德等方面。

（3）行为规程。行为规程是在正确的经营观念指导下，对企业员工言行的具体要求与规范。体现在员工手册、岗位责任说明书、岗位操作规范、质量标准、劳动纪律等方面。

（4）活动领域。活动领域是指景区开展接待服务活动的设施水平，向游客提供的产品服务类型和服务标准范围。

2. 景区行为识别系统

景区行为识别系统是景区经营理念在操作层面的具体化，表现为景区日常经营管理与接待服务的具体操作行为规范。它包括内部识别系统和外部识别系统两个方面。

（1）内部识别系统是景区企业的内部管理，包括营造良好的企业文化氛围、建立完整的组织管理制度，员工激励体制、培训制度、完善职工福利体制等。

（2）外部识别系统是指景区为了树立良好的公众形象，面向社会公众开展的一系列公共关系活动、社会公益活动、专题活动、形象广告活动等。

3. 景区视觉识别系统

景区视觉识别系统是景区品牌形象的静态识别系统，它通过一切可见的视觉符号向公众传达景区的经营理念，是最直接的塑造企业形象的方法。

（1）景区视觉景观形象系统。景区所具备的自然、人文资源形象本身就是景区重要的识别形象。

（2）景区视觉符号识别系统。景区视觉符号系统包括景区基本设计系统和应用设计系统两大类。基本设计系统由景区的名称、景区标志、景区标准色、景区标准字体、景区象征性吉祥物组成。景区应用设计系统包括景区工作人员服装形象、景区办公用品、景区解说系统、景区标志系统、景区建筑外观、景区交通工具、景区纪念品等。

（3）景区宏观环境识别系统。在全域旅游发展阶段，景区的开发建设已经从单一的景点建设向旅游目的地整体形象塑造转变。景区所在地宏观环境和居民形象的设计也成为景区视觉识别系统的一个组成部分。

五、景区品牌形象传播

传播的基本框架包括信息传播者、信息、传播渠道、信息受众和传播效果。景区品牌形象传播根据市场定位来进行受众分析，通过分析不同的目标市场来制定形象传播方案。

1. 传播主体

政府从公众利益出发传播品牌形象，在景区形象传播的过程中担任"把关人"的角色。企业是景区形象传播的积极因素，旅游地区域公众是景区品牌传播的基础。

2. 传播信息

景区品牌形象传播的信息即向目标受众传达的内容。这些内容主要体现和展示景区的核心价值和独特的品牌形象。

3. 传播受众

传播受众是传播的接收方，是传播过程的重要环节，也是传播效果的评判者和传播反馈的信源。

4. 传播渠道

信息的传播需要一定的传播渠道，景区的品牌形象传播渠道一般包括人际传播、组织传播、大众传播等。

（1）传统媒介传播。传统媒介的传播主要包括报纸、杂志和宣传册、广播、电视、户外广告等。

（2）新媒体传播。新媒体是科学技术在媒体领域的最新应用，新媒体传播以互联网和移动智能技术的应用为基础，包括电子报刊、数字广播、微博、移动电视、手机网络终端、触摸式媒体、自媒体等。新媒体有交互性、跨时空、便利性和大众传媒的特点。

（3）社会媒介传播。社会媒介传播是指品牌形象的非商业传播，如小说、新闻、电视、电影中的场景传播和内容传播。

（4）公关活动媒介传播。公关活动包括参加公益活动、旅游推介会、策划和处理新闻事件等方式。公关活动传播不用向媒体支付高额的广告费用，而且有很好的传播效果。

危机传播是公关活动媒介传播的一种典型形式。危机传播是政府、景区企业、相关群体在面对危机时，所采取的减少危机损害程度，缩短危机延续时间，降低危机不良影响后果的传播。危机可以给景区带来巨大的经济损失和公众舆论压力，同时使景区瞬时成为媒体和公众关注的焦点。危机一方面会影响景区品牌形象的塑造，另一方面也是景区品牌形象提升的机会。

同步案例：九寨沟发生 7.0 级地震 旅游企业启动紧急预案

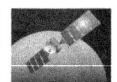

2017年8月8日21时19分，四川阿坝州九寨沟县发生7.0级地震。九寨沟景区和当地旅游主管部门启动紧急预案。携程、同程、途牛等在线旅行社也成立了应急处理小组，与当地地接社、领队、导游等人员沟通，以全面处理旅客安全事宜。

从媒体上第一时间获悉地震消息，到相关部门的正式通报，国家旅游局党组书记、局长李金早立即布置，奔向一线，了解灾情、指导游客救援和疏散工作。

携程：3天内即将出发的跟团游和自由行旅客将可以无损失取消行程，相关退订损失由携程旅游承担。8月9日—11日从九寨沟黄龙机场进出港的旅客，需取消行程，如航司无特殊退改政策，携程将先行免费为旅客办理全额退款。

驴妈妈：所有已经预订九寨沟门票/当地酒店/景+酒/国内长线的未出行订单，均可以在驴妈妈旅游网或致电客服热线申请无损全额退款。

飞猪：对即日起出行涉及九寨沟地区7天内的酒店和度假产品订单支持全额免费退订，飞猪为客人承担因此产生的订单退订损失；用户通过飞猪平台预定的涉及事发地的机票产品，将根据各航司最新政策，为需要调整出行计划的旅客办理退票或改签。

资料来源：环球旅讯，http://www.traveldaily.cn/article/116476。

（5）文化传播。文化传播包括设计与发行与景区相关的宣传画册、明信片、挂历等，出版与景区相关的书籍、小说，推广地方音乐和戏曲、歌曲，拍摄以景区为背景的影视作品等。

（6）旅游节事活动传播。节事活动是景区深度发掘文化内涵，塑造景区品牌的重要渠道。旅游节事活动是指景区依托自身的文化资源，经过策划各种节日、庆典或盛世活动，吸引旅游者参与体验的旅游活动。景区通过定期举办某一特定的节庆活动，使其成为景区的永久性、垄断性、制度化的旅游识别标志，也就是标志性的旅游节庆活动。

同步案例：同程，成功运作千莲音乐节"内容+"效果明显

2016年4月30日，山东藏马山国际旅游度假区游客爆满。从当天下午开始，猴面包曼丁乐团、稻田乐队等轮番登场，让全国各地涌来的数千粉丝大呼过瘾，而当晚全能型独立音乐人李志的压轴登台，更是将现场观众的热情推向高潮。主办方为此加强了安保力量，组成人墙隔离围栏，以防被观众们冲垮。这是2016藏马山蓝莓·千莲音乐节（下称"千莲音乐节"）3天盛况的第1天。据同程景区门票预订数据显示，"五一"期间，该旅游度假区成为华北地区网络预订最热门的景区，排在全国各地区网络预订热门景区的第九位。

资料来源：品橙旅游网。

任务执行

1. 任务发布

了解调查当地某个A级景区的品牌形象，并提出其品牌形象提升的途径。

2. 任务分析

通过网络资料整理及实地调查，充分了解景区的品牌建设情况，包括景区的核心资源品牌、现有的品牌形象、景区的经营理念、管理制度、景区景点的名称与标志、景区的标志系统、品牌的传播方式、品牌的传播效果等。

3. 任务实施

（1）通过网络资料收集及实地调查，整理分析景区的品牌形象塑造情况，包括理念识别系统、行为识别系统、视觉识别系统；景区采取的品牌形象传播策略与传播途径。

（2）提出所调查景区的品牌形象提升途径，并形成任务成果书（见表 11-2）。

表 11-2 景区品牌形象提升方案任务成果书

任务	调查分析景区品牌形象提升途径
任务性质	小组任务
成果名称	景区品牌形象提升方案
成果要求	（1）阶段成果：景区品牌建设现状 （2）最终成果：景区品牌形象提升方案
成果形式	（1）一份关于品牌建设现状的报告 （2）一份品牌形象提升方案

项目小结

景区品牌形象是为了赢得顾客忠诚，从景区企业全面的经营管理运作中产生的自我认知到旅游者识别的具有差异性的形象系统。景区品牌形象的塑造主要决定于景区企业形象、旅游产品形象、旅游消费者形象三个方面。

景区品牌是对景区整体的一种个性概括，它囊括了景区各个层面的内容，是景区品牌整体性的体现。在景区总品牌的涵盖之下，至少可分化出景区所在旅游地品牌、经营者品牌、旅游项目品牌和旅游资源品牌三个分支品牌。

景区品牌形象塑造过程包括景区品牌形象定位、景区品牌形象识别系统构建、景区品牌形象传播三个阶段。

同步练习

一、名词解释

1. 景区财务管理
2. 景区品牌形象

二、填空题

1. 财务预测一般采用定性预测和定量预测两种方法，包括_____、_____、_____。

2. 筹资活动是为了满足景区_____、_____、_____和其他需要，通过各种融资渠道，筹措和获取所需资金的财务活动。

3. 狭义的投资仅指企业将现金、实物或无形资产等投放到企业外部其他企业或单位而形成的_____

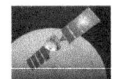

或_____。

4. 景区品牌形象调查是了解旅游者对景区品牌形象的_____和评价。
5. 景区形象识别系统由_____、_____、_____三大支柱系统构成。

三、选择题

1. 景区营业收入包括（   ）。
   A. 门票收入   B. 景区交通收入
   C. 餐饮服务收入   D. 娱乐与体育服务收入
2. 景区品牌形象定位方法包括（   ）。
   A. 领先定位法   B. 比附定位法   C. 特色定位法   D. 重新定位法
3. 信息的传播需要一定的传播渠道，景区的品牌形象传播渠道一般包括（   ）。
   A. 人际传播   B. 组织传播   C. 大众传播   D. 口碑传播
4. 景区的融资方式包括（   ）。
   A. 招商融资   B. 上市   C. 发行债券   D. 银行信贷
   E. 政策支持性融资 F. 众筹模式

四、简答题

1. 景区盈利模式是什么？
2. 景区品牌形象识别系统是什么？

阅读材料

景区 IP 的源头、固化与表达

一、景区 IP 的源头

景域集团洪清华总裁在 2016 年年初公开表示，如果用一个词来形容旅游发展趋势和旅游最核心的追求，那就是 IP。"2016 年将是旅游 IP 元年，得 IP 者得天下。景区 IP 一词一时名声大噪。无论是旅游行业还是学术界都开始对旅游 IP 进行分析和解读，在百度搜索栏里输入"旅游 IP"可以得到多达 4 280 000 条搜索结果。

依托国内最大电商平台，阿里旅行作为一站式综合性旅游出行服务平台提出了"万游引力"度假 IP 战略，其定位是旅游行业的 IP 产销平台和资源库。并且已经推出以北极光为主题的旅游 IP 产品，通过与芬兰航空、芬兰旅游局独家合作推出了"极光专线"，使消费者可直飞芬兰观赏北极光。同程旅游更是涉足影视娱乐圈，自制 IP 剧《世界辣么大》，并在 8 天内创造了播放量超千万的骄人成绩。旅游企业开始对 IP 越来越注重，那么对于景区而言，IP 又将有何影响呢？

IP 的学术定义是"Intellectual Property"，直译就是指知识产权；也可以是"Internet Protocol"，即我们俗称的网络 IP 地址。两种解释的核心都是定位，即拥有一种独特的可识别物，通过某些特征表达具体地址，以让潜在受众以最快的速度识别。对于景区来说，就是景区形象认知物，可以是内容、产品、氛围、文化、故事，也可以是任何用来吸引游客

的元素。同时，IP 可以连接一切，定位一切，我们所知的图形、文字、视频、游戏、都可以作为可识别物来应用。IP 是市场化的产物，通过 IP 可以在繁杂的市场上迅速找到具备显著识别功能的景区。环球旅讯特约评论员辛有刚对景区的 IP 进行了延伸解释，他认为 IP 是景区的人格化赋予，它可以从抽象到具体，从概念到产品，从卖点到传播等。

由此可见，景区 IP 的释义非常广，正如景区独特的可识别物，IP 可以是一个景点、一个元素、一个概念、一个氛围等。很多景区的 IP 就是某个具体的景点，如西湖的断桥、八达岭长城的好汉碑等。这些景点未必是最好的，但是当人们提到这些景区时，首先想到的会是它们具有代表性的景点，也就是景区的可识别物。景区的 IP 也可以是一个元素、一种感觉、一类产品。例如，提到乌镇，就会自动在脑海里描绘出小桥流水人家的画面，还会想到影视作品《似水年华》，以及撑着油纸伞的袅袅少女走过石板桥。而提到三亚想到的就完全不同，蓝天白云、大海沙滩、椰子芭蕉。无论是何种元素，这些都可以被称作景区的 IP，它具有排他性和独特性，是景区传播的核心内容。

从景区发展的角度而言，景区 IP 是根据其所拥有的核心吸引物，围绕一个契合的主题而进行的开发和包装。那么对于景区而言，如何找准核心吸引物，建立自己的 IP，这是在市场立足的关键。

二、景区 IP 的固化

通过前面的讨论我们知道，景区 IP 的范围很广，但是这并不意味着景区所包含的所有元素都可以作为景区的 IP。因为景区 IP 具有排他性和独特性，那么为了最大限度地实现景区在市场的精准定位，原则上来说 IP 元素的数量应该控制在 1~2 个，这样不仅利于游客记忆而且便于宣传和传播。景区 IP 元素要能够充分体现景区资源或产品的唯一性和独特性，同时景区的核心要素要被凸现出来才更具意义。例如，四川省乐山市的乐山大佛，景区 IP 非常鲜明，突出体现佛之大，其资源在国内乃至世界都具有稀缺性，"乐山大佛"四个字简单直接，却完全准确地展示了景区的 IP。如前所述，景区 IP 也可以是一个故事，那么体现景区 IP 表达的景区名称或宣传口号，要能够反映景区的特色和自然文化根源，其内涵要丰富深厚，而不应该仅限于浅显的文字表达。例如，海南呀诺达雨林文化旅游区是国内唯一用数字命名的景区，"呀诺达"在海南本土方言中表示一、二、三。景区赋予它新的内涵，"呀"表示创新，"诺"表示承诺，"达"表示践行，同时"呀诺达"又被意为欢迎、你好，表示友好和祝福。三个字含义丰富且朗朗上口，同时也传达出了景区的热情和积极向上的含义。

三、景区 IP 的表达

从供给侧的角度来说，景区的发展必须着眼于对旅游者的有效服务，考虑并满足旅游者的实际需求，向目标市场提供长期、有效、有吸引力的旅游主题感知形象，以诱发旅游者的出游欲望，满足旅游者的旅游体验。从旅游者旅游过程中眼、耳、鼻、舌、身、意 6 个旅游体验角度出发，对景区 IP 的表达同样具有借鉴意义。

旅游者的视觉体验，除景区内的景观资源和建筑风格以外，还包括景区形象标志、标志导览系统的设计和表达，游客进入景区所看到的一切都应当是一个整体，体现景区的统一性和主体性。类似的还包括景区员工的服饰着装、景区特色交通设施及景区内可能提供的影像视频资料等，以及一切游客可以通过视觉感受到的载体。

景区 IP 表达从旅游者听觉角度出发同样是基于旅游者的体验。最直接的是导游员讲解员

的解说和表达，不仅要规范、标准、清晰、详略得当、知识性和趣味性相结合，更要融入景区及当地的特有元素。景区内要重视背景主题音乐的使用和播放，音频、视频资料可以作为旅游纪念品发放给游客。除了人造的声音，景区要保留原生态的听觉形象以表达生态的和谐。而嗅觉的表达则需要根据景区类型和主题风格来区分设计，例如，自然观光型景区和历史文化型景区的主体气味应该是完全不同的，前者应当更多散发自然的气息，后者应以文化和历史的厚重感为主。

旅游者的味觉必然要通过景区餐饮来满足，那么从餐饮的硬件即餐厅设计装修风格、餐具的样式、服务人员的着装服饰到软件即餐厅氛围、服务人员工作规范、菜品名称、餐厅背景音乐等方面都应围绕景区主题打造味觉品尝体验特色。

"身"即旅游者的触觉，在确保设施及项目安全性的前提下，对公共服务设施及参与体验类项目根据主题需要进行设计，以提升游客的体验。

最后一项，游客的"意"是指知觉表达。"意"的表达可以通过很多景区内的项目来引导实现，包括让游客想象和回忆，而景区实现这一效果的方式也有很多，主题类策划活动就是其中之一。

资料来源：大地风景研究院，http://www.bescn.com/content/details_89_12658.html。

反侵权盗版声明

电子工业出版社依法对本作品享有专有出版权。任何未经权利人书面许可，复制、销售或通过信息网络传播本作品的行为，歪曲、篡改、剽窃本作品的行为，均违反《中华人民共和国著作权法》，其行为人应承担相应的民事责任和行政责任，构成犯罪的，将被依法追究刑事责任。

为了维护市场秩序，保护权利人的合法权益，我社将依法查处和打击侵权盗版的单位和个人。欢迎社会各界人士积极举报侵权盗版行为，本社将奖励举报有功人员，并保证举报人的信息不被泄露。

举报电话：（010）88254396；（010）88258888
传　　真：（010）88254397
E-mail：　dbqq@phei.com.cn
通信地址：北京市万寿路 173 信箱
　　　　　电子工业出版社总编办公室
邮　　编：100036